陕西师范大学中国语言文学"世界一流学科建设"成果

性别批评丛书　总主编　屈雅君

屈雅君　主编

流行风尚之
性别解读

The Gender
Interpretation of Fashion

中国社会科学出版社

图书在版编目（CIP）数据

流行风尚之性别解读／屈雅君主编 . —北京：中国社会科学出版社，2019. 12

（性别批评丛书）

ISBN 978 – 7 – 5203 – 5909 – 2

Ⅰ. ①流… Ⅱ. ①屈… Ⅲ. ①女性主义—研究 Ⅳ. ①C913. 68

中国版本图书馆 CIP 数据核字（2020）第 008934 号

出 版 人	赵剑英	
责任编辑	顾世宝	
责任校对	季 静	
责任印制	戴 宽	

出 版	中国社会科学出版社
社 址	北京鼓楼西大街甲 158 号
邮 编	100720
网 址	http://www.csspw.cn
发 行 部	010 – 84083685
门 市 部	010 – 84029450
经 销	新华书店及其他书店

印 刷	北京明恒达印务有限公司
装 订	廊坊市广阳区广增装订厂
版 次	2019 年 12 月第 1 版
印 次	2019 年 12 月第 1 次印刷

开 本	710×1000 1/16
印 张	20. 75
字 数	280 千字
定 价	116. 00 元

总　序

屈雅君

一　关于使用"性别批评"概念

20 世纪 60 年代诞生于西方新女权运动的女权主义批评，立场鲜明，视角独到，话锋犀利，经过半个多世纪的发展，话语日益丰富，形态更加多样，方法越发成熟。

这套丛书的命名，并未沿用"女权主义文学批评"（或"女性主义文学批评"）等概念，而使用了"性别批评"，旨在强调以下两层含义。

（一）"性别"不是一个中立的概念

"性别"，或者说"社会性别"这个词①，和"阶级""种族"一样，一旦进入社会科学研究领域，就决定了它不可能是一个立场中立的概念。20 世纪 70 年代，美国人类学家盖尔·卢宾首次在她的性别研究中使用这个词时，就试图探索人类历史上女人受压迫的根源。"社会性别是社会强加的两性区分，它是性的社会

---

① 英文 gender 一词，在中文中有"性别"和"社会性别"两种译法，此概念无论在何种语境中出现，都强调它自身与 sex 一词（sex 也有与 gender 相对应的两种译法："生理性别"或"性别"）的区别。

关系的产物。"① 美国历史学家琼·W. 斯科特将性别划定为一个"分析域",一种"分析范畴",她在定义"性别"一词时,提出了两大核心命题:"性别是组成以性别差异为基础的社会关系的成分;性别是区分权力关系的基本方式。"② 虽然"性别"这个词在有些人看来,较之那些带有鲜明女性立场的"女权主义""女性""妇女"等词汇,貌似更趋向于客观、中立,然而事实是,它在妇女研究领域的广泛流行、被高频率使用,正是女性主义理论进一步深化的标志。

"性别"之所以成为女权主义理论中的一个关键词,在于它包含着一个清晰的逻辑命题,即:既然有别于"生理性别"的"社会性别"是由社会、历史、文化所形成的,那么,它就有可能随着社会、历史、文化的改变而改变。因此,无论是女权运动,还是女权主义理论,抑或是女权主义批评,都肩负着关注妇女命运、促进两性平等、推动社会进步的天赋使命。

(二) 性别分析不可能依靠单一性别,它关乎两性,关乎社会整体结构

20 世纪 80 年代以后,女权主义理论大多用"性别"研究取代以往的"妇女"研究。琼·W. 斯科特在她的论著中引述并认同一种看法:"将'性别'作为'妇女'的代名词,这表明,与妇女相关的信息亦与男子相关,对妇女的研究意味着对男子的研究。这种看法表明,女性世界是男性世界的一部分,它产生于男性世界,由男性世界所创造。""孤立地研究女性,会强化这样的信念,即男性的历史与女性的历史毫不相干。"③

---

① [美] 盖尔·卢宾:《女性交易:性的"政治经济学"初探》,载 [美] 佩吉·麦克拉肯主编《女权主义理论读本》,广西师范大学出版社 2007 年版,第 52 页。

② [美] 琼·W. 斯科特:《性别:历史分析中的一个有效范畴》,载李银河主编《妇女:最漫长的革命》,生活·读书·新知三联书店 1997 年版,第 168 页。

③ 同上书,第 156 页。

20世纪60年代，在新女权主义运动中产生的女权主义文学批评，其目光从一开始就不仅仅限于女性，女权批评家们最先是从男作家的文学作品入手，将男性中心社会所创造的整个文学世界作为观照对象。她们既剖析男作家笔下的男性形象，也剖析其笔下的女性形象，她们既关注男性批评家对女性形象的分析，也关注他们对男性形象的阐释，简言之，女权批评家们将两性作家、两性批评家、文学中的两性人物形象，以及两性的阅读群体全部纳入了她们的批评视野，从而构成一个宽广宏阔的比较平台。她们从性别入手重新阅读和评论文本，将文学和读者个人生活相联系，激烈地抨击传统文学对女性的刻画以及男性评论家带有性别偏见的评论，从而揭示文学中女性从属地位的历史、社会和文化根源。因此，全社会的男女两性，以及无论何种性别标记的人群（而不是其中任何一种单一的性别），才是妇女研究、女性研究、女性主义理念研究的应有视野。

二　关于“性别批评”研究对象

（一）性别批评作为文学批评

作为性别批评的另一种表述形式，“女性主义文学批评”不是一个仅仅与“女性文学”和“女性主义文学”相呼应的概念。但在中国高等教育中，虽然“女性文学”“妇女文学”作为文学课程体系中一个边缘的、细小的分支，受到越来越普遍的关注。但是，在中国知识界以及高校文科学生中，仍然有相当一部分学生甚至学者将“女性主义文学批评”仅仅理解为“对于女作家作品的批评”。因此，这里重申女性主义文学批评的主要研究对象是必要的。

美国女性主义批评家爱莲·肖沃尔特（Elaine Showalter）曾就女性主义文学批评的研究对象或曰范围作了经典概括。她将其分为两大类，其一是女性主义评论（feminist critique）。这种批评是以女性读者的眼光来观照文学，它探究文学现象的种种意识形态的假设，这种研究也被称为"女性阅读"研究。其二是"女性批评家"（gynocritics）。它涉及作为作家的女性，即制造本文意义的女性。这种研究也是"女性写作"的研究。①

"女性阅读"研究可以概括为对迄今为止的文学史进行女性主义清理。具体包括：（1）梳理女性主义理论、社会性别理论，以及由这些理论所引申出的文学批评理论，其中包括那些与女性、妇女、性别相关的理论，也包括可为女性研究、性别研究运用和借鉴的理论；（2）阐述女性主义的批评原则，特别是在后现代主义思潮背景下，女性研究、性别研究、女性文学批评所采用的基本理念、研究方法、分析框架和批评策略；（3）对文学文本的主题或曰意指系统的性别研究；（4）文学体裁类别的文化认定及其中心/边缘结构的性别研究；（5）对于隐含在文学题材区分和划定背后的性别权力关系的研究；（6）文学文本的形式主义批评，诸如对文学叙事的诸要素，对文本的表层含义与深层含义，对文本的叙述者、叙述视角、叙述方法的性别分析等。在这些具体研究中，所有关于"本文"与"价值"的分析方法都可以进入女性主义批评家的视野，同时都可供她们有选择、有条件地借鉴。

"女性写作"的研究可以概括为探索和发掘一个被人遗忘的女性文学史，从而使整个人类文学的历史变得更加丰富。具体包括：（1）对于历史上女性文学家及其文学作品的发掘和梳理。文学史上曾有一些男性批评家和男性学者做过类似的工作，因此这种工作既包括了以新的性别眼光对这些已经梳理工作的再梳理，也包括了重新发现、找寻、拾遗、填补新的女作家作品；（2）女性创作能力的心理动力学，特别是与诸如"母爱"等女性独有的经验潜意识对女

---

① ［美］埃莲·肖尔瓦特：《走向女性主义诗学》，载［美］埃莲·肖尔瓦特编选《新女性主义批评》（纽约，1985 年），转引自康正果《女权主义与文学》，中国社会科学出版社 1994 年版，第 84 页。

性创作的影响的研究；（3）通过语言，特别是文学语言的性别研究，去发现、发掘由于各种原因已然形成的女性特有的言说方式；（4）女作家群研究；（5）女作家作品的个案研究；等等。同样，无论是对文学史料的整理，还是在作家作品研究中对"史"与"论"之关系的研究，都不应是任意的、无章可循的。女性主义在批评实践中尊重所有批评理论长期积淀的学术规范，同时以冷静敏锐的眼光审视这些规范中所潜藏的性别偏见，并逐渐尝试一些不同的原则和规范，这些原则和规范的存在使文学批评领域在性别视角的调整过程中逐渐变得更加丰富、多元、立体、深广。

（二）性别批评作为艺术批评

在中国，无论是在学术界、教科书里，还是在人们的日常生活中，一向是"文学"与"艺术"并提。并且在广义的艺术分类上，也一直将文学作为诸多艺术门类之一种——语言艺术。因而从逻辑上讲，"文学"与艺术中的其他门类（如音乐、绘画、舞蹈等）应该具有平等地位。但是，无论是在西方哲学史、文论史界还是在当代中国文艺理论界，"文学中心说"影响深远。已有学者对西方哲学史的相关理论作过详尽的梳理，归结起来主要有以下理论依据：第一，文学是艺术发展的最后阶段（谢林、黑格尔）。第二，文学是艺术最高样式或典型样式，文学是最偏重内容、在思想上最有力度的艺术（黑格尔、别林斯基）。第三，文学是各类艺术的基础。一些综合性艺术样式如戏剧、曲艺、电影、电视等都离不开文学（脚本）基础；各种艺术的思维、构思、创作以及对它们的理解、阐释、评价也离不开文学语言这一基础。第四，文学性或曰诗意精神是所有艺术的共同因素，也是艺术的真正生命和灵魂（马利坦等）。①

---

① 以上"文学中心说"中对西方哲学史相关观点的归纳和梳理详见李心峰《文学：作为一种艺术》，《文艺研究》1997 年第 4 期。

　　就中国当代社会而言，"文学中心论"体现于学校教育的设置，语文课程（课本内容中绝大多数是文学作品）贯穿了从小学到高中的全过程。就其分量和地位而言，没有任何一门艺术课程（音乐、美术）可以与之相比；在大学教育中，非艺术类专业不再开设艺术课程，但所有专业学生都要学习"大学语文"；在中国任何一所综合性大学里，中文专业（语言文字课程占据了绝对比重）一向独立，且地位绝对超过所有艺术专业之总和。也就是说，在一个人一生所接受的全部艺术教育中，"语言艺术"的教育自始至终占据着绝对中心的位置。

　　必须指出，"文学中心论"与女性主义消解二元对立的基本思维方法在本质上是冲突的。女性主义从诞生那天起，就作为一种边缘力量不断地向各种各样的"中心"发起挑战。就"文学中心论"而言，它的根本问题不是语言艺术与其他艺术门类之间的关系，而是语言的本体论意义。在逻各斯中心主义价值体系中，语言不是工具，不是手段，更不仅仅是艺术的一个分支，语言是目的，是人的存在方式，是人的本质。

　　上述"文学中心"的事实，是文学批评向艺术批评拓展的基础，也是"女性主义文学批评"向"女性主义艺术批评"拓展的前提。在批评实践中，正如文学批评的许多基本原则都适用于其他艺术一样，女性主义文学批评的一些基本原则和分析框架，如对于影视作品、流行音乐、绘画雕塑等艺术门类，还包括电视综艺、各种网络视频艺术等（甚至包括介于艺术与非艺术之间的各种新型的、另类的制作），无论就其主题的呈现，还是题材的选择、人物的设置等要素的性别分析都具有相当广阔的覆盖面和适应性。即使是偏重于形式材料的分析，女性主义文学批评理论也能够以它无可替代的概括力为其他艺术研究提供某些方法论启示。

（三）性别批评作为文化批评

　　按杰姆逊的说法："文化从来就不是哲学性的，文化其实是讲故事。观念性的东西能取得的效果是很弱的，而文化中的叙事却具有很重要的作用和影响。小说是叙事，电影是叙事，甚至广告也是叙事，也含有小故事。"① 如此，叙事就不局限于文学，甚至不局限于各种艺术，而是充斥于全社会整个的文化空间之中。从批评形态上看，女性文学批评是一种对文学艺术的外部研究或曰社会学研究。它所关心的不只是妇女在文艺中的地位，更重要的是通过她们的文学地位来透视她们的社会地位和现实生存状态，并通过文学批评实践与整个女性主义运动相连接。在中国，由于马克思主义的阶级分析和社会解放理论对于女性文学批评的发展和建设起到了不同寻常的影响，这种从文学艺术出发而指向文学艺术以外的倾向更加突出。同时中国传统的"文以载道"观念也格外强调文艺的道德价值和社会功能。在这种现实背景下，中国的女性主义文学批评不仅可以是女性主义理论在文学领域，进而在艺术领域的延伸，同时也是一种对全社会的性别观念施加影响的力量。它的基本原则不仅可以用于其他艺术批评，而且可以用于社会批评和文化批评。比如对既存的流行时尚及公众审美标准的探讨和评判，对于大众传播媒介（如新闻、公益宣传、商业广告，以及从幼儿教育到大学教育中使用的教材，为各个年龄段量身定制的各类畅销读物，以及社会风尚，与大众日常息息相关的各类生活要素的流行趋势，等等）的性别分析和研究等。以广告为例，虽然它只是一种商业现象，但它同时又是一种艺术集成，几乎运用了所有的艺术手段：文学、绘画、摄影、音乐……因此对于商业广告的性别分析离不开最基本的文学批评方法。由于大众传媒内容普遍涉及思想倾向、审美趣味、内容与形式、语言风格、人物、叙述模式等专业问题，因此，对它们的分析不应是情

---

① ［美］杰姆逊：《后现代主义与文化理论》，唐小兵译，北京大学出版社1997年版，第66页。

绪化的阅读反应，不应是纯道德的声讨，不应是独断的政治说教，也不应仅仅是一般社会学方法的借用或套用，而需要依据强有力的思想文化理论作为背景资源。女性主义文学批评的产生本身就是对那种拘泥于纯美学思考的形式主义批评理论（如新批评等）的突破和发展。作为后结构主义批评思潮的一个分支，它与西方当代文化思潮特别是后现代主义文化思潮一同生长发育，它借助语言哲学、文化人类学、精神分析学、现代阐释学、符号学等一系列学科作为理论背景。因此，女性主义文学批评有责任也有能力承担女性主义文化批评的使命。

女性文化批评的另一项使命是参与女性文化的建设与发展。比如，对被男性文化所轻视、忽略和埋没的民间妇女文化（织物、绣品和其他手工艺品）的发掘、整理和研究，这种研究不应只是知识的介绍、装饰感的展示与民俗学的说明，而应该是被女性主义文学批评方法论所照亮的，具有一定思想穿透力和理论高度的，充分融入了历史主义和人文主义的，对于世界的新的解释。

上述种种，是本套"性别批评丛书"孜孜以求的目标。它的面世，正是全体参与其间的作者共同努力的结果。

2019 年 5 月于西安

本卷主编　屈雅君

各章作者

目　　录

第 一 章

中国大陆三十年流行音乐性别研究

第一节　流行音乐与社会性别

一　关于"流行音乐"

当代大众文化发展势头迅猛，逐渐取代了主流文化、精英文化而在大众生活中占据了无可争议的首要位置。作为大众文化中的重要一支，流行音乐有着独特的美学主张和美学品质、独特的艺术魅力和审美价值，它不仅给中国传统音乐带来了巨大冲击，而且改变了当代大众的生活方式和行为方式；它不仅使中国的音乐格局发生了变化，而且使中国的文化格局发生了巨大的变化。虽然中国内地流行音乐的崛起、发展至今只有短短的四十年的时间，但是由于中国内地在这四十年里发生的是天翻地覆的变化，其间社会心理、文化观念的变化远远超过了社会政治、经济制度的变化，因此自 20 世纪 70 年代末期以来中国内地流行音乐的发展历程，以及人们对它的态度所发生的变化，构成了当代中国文化变迁中极为耐人寻味的风景。同时，由于"社会心理与流行歌曲之间存在着天然的、别的艺术形式无法比拟的契合性"[①]，因此，流行音乐"不仅

[①]　陶东风：《社会转型期审美文化研究》，北京出版社 2002 年版，第 12 页。

是一种经济形式，一种娱乐形式，一种'文艺'形式，一种
'大众文化'，而且是一种教育，一面镜子，一个可以煽动和制
动心灵的能源……它反映社会心态虽然永远不会比社会学家深
刻，却比社会学家及时……"① 在此意义上，可以说流行音乐是
窥视社会心理的窗口，"解读和分析流行歌曲对于了解社会转型
时期的大众的心理变化无疑有着极大的帮助"②，这正是研究流
行音乐的学术意义之所在。

二　流行音乐中的社会性别

流行音乐不只是一种艺术现象，也不只是个体现象，而是具
有普遍性的社会文化现象。一个时代的流行音乐常常是那个时代
的社会心理与精神症候的写照，包含着大量的社会文化信息，当
然也会折射出一个社会特定的社会性别规范。一方面，这些性别
信息和性别观念间接反映了现实社会中的性别意识及特定社会的
性别规范；另一方面，这些性别信息和性别观念又借助流行音乐
的广泛传播，反过来潜移默化地影响着大众对"性别"的看法，
从而隐蔽地参与到了现实社会性别规范的建构过程之中。因此，
流行音乐为我们提供了观察和理解现实社会性别结构的最佳背
景。正是在这一层面上，对流行音乐进行社会性别研究，把性别
问题置于当代大众文化的语境中考察，展示社会性别制度对流行
音乐的影响、探讨流行音乐中体现出来的社会性别观念的变迁、
研究社会性别规范在流行音乐与受众的相互影响的互动关系中的
发展变化，对当代中国的大众文化研究和社会性别研究都具有极
为重要的意义。

---

① 金兆钧：《颠覆还是捧场——中国流行歌曲歌词的另一种解读》，载赤潮主编
《流火：1979—2005 最有价值乐评》，敦煌文艺出版社 2006 年版，第 45 页。
② 陶东风：《社会转型期审美文化研究》，北京出版社 2002 年版，第 12 页。

第二节 歌词文本的社会性别分析

一 歌词文本与社会性别

流行歌曲的生产与传播有着一套颇为复杂的程序，其基本环节包括词作家作词、曲作家作曲、歌手录制表演、唱片公司包装运作、大众传媒传播、听众歌迷传唱。而在这六个环节中，由词作家创作的歌词占据着极为重要的地位，歌词基本上代表了歌曲的内容，它决定了歌曲的性质、基本特征与门类归属，起着给歌曲基本定调的作用，正是歌词文本在流行歌曲的生产与传播过程中所占据的关键地位使其具有了重要的研究价值。

"歌词不仅是反映社会现实的媒介，而且也是建构现实的媒介，歌词会在其重复的旋律与简化容易上口的标语式歌词中对受众的性别意识做出限定、规划，从而建构一个有利于当权的性别意识形态继续维持社会秩序。"① 因此，对流行歌曲的歌词进行社会性别分析是流行歌曲社会性别研究的一项重要内容。

二 歌词文本中的性别刻板印象

流行歌曲的歌词作为了解特定社会优势意识形态的一种有效途径，充分体现了特定社会占主流地位的性别观念和性别意识。而中国作为一个传统的男权制社会，诸如男强女弱、男主外女主内、女性应当从属于男性等关于性别的刻板印象依然在大众的性别观念中占据着统治地位，这可以从中国流行歌曲的歌词文本中得到充分的证明。通过考察歌词文本我们可以发现，改革开放四十年内地华语流行歌曲中充斥着大量的性别刻板印象，其中既包括对女性的刻板印象，也包括对男性及两性关系的刻板印象。

---

① 黄东英、吕波：《中国流行歌曲中的女性形象研究》，《新闻界》2008 年第 4 期。

（一）女性刻板印象

从人类文明史的发展进程而言，当今的人类社会基本上仍然是以男性为中心的男权制社会，在这样的社会形态中，无论男人和女人之间关系的性质和类型如何，都存在着性别上的不平等，男性是处于支配性地位的性别，并被认为高出女性一等。著名女性主义学者凯特·米利特（Kate Millett）指出，男权制社会中有关性别的表征都渗透着权力关系，女性被描绘成要被男人看的东西，她们是男人欲望投射的对象，她们只能作为与男性主体相对立的"他者"被反复书写、叙述和表达，而完全没有其自身的主体性。对于作为一种社会文化现象的流行歌曲来说，其歌词文本中负载了许多男权制社会对作为"他者"的女性群体的性别角色期待，其具体表现为歌词文本中大量呈现的关于女性的刻板形象。而分析改革开放三十年中国大陆流行歌曲的歌词文本我们发现，流行歌曲中的女性形象普遍存在着被物化、符号化、理想化和妖魔化的倾向。

1. 物化

时至今日，中国的广大女性虽然在政治、经济层面取得了许多与男性平等的权利，但在普遍范围内作为主体、具有自主性存在的女性却一直都是缺席的，表现在流行歌曲中，就是歌词文本中存在着大量的被物化的女性形象。而将女性"物化"最典型的例子就是将女人比喻为花，如已故歌手梅艳芳的那首广为传唱的《女人花》中唱到的：

> ……我有花一朵　长在我心中　真情真爱无人懂　遍地的荒草已占满了山坡　孤芳自赏最心痛　女人花摇曳在红尘中　女人花　随风轻轻摆动　只盼望有一双温柔手　能抚慰我内心的寂寞……缘分不停留　像春风来又走　女人如花花似梦……①

---

① 歌词来自：http：//lrc. aspxp. net/lrc. asp？ id = 41559&id1 = 273&t = lrc&ac = dl。

"女人花"暗示的是一种女性神秘撩人的风姿，使人神往、令人难忘，但这种美丽不是为了孤芳自赏，而是为了他人而绽放，确切地说是为了让男性欣赏，女人的美丽只有获得男性的肯定才能实现其价值；花又是柔弱的、被动的，女人如同脆弱的鲜花，不能保护自己，只能被动地等待着男人对自己的呵护与宠爱，完全不能主导自己的命运。"女人如花"固然是对女人美丽、芬芳、充满感性的生命状态的赞美，但是"当女性外观被物化为芙蓉、弱柳、春葱、金莲之美时，其可摘之采之、攀之折之、弃之把玩之的意味隐然可见"。

而在刀郎那首曾经红极一时的《情人》中，女性所处的这种他者地位被展示得更加赤裸裸：

> 你是我的情人　像玫瑰花一样的女人　用你那火火的嘴唇　让我在午夜里无尽地销魂　你是我的爱人　像百合花一样的清纯　用你那淡淡的体温　抚平我心中那多情的伤痕……①

在这个文本中，"女人如花"这一性别表征完全是由男性的欲望建构出来的。男性理想中的女性形象既要有玫瑰花般的热情，又要有百合花般的纯洁；既要能够满足男性的感官欲望，又要能够给予男性精神慰藉。在这样的表述中，女人是被男性的目光所塑造的，她只是男性审美的客体。"女人如花"体现的是男性的视角和需求，满足的是男性观看的欲望。因此，"女人如花"表面上是对女性的赞美，但事实上却展示了女性沦为客体的现实，呈现了社会对女性被动的、依附的弱者地位的认同，揭示了现实生存空间对女性的压抑与伤害。

---

① 歌词来自：http://lrc.aspxp.net/lrc.asp? id = 31001&id1 = 245&t = lrc&ac = dl。

除了将女人比喻成花之外，在流行歌曲中女性还被物化为其他各种各样的形态，如彭羚的《囚鸟》：

> 我是被你囚禁的鸟　已经忘了天有多高　如果离开你给我的小小城堡不知还有谁能依靠　我是被你囚禁的鸟　得到的爱越来越少　看着你的笑在别人眼中燃烧　我却要不到一个拥抱……①

在这里女性只是男性豢养的宠物，她毫无自主性，只能依赖男性而生活，女性的客体性地位被展示得淋漓尽致。

薛柏德在分析音乐中的男性霸权时曾明确指出："男性霸权本质上就是视觉霸权"②，男性和女性之间是处于"主体/客体""观看者/被观看者"的不平等地位。在男性目光的凝视下，女性被物化，成了可以被占有的"物"。流行歌曲的歌词文本正是通过将女性物化，表达出了男权文化的女性理想。

2. 符号化

在男权制社会中女性的形象和意义是由男性的想象生产和表述出来的，而男性文化对女性形象的生产和表述往往忽略女性的个体差异，仅仅依照男性文化对女性的性别角色期待将女性符号化。女性形象因而成为一种男性能指，其意义完全来自男性文化的象征秩序，而女性本身则被抽空为一个空洞的能指符号，其中最典型的例子就是将女性符号化为"母亲"。"母亲"本是女性漫长而丰富的人生中的一个阶段性角色，但男性文化将女性简单地等同于"母亲"，抽离了女性生命的其他丰富内涵，使其成为一个空洞的符号。在流行歌曲的歌词文本中经常能见到这种状况，让我们来看看台湾歌手

---

① 歌词来自：http：//cn.zhlrc.com/downlyrics.aspx？al=4518&sn=56669。
② 陈美丝：《香港流行曲歌词中的女性形象（1985—2000）》，硕士学位论文，暨南大学，2001年。

林志炫的这首《Miss Mama》：

> 你的那张结婚照片放在床头边　同样位置同样画面伴我多少年　那张羞羞答答漾满幸福的容颜　已是深深浅浅岁月刻花的脸　我的未来一天一点逐渐在展现　你的明天一夜一寸无形地缩减　是你默默付出让我拥有一切　是你让出青春换我一个永远……①

我们看到母亲曾经"羞羞答答漾满幸福的容颜"，如今"已是深深浅浅岁月刻花的脸"，母亲曾经也拥有过作为一个女人的各种丰富的生命情感，但是一旦结婚生子，她就被牢牢地束缚在妻子与母亲的角色之中而丧失了作为一个人的其他生命价值，她只有在对丈夫与孩子的永不间断的付出中才能获得自我价值的实现与肯定。在这样的描述中"母亲"被符号化了，它变成了束缚女性生命的一个牢笼。赞美母亲本来是人类一种合理的心理特征，但是对母亲的歌颂必须与理解母亲作为一个人的生命逻辑相结合，必须以尊重母亲作为一个人的主体性价值为前提，"否则，这一种歌颂就可能变成仅仅以母性界定母亲的生命价值，从而剥夺母亲作为一个人的生命丰富性。男权文化中的母亲颂歌，就是以母性遮蔽、剥夺女性其他丰富多样的生命需求，从而使女性沦为一个没有主体性价值的、仅仅是为满足男性恋母心理需求而存在的工具"②。

除了将女性简单定位为母亲之外，流行歌曲中的女性符号化还表现为将女性塑造成只具有外表性征的女性符号。大量的歌词文本在描绘女性形象时往往都只着眼于其外貌，将女性符号化为脸颊、眼睛、头发、嘴唇等几个外表特征，如："你好像春天里一幅画……

---

① 歌词来自：http：//www. zhlrc. com/downlyrics. aspx? al＝3793&sn＝46693。

② 唐英：《女权主义视野下的媒介研究》，《西南民族大学学报》（人文社科版）2005 年第 6 期。

红红的脸颊带着点点的笑"（《九妹》）、"怀念你柔情似水的眼睛，是我天空最美丽的星星"（《别怕我伤心》）、"爱上你是种惩罚，我错在爱上你的发"（《惩罚》）、"十八的姑娘一朵花，眉毛弯弯眼睛大，红红的嘴唇雪白牙，粉色笑脸赛晚霞"（《十八的姑娘一朵花》）等。在这样的文本中，女性消失了，剩下的只是女性支离破碎、毫无灵魂的外壳。歌词文本通过制造这样一大批只具有外表性征的女性符号，抽空了女性作为人的所有生命意义，使其只剩下被看、被观赏的价值。这样，流行歌曲的歌词文本通过将女性符号化的手段，令女性成为一个空洞的能指，从而便于男性文化在此巨大的空洞中肆意地填充各种各样的符合其理想和需要的内容。

3. 理想化

流行歌曲歌词文本中的女性刻板印象还包括女性形象的理想化。社会性别理论指出，一个社会对男女两性不同的性别角色期待往往是以占统治地位的群体的需要和价值观为依据的，"是其成员根据自身的长处以及可轻而易举地在从属身上获得的东西而规定的"[1]，在男权制社会中，这种性别角色期待是由男性操纵和运作的，是按照男性的经验来规范和阐释的。于是作为能够有效体现社会优势意识形态的流行歌曲，其歌词文本中就充斥着大量的男性理想中的女性形象，这些被理想化了的女性形象包括被动、依赖男性的柔弱女人，为男性奉献、牺牲的无我女人以及将爱情当作生命的痴情女人。

作为男性审美的客体存在，理想女性被赋予的首要特质就是被动、依赖、等待：

> 你是我最苦涩的等待 让我欢喜又害怕未来 你最爱说你是一颗尘埃 偶尔会恶作剧地飘进我眼里 宁愿我哭泣不让我爱你 你就真的像尘埃消失在风里……难得来看我却又离开我

---

[1] 陶东风、和磊：《文化研究》，广西师范大学出版社 2006 年版，第 74 页。

让那手中泻落的砂像泪水流　风吹来的砂落在悲伤的眼里　谁都知道我在想你　风吹来的砂堆积在心里　是谁也擦不去的痕迹……①

这首曾被众多歌手演绎过的《哭砂》清晰地勾画出女性被动、等待的形象。"你是我最苦涩的等待，让我欢喜又害怕未来"，爱情就是等待的过程，女人没有主动追求爱情的权利，只能被动地等着男人来爱自己；女性的欢喜和害怕不是来源于自身，而是由男人赐予的。

爱情的降临不由女性做主，面对爱情的消逝女性也无能为力：

我是这样僵着忍着苦着等着　被你那样摆着晾着冻着空着　泪干了就让眼枯了　人走了就让心死了　你从来不管我是笑的还是哭的　被你那样搁着放着悬着藏着　我是这样熬着病着痛着蔓延着　天黑了别让灯亮着　你走了就让门关着　何必非得让我在你面前疯了　不爱我放了我　别在我的苦中作乐又不走　不爱我放了我　别在我心灰意冷时又说爱我　你想走你就走　要自由就自由　我不要是你弃又可惜的玩偶

（《不爱我放了我》）②

在这段感情中男女双方根本就处在不平等的位置上，一切都是由男性来决定的，即使爱情结束了，女人也没有主动退出的权利，她依然"僵着忍着苦着等着"，被男人"摆着晾着冻着空着"，她必须乞求男性"不爱我放了我"。在男人眼中她只是一件物品，"你从来不管我是笑的还是哭的"。女人意识到了这一点，在痛苦中她发出了自己的心声："我不要是你弃又可惜的玩偶"，但这又从反面证明

———————————

① 歌词来自：http：//www.51lrc.com/asp/lrc.asp？id＝20051228P7Saek。

② 歌词来自：http：//lrc.bzmtv.com/LRC_db/2002-7-24-JMRNJMQPGRQJPHNNPJNE0-21515.lrc。

了在男性眼中，女性只是一个没有生命意识、没有主体价值的玩偶。通过对女性的这种设定，男性的占有欲得到了满足。

作为被动的审美客体，女性还必须娇柔脆弱，以此来满足男性的保护欲。请看这首为女人定性的《容易受伤的女人》：

> ……如果从此不过问　不想对你难舍难分　是否夜就不会冷　心就不会疼　颤抖的唇等不到你的吻……我是容易受伤的女人　希望希望希望你会心疼　我害怕一个人　为何不肯轻轻唤我一声　安慰容易受伤的女人　为了你我情愿给一生……①

歌曲通过反复吟唱"容易受伤的女人"，向听众传递着这样的信息：女人是脆弱的、易受伤的，她需要男性的保护、"安慰"与"心疼"，而为了得到男性的保护，她"情愿给一生"。

男性眼中的理想女性要被动、柔弱，以便于其占有和控制；除此之外，男性还要求女性为自己无原则、无限度地奉献牺牲，于是流行歌曲中出现了许多无私、忘我的女性形象，她们无条件地支持、守护对方，把自己的一切（包括青春、梦想、自由，甚至尊严）都奉献给对方。如那首当年曾经红遍大江南北的《小芳》：

> 村里有个姑娘叫小芳　长得好看又善良　一双美丽的大眼睛　辫子粗又长　在回城之前的那个晚上　你和我来到小河旁　从没流过的泪水　随着小河淌　谢谢你给我的爱　今生今世我不忘怀　谢谢你给我的温柔　伴我度过那个年代……②

歌词中的主人公"小芳"正是男性心中理想女性天使的化身，她

---

① 歌词来自：http：//cn.zhlrc.com/downlyrics.aspx？al=1003&sn=12077。
② 歌词来自：http：//www.51lrc.com/asp/lrc.asp？id=200603012a9j5M。

不但符合男性的审美观念，"长得好看又善良"，而且在男性失意落魄时（歌曲表现为下乡做知青）照顾他、安慰他，并把自己纯真的爱情毫无保留地奉献给了这个当时处于逆境中的男性。而当男性走出逆境（"文化大革命"结束，知青回城），要离她而去之时，"小芳"也毫无怨言，只是"从没流过的眼泪，顺着小河淌"。歌词通过塑造"小芳"这一心甘情愿为男性奉献牺牲的形象，委婉地表达了男性对女性的期待。在这种没有回应的付出与奉献中，男性的利益得到了最大限度的满足，而那些无私奉献的女性表面上似乎深情而伟大，但实际上她们却丧失了自我，被再次套上了传统男权社会要求女性愚昧守贞的枷锁。

除了要求女性被动、柔弱、为男性无止境地奉献牺牲，男权文化还为女性制造出了一个爱情神话，使女性相信只有得到男性的爱情，女人的价值才能得到体现和认同，以此将女性囚禁在爱情的狭小天地之中，使女性自觉地按照男性的理想来塑造自身。因此，塑造以爱情为生命的女性形象便成为流行歌曲的一大主题。细读流行歌曲的歌词，这样的女性形象比比皆是：

我觉得有点累　我想我缺少安慰　我的生活如此乏味　生命像花一样枯萎……女人若没人爱多可悲　就算是有人听我的歌会流泪　我还是真的期待有人追　何必在乎我是谁……

（《不必在乎我是谁》）①

……我愿意为你我愿意为你　我愿意为你忘记我姓名　就算多一秒停留在你怀里　失去世界也不可惜　我愿意为你我愿意为你　我愿意为你被放逐天际　只要你真心拿爱与我回应我什么都愿意我什么都愿意为你

（《我愿意》）②

①　歌词来自：http：//lrc. aspxp. net/lrc. asp？id＝37610&id1＝816&t＝lrc&ac＝dl。
②　歌词来自：http：//www. 51lrcgc. com/asp/lrc. asp？id＝20081212MO0LHV。

男权文化向女性宣扬：爱情只是男人的一部分，却是女人的全部。"女人若没人爱多可悲"，没有了爱情，女性便会"生活如此乏味"，"生命像花一样枯萎"，女人自身的价值只能通过爱情才能得到实现。于是沉溺在爱情迷局中的女性便将爱情当作自己的全部，为了爱情，她可以放弃自己、放弃世界，甚至放弃生命，只要能够得到男性真心的回应，她"什么都愿意"。

男性成为女性存在的意义，于是为了得到男性长久的爱以证明自身的价值，女性不但放弃了自我，甚至在面对男性的背叛时或苦苦哀求或假装毫不知情，心甘情愿地继续充当男性的感情奴隶：

> 我曾经爱过这样一个男人　他说我是世上最美的女人　我为他保留着那一份天真　关上爱别人的门　也是这个被我深爱的男人　把我变成世上最笨的女人　他说的每句话我都会当真　他说最爱我的纯　我的要求并不高　待我像从前一样好　可是有一天你说了同样的话　把别人拥入怀抱　你身上有她的香水味　是我鼻子犯的罪　不该嗅到她的美　擦掉一切陪你睡　你身上有她的香水味　是你赐给的自卑……
>
> （《香水有毒》）①

就这样，流行歌曲通过塑造一系列以爱情为生命的痴情女人的形象，营造出"女性的幸福必须维系于浪漫的爱情，女性的美德必须维系于坚贞的爱情"② 这样一种爱情神话，而在将爱情神话化的过程中，男权文化不断地鼓励女性将爱情误认为是实现自身价值的唯一途径，以爱情作为征服女性的强大手段，使女性陷入对

---

① 歌词来自：http：//lrc. aspxp. net/lrc. asp？id=93738&id1=27&t=lrc&ac=dl。
② 张纯静：《中国大陆流行歌曲中的女性形象研究（1996—2006）》，硕士学位论文，西南大学，2008 年。

爱情的幻想和对男性的依赖中，而最终成为毫无主体意识的躯壳。

4. 女性被妖魔化

男权文化通过对女性的理想化塑造表达了对女性群体的性别角色期待，而对那些不符合其标准和要求的女性，则往往采取妖魔化的手段，将之排除在主流话语之外。在流行歌曲中，那些独立、坚强、具有自主意识的女性就往往被塑造成玩弄爱情的"妖女"，请看下面歌词的描述：

> 想着你的脸空虚的脸　麻木地走在崩溃边缘　我需要可以流泪的花园　灌溉这朵枯萎的诺言　最心爱的情人却伤害我最深　为什么你背着我爱别人　女人天真的眼神藏着冷酷的针　人生看不清却奢望永恒　哦软弱的灵魂已陷入太深　为什么你背着我爱别人　早已冷却的吻藏在心中加温　爱情充满残忍我却太认真　我一层层被摧毁被爱摧毁
>
> 　　　　　　　　　（《为什么你背着我爱别人》)①

歌词中的女人在两性关系中占据着主导地位，她以爱情为武器将男人玩弄于股掌之间，冷酷而残忍地吸取着男人的精神能量直至将其摧毁。

我们再来看看这首男女对唱歌曲《那么爱你为什么》：

> 男：离开你是傻是对是错　是看破是软弱　这结果是爱是恨或者是什么　如果是种解脱　怎么会还有眷恋在我心窝　那么爱你为什么

---

① 歌词来自：http://www.51rcgc.com/asp/lrc.asp? id=20081227FCPMY7。

女：从女性观点让我明白地说 无论你是挖心掏肺 呼天抢地或是热情如火 不只白白惹人讨厌让人嫌你啰唆 恨不得没跟你认识过 你讲也讲不听听又听不懂 懂也不会做你做又做不好 哼！你现在唱个这样的歌 尔到底是想对我说什么……①

在歌词中变了心的女性被刻画得冷漠无情、尖酸刻薄，面对男性的深情表白不仅不为所动而且还对其挖苦讽刺，完全是一副令人痛恨的嘴脸。其实在流行歌曲中情人变心离去的这种题材非常常见，但如果变心的一方是女性的话，便往往会被塑造成欺骗男人感情的坏女人，并被置于被谴责、被批判的地位。

以上的歌词文本都是以批判的态度来塑造这些不符合男性标准的女性形象的，因为在两性关系中，这些女性的存在，将会对男性的权力造成严重的威胁。女性"是男人对自己的生存以及对他能够赋予这一生存的任何表现的全部反映的起源和根源"②，她既是男性欲望的对象，又是男性恐惧的来源。男权文化深知女性所具有的那种巨大的颠覆性力量，因而对女性始终心存蔑视、戒备与仇恨。为了将来自女性的威胁降到最低，男权文化塑造了一系列理想化的女性形象，而将不符合其标准及要求的女性妖统统魔化，并对其进行批判和指责，以便达到对女性进行规训的目的。

总之，流行歌曲歌词中的女性形象无论是被物化、符号化、理想化还是妖魔化，都是在以男性利益为依归的男权意识框架中建构起来的，它反映的是社会主流意识形态对女性的性别刻板印象。这种男权陈述下的女性角色定型和类型化是从男性中心的角度对女性进行的归类和概括，它无视女性真实的生存状态，忽略女性个体所

---

① 歌词来自：http：//lrc. aspxp. net/lrc. asp？ id＝95359&id1＝34&t＝lrc&ac＝dl。

② ［法］西蒙娜·德·波伏娃：《第二性》，陶铁柱译，中国书籍出版社1998年版，第231页。

表现出的丰富的个性并制造出一系列虚假的女性形象。于是，真实的女性消失了，男权文化通过对女性的性别刻板印象的塑造，将她们"象征性地歼灭"① 了。

（二）男性刻板印象

前文提到，在男权制的社会中，为了维护自身的利益及保持自己的支配性地位，男权文化通过制造一系列刻板、定型的女性形象对女性进行了限制约束。与此同时，作为与女性相对立的"主体"，男权文化还要求男性自身必须要有区别于女性且优于女性的特点。这样在男权话语中，便产生了对男性自身的理想化、刻板化的认识，并与对女性的刻板认识一同构成了社会的主流性别观念。具体到流行歌曲中，就是歌词文本中的男性形象被简单抽象化为两类：传统的"硬汉"与"女性的主宰"。

1. "硬汉"

在以男性为中心的男权制社会中，作为处于支配性地位的性别，男性的形象往往被塑造为身体强健、勇敢无畏、自信独立、坚强理智的"硬汉"，他们的身上几乎集中了人类所有的优秀品质，是理想中的人类的典范。流行歌曲中随处可见对此类理想男性的赞美与歌颂，如下面这首《水手》：

　　苦涩的沙吹痛脸庞的感觉　像父亲的责骂母亲的哭泣　永远难忘记　年少的我喜欢一个人在海边　卷起裤管光着脚丫踩在沙滩上　总是幻想海洋的尽头有另一个世界　总是以为勇敢的水手是真正的男儿　总是一副弱不禁风孬种的样子　在受人

① 所谓"对女性的象征性歼灭"是女权主义学者塔什曼（G. Tuchman）在《大众传媒对妇女的象征性歼灭》一文中提出的观点，指的是"文化生产和传播代表忽略、排除、排斥或鄙视女性及其利益的方式"。塔什曼认为大众传媒并没有向我们展示出真实的女性形象，女性由大众传媒通过忽略、谴责或贬低的方式被"象征性地歼灭"了。具体内容参见［英］多米尼克·斯特林纳提《女权主义与大众文化》，载陆扬、王毅选编《大众文化研究》，上海三联书店2001年版，第198—200页。

欺负的时候总是听见水手说 他说风雨中这点痛算什么 擦干泪不要怕至少我们还有梦 他说风雨中这点痛算什么 擦干泪不要问为什么……①

歌词中的"水手"坚强、勇敢，是一个"真正的男儿"。他是勇气和力量的象征，在"我"悲伤痛苦的时候"他"告诉我"风雨中这点痛算什么"，给了我直面痛苦的勇气；在我消沉迷茫的时候"他"告诉我"至少我们还有梦"，给了我继续追求的力量。文本对"水手"的反复吟唱，传达出男性想要成为像"水手"一样的"硬汉"的强烈愿望。

让我们再来看看这首《真心英雄》：

在我心中曾经有一个梦 要用歌声让你忘了所有的痛 灿烂星空谁是真的英雄 平凡的人们给我最多感动 再没有恨也没有了痛 但愿人间处处都有爱的影踪 用我们的歌换你真心笑容 祝福你的人生从此与众不同 把握生命里的每一分钟 全力以赴我们心中的梦 不经历风雨怎么见彩虹 没有人能随随便便成功 把握生命里每一次感动 全力以赴我们心中的梦 让真心的话和开心的泪 在你我的心里流动……②

歌词文本塑造了一个令人感动的"真心英雄"的形象：他胸怀广阔，志向高远，"要用歌声让你忘了所有的痛"，"但愿人间处处都有爱的影踪"；他积极上进、不断进取，"把握生命里的每一分钟，全力以赴我们心中的梦"；他坚持信念、百折不挠，"不经历风雨怎么见彩虹，没有人能随随便便成功"。文本通过"真心英雄"这一

① 歌词来自：http：//www.51lrc.com/asp/lrc.asp？id＝200110054YB3VV。

② 歌词来自：http：//cn.zhlrc.com/downlyrics.aspx？al＝7817&sn＝93419。

形象清晰而完整地表现出了男权文化的男性理想。

2. "女性的主宰"

为了维护其在性别关系中的优势地位，男权文化除了赋予男性许多优于女性的品质，还将男性塑造成女性的主宰者，通过潜移默化的方式使女性认同其主体地位。在流行歌曲中，男性"主宰者"的形象主要是通过对女性刻板印象的塑造而表现出来的。正如前文所述，流行歌曲中的女性刻板印象将女性描述为被动、柔弱的奉献者，而男性虽然"隐而不见却又无处不在，他是一种限制和决定一切的弥漫的在场"①，作为与女性客体相对立的主体男性便自然而然地成为主动、坚强的主宰者。为了最大限度地主宰女性，同时将来自女性的威胁降到最低，男权文化还煞费苦心地制造出一个关于爱情的不平等的神话："爱情只是男人的一部分，却是女人的全部"。一方面使女性相信只有获得爱情才能完成自身价值的实现，另一方面却告诫男性不要陷入爱情的陷阱。于是，流行歌曲中便出现了许多冷酷、无情的男性形象，如：

……你究竟有几个好妹妹　为何每个妹妹都那么憔悴　你究竟有几个好妹妹　为何每个妹妹都嫁给眼泪……

（《你究竟有几个好妹妹》）②

……你伤害了我还一笑而过　你爱得贪婪我爱得懦弱……

（《一笑而过》）③

通过对以上这些男性形象的塑造，男权文化告诫男性不要像女

① ［英］阿雷恩·鲍尔德温等：《文化研究导论》，陶东风等译，高等教育出版社2004 年版，第 62 页。

② 歌词来自：http：//lrc. bzmtv. com/lrc ＿ db/2009-11-30-JNDOKMDPKNGJNGPPOR-RHNG0-142012. lrc。

③ 歌词来自：http：//www. 51lrcgc. com/asp/lrc. asp？ id ＝ 20081227bDRRgp。

人一样沉溺于爱情中，而应该把爱情当作征服女性的强大手段去占
领、控制女人。

让我们再来看看以下这首歌曲：

> 为什么我只能对感情认输　像没人要下注的败部队伍　当
> 别人一脚得到胜利的欢呼　我正要面临红牌默默地退出　是不
> 是我信仰的绅士风度　像老外看不懂的中国功夫　其实我柔情
> 要比长城还坚固　只等那孟姜女的泪把我颠覆　走路时她会配
> 合我的脚步　想事情她会瞄准我的角度　冷落的待遇变成细心
> 的照顾　在她的世界我总算脱胎换骨　嘿总有人给我满足　会
> 崇拜我的态度　在她的眼里我是威风凛凛大名人物　嘿总有人
> 给我幸福　要和我同进同出　跟着我天涯海角只想把我牢牢
> 套住
>
> （《大人物》）①

文本中的男人在现实世界中遭遇了种种失败、挫折，但是只要
回到女性的世界他便"脱胎换骨"，无论他如何的渺小、微不足道，
在女人的眼中，他都是"威风凛凛大名人物"。歌词文本表达了这样
一种观点：即使是再失败的男人也可以，而且一定能够成为女性的
主宰者。

流行歌曲中的这些关于男性的刻板印象反映的是男权文化对
"理想男性"的一种社会期待，男权文化通过对男性的这种设定
来肯定男性的社会价值及其在两性关系中的主体地位。但是与所
有的刻板印象一样，这些关于男性的刻板印象并没有反映男性真
实的生存状态，不同的男性个体间的丰富差异被忽略，男人性格

---

① 歌词来自：http://www.92mp3.com/lrc/lrc.asp? ac = down&id = 38166&gq = %
B4% F3% C8% CB% CE% EF。

中的其他成分、其他特色，特别是那些被认为是"女性的特点和性格"的成分被压制；而那些不符合男权文化对"理想男性"的要求和标准的男人则被归为异类，被排斥于主流社会之外。这也限制了男人成为完整的人的能力，给男性造成了一定程度的伤害。

（三）两性关系刻板印象

在社会主流的性别观念和性别意识里，男权文化除了对男女两性的性别形象进行了设想和规划，还对两性之间的关系进行了符合其性别期待的描绘。基于男女两性所处的这种"认知主体/认知客体""主动/被动""控制/服从"的不平等的性别秩序，男女之间的关系被塑造成了"男强女弱""男尊女卑""男主外女主内""男性领导女性服从"的刻板模式。这一男女之间的性别关系模式在许多流行歌曲中都有不同程度的表现，让我们先来看看这首在20世纪80年代被广为传唱的《十五的月亮》：

> 十五的月亮照在家乡照在边关　宁静的夜晚你也思念我也思念　你守在婴儿的摇篮边　我巡逻在祖国的边防线　你在家乡耕耘着农田　我在边疆站岗值班　啊收获里有你的甘甜　也有我的甘甜　军功章呵　有我的一半　也有你的一半①

歌词文本分别对男女两性进行了不同的定位，女性被定位于家庭，"守在婴儿的摇篮边"，"在家乡耕耘着农田"，而男性则被定位于社会，"巡逻在祖国的边防线"，"在边疆站岗值班"。通过这样划分，男权文化向我们宣扬：男人的价值在于社会，女人的价值在于家庭；男性对社会的贡献大于女性。虽然男性也承认女性劳动的价值，"军功章呵，有我的一半，也有你的一半"，但是女性的价值必

---

① 歌词来自：http：//lrc.aspxp.net/lrc.asp？id=96246&id1=25&t=lrc&ac=dl。

须通过男性才能得到体现。

再来看看这首几乎家喻户晓的《常回家看看》：

> 找点空闲 找点时间 领着孩子常回家看看 带上笑容
> 带上祝愿 陪同爱人常回家看看 妈妈准备了一些唠叨 爸爸
> 张罗了一桌好饭 生活的烦恼向妈妈说说 工作的事情向爸爸
> 谈谈……①

歌词同样为男女两性的性别角色划定了不同的社会范畴，女性的任务就是料理家务、照顾儿女，而男性则面向社会、富有权威及理性。

流行歌曲中对男女两性的刻板化描述，遵循的是男权文化的性别期待，它肯定了男女性别角色的自然特征和社会性别的不平等，是对两性关系的虚假呈现。

综上所述，改革开放四十年中国内地流行歌曲的歌词文本中存在着大量的对男女两性及相互关系的刻板印象，这些性别刻板印象来源于男权文化的性别期待，它的广泛存在证明了在当代中国，传统男权社会的性别陈规在人们的观念中依然占据着统治地位。与此同时，这些性别刻板印象借助于流行歌曲在大众中广泛传播，通过对广大受众潜移默化的影响，最终内化为受众的性别意识，使他们自觉地按照男权文化的性别期待对自身进行塑造，"它以大众传媒的身份丰富了男性文化对女性的观看方式，并且把男性欲望编码到叙事语言当中"②，从而成为对现存男女不平等的男权制社会权力结构进行复制乃至再生产的有效途径。

---

① 歌词来自：http：//lrc. aspxp. net/lrc. asp？id ＝110427&id1 ＝57294&t ＝lrc&ac ＝dl。
② 闫娟娟：《流行音乐与社会性别》，载荒林主编《中国女性主义（7）》，广西师范大学出版社 2006 年版，第 298 页。

三　歌词文本中多元化的性别形象

中国自改革开放以来发生了天翻地覆的变化，经济转型及其带来的制度、思想、文化的震荡，使社会的各个层面都呈现出前所未有的裂变的趋势，许多绵延数千年的传统观念在这四十年里遭到了巨大的冲击，而中国传统的性别秩序也毫无例外地受到了审视和质疑。随着现代化进程的不断加快与科技的迅猛发展，男女两性的经济地位和日常生活状态发生了极大的变化，与其他不断被反思和改写的传统观念一样，性别角色和性别认同的改变也是一种无法抗拒和回避的潮流，体现在流行歌曲中，就是出现了一系列不同于传统性别刻板印象的多元化的性别形象。

（一）女性新形象

现代化的进程要求社会成员从传统的束缚中解放出来，成为无拘无束、独立自主的个人，因此，肯定自我意识、鼓励发展个性便成为现代社会的一个基本原则。改革开放以来，随着我国女性政治、经济、文化地位的提高，对于女性性别角色的传统认识受到了巨大的冲击，女性的主体意识逐渐觉醒。广大女性认识到，要改变男女不平等的社会现实，女性必须首先摆脱男权文化强加在自己身上的性别陈规；女性不能按照男权文化对女性的性别期待塑造自身，而必须建构起自身真正的主体性。于是一反传统女性的被动、柔弱、依赖，主体觉醒的现代女性逐渐建构起自己自主独立、理性坚强、走出爱情神话而勇敢追梦的新形象。考察改革开放四十年的中国内地流行歌曲，我们就能发现这些新女性的身影。

1. 自主独立

现代女性意识到，男女平等最重要的表现就是人格上的平等，于是现代新女性的形象就首先表现为具有强烈自主意识的、人格独立的女性。而彰显女性的主体意识也成为许多流行歌曲的主要内容，如这首《大女人》：

　　你休想跟我争我就是你的大女人　　从下星期的菜单到度假的行程　　大大小小我管你别问　　你少耍你的大男人　　那只会让你更头昏　　哪一支牙刷才是你的你都搞混　　你还是乖乖地承认……别管我头发该多长我就不嫌你腰围多不像样　　把自尊脱下用温柔把她溶化　　一寸一寸不要说话　　大女人把你的软弱交给她吧大女人　　大女人每一个男生偷偷梦想的女人　　别硬撑快去爱她　　你只想不动怎会得到大女人①

　　歌词完全颠覆了传统性别观念中的理想女性形象，而塑造出了一个与男性有着平等人格的"大女人"形象。歌词中的"她"聪明而且能干，"从下星期的菜单到度假的行程，大大小小我管你别问"；略显霸道又不失温柔，"你休想跟我争我就是你的大女人"，"把你的软弱交给她吧"；她有自己的标准和原则，不会为了男性而改变自己，"别管我头发该多长"；她对自己有着清醒的认识，对自己充满自信。"大女人"这个形象正是对男权文化中占统治地位的"大男人"形象的彻底颠覆，极大地彰显了女性的主体意识。

　　让我们再来看看这首《大女人主义》：

　　……独立又贴心　　舍不得欺侮你知道要去哪里　　你忙就不吵你　　也敢自己一个人　　也有自己的主意　　爱是很霸道的事情　　我会负责爱好你　　可以大方让你到处去　　多少红粉知己　　没我吸引你　　这是大智若愚　　还是我大女人主义　　大声告诉你说我爱你　　自己大步前进想跟你平行　　相爱大可不必赖着你　　发扬大女人主义礼物我送给你　　帮你撑伞也可以　　我很高兴　　自己有能给你的东西　　要一直保持甜蜜　　要有平衡的关系　　何必

---

　　①　歌词来自：http：//lrc. aspxp. net/lrc. asp？id＝19080&id1＝865&t＝lrc&ac＝dl。

查你的案底 还不如做好自己……①

歌词中的女性具有鲜明的自我意识，她"独立又贴心""有自己的主意"，面对爱情她不像传统女性那样"害羞和委屈"，面对男性她要求"有平衡的关系"，为"自己有能给你的东西"而高兴，她完全站在了与男性平行的位置上。而歌曲命名为《大女人主义》，实际上是对男权文化轻视、贬低女性的"大男子"主义的抗议和挑战，它旨在号召女性成为独立自主的个人，进而创造一种平等和谐的两性关系。

2. 理性坚强

主体意识的觉醒使女性"走出了这个'弱者'的阶段，成长为没有任何软弱、牺牲品、需要拯救和等待施舍等附带意味的纯粹的女人，成长为有能力、有才智去以女人身份在男性世界里站稳脚跟的女人"②。具有了主体意识的女性开始走出男权话语的控制，她们不再以男性的目光作为评价自己的标准，而开始以理性的眼光审视自身，她们看到的不再是男人眼中的自己，而是自己内心的真实。摆脱了性别陈规对女性被动、柔弱的定义，我们发现女性也可以理性而坚强。请看以下这首《不想骗自己》：

事到如今 爱和习惯你分不清 我却冷静做了一个决定
看到你的处境 让我有一些不忍心 不知怎么去说明 我不爱
你是什么道理 不想骗自己爱的不是你 谎言就好像易碎的玻
璃 爱的不是你不想骗自己 有话直接讲说声对不起③

① 歌词来自：http：//lrc. aspxp. net/lrc. asp？ id = 164916&id1 = 138385&t = lrc&ac = dl。

② 孟悦、戴锦华：《浮出历史地表》，中国人民大学出版社 2004 年版，第 210 页。

③ 歌词来自：http：//lrc. aspxp. net/lrc. asp？ id = 96995&id1 = 7&t = lrc&ac = dl。

当爱的激情消逝，女主人公坦然地面对自己的内心，理智、冷静地选择分手，对逝去的感情毫不留恋，因为她"不想骗自己"。

再如这首《领悟》：

> 我以为我会哭　但是我没有　我只是怔怔望着你的脚步
> 给你我最后的祝福　这何尝不是一种领悟　让我把自己看清楚
> 　虽然那无爱的痛苦　将日日夜夜　在我灵魂最深处　我以为
> 我会报复　但是我没有　当我看到我深爱过的男人　竟然像孩
> 子一样无助　这何尝不是一种领悟　让你把自己看清楚……啊！
> 多么痛的领悟　你曾是我的全部　只愿你挣脱情的枷锁　爱的
> 束缚任意追逐　别再为爱受苦①

爱情的结束令人痛彻心扉，但女主人公既没有苦苦挽留，也没有自怨自艾，更没有进行报复，而是以清醒的意识和坚强的心态对这段失败的感情进行理性的审视，最后得出了痛苦却深刻的"领悟"。爱情的死亡带来了刻骨的伤痛，但坚强的女性却在痛苦中汲取力量，不断成长。这些理性、坚强的女性是对传统的女性"怨妇"形象的彻底颠覆，她们以自己的行动向社会证明：软弱不属于女性，女性也可以是生活的强者。

3. 走出爱情神话

正如前文所述，为了控制、占有女性，男权文化为女性制造了一个爱情神话，使女性相信只有得到男人的爱情才能实现其自身价值。而主体意识觉醒使得女性不再盲目地相信这一爱情神话，她们对男女两性在爱情中的不平等关系发出了质疑：

> 谁说爱上一个不回家的人　唯一结局就是无止境的等　是

---

① 歌词来自：http://lrc.aspxp.net/lrc.asp? id＝95344&id1＝32&t＝lrc&ac＝dl。

不是不管爱上什么人　也要天长地久求一个安稳……谁说爱人
就该爱他的灵魂　否则听起来就让人觉得不诚恳　是不是不管
爱上什么人　也要天长地久求一个安稳……我不要安稳　我不
要牺牲　别希望我会爱到满身伤痕　我不怕沉沦　一切随兴能
不能

（《闷》）①

　　通过理性思考女性认识到，这种男女之间的不平等关系并不能
导向真正的爱情，它只能使"我们的爱情像一场战争"（《将爱》），
而处于其中的男女双方也只能走向"我们没有流血却都已牺牲"的
结局（《将爱》）。于是女性开始走出由男性编织的爱情神话，体会
到更加丰富多彩的世界。请看这首《一个人的精彩》：

那天醒来忽然想开　不愿再做等待的女孩　拿掉戒指扎起
马尾　开始不再想你姿态　接受无奈承认失败　她才是你的
爱　寂寞伴随自由色彩迎面来　头发甩甩大步的走开　不怜悯
心底小小悲哀　挥手 bye-bye　祝你们愉快　我会一个人活得精
彩　我会找个人活得精彩　也许明天我会选择　自己旅行不轻
易恋爱　也许明天我会遇见　比你更适合的男孩　接受爱情自
有安排……②

　　走出爱情的狭小天地，女主人公收获了更加精彩的生活：虽然
有点寂寞但却得到了无价的自由，生活充满了无限可能，可以去旅
行，也会有新的恋情，爱情并不是女人生活的全部，男人也并不是
女性的主宰。从歌词中我们可以看到一个走出了爱情迷思的新女性

<hr>

① 歌词来自：http：//www.92mp3.com/lrc/lrc.asp？ac＝down&id＝49261&gq＝闷。
② 歌词来自：http：//www.51lrc.com/asp/lrc.asp？id＝20011202QoNf57。

的形象，她不再以爱情为中心去编织自己的生活，也不再为了维持一段感情而耗费自己全部的精力，她有着不同于传统女性的全新的爱情观。通过对爱情神话的审视，女性对爱情有了全新的认识，爱情并不是女人生活的意义之所在，只是其无限丰富的生命经验中的一种，于是女性向男权文化发出了这样的声音："心是自己的爱是自己的，不会因为谁就不要自己了，心是自由的爱是自由的，不会因为谁就不要自由了。"（《再见，我爱你》）通过对自我主体价值的肯定，女性终于彻底颠覆了男权文化制造的爱情神话。

4. 勇敢追梦

走出爱情神话的女性发现了生活的无限可能，她不再将自己困于婚姻家庭的狭小空间，开始勇敢地走向更为广阔的天地，她们不再以男性的标准来要求、定义自己，开始勇敢地追求自己的梦想：

> 如果骄傲没被现实大海冷冷拍下　又怎会懂得要多努力　才走得到远方　如果梦想不曾坠落悬崖　千钧一发　又怎会晓得执着的人　有隐形翅膀　把眼泪装在心上　会开出勇敢的花　可以在疲惫的时光　闭上眼睛闻到一种芬芳　就像好好睡了一夜直到天亮　又能边走着边哼着歌　用轻快的步伐……最初的梦想紧握在手上　最想要去的地方　怎么能在半路就返航　最初的梦想绝对会到达　实现了真的渴望　才能够算到过了天堂

（《最初的梦想》）①

歌词塑造了一位勇敢追梦的女性的形象，她有坚定的信念、乐观的心态，对梦想的追求使她勇敢而强大，散发出耀眼的光芒。梦想为女性插上了一双隐形的翅膀，使她们能够自由地翱翔于天地之

---

① 歌词来自：http://www.51rcgc.com/asp/lrc.asp? id=20051026ldKo11。

间，而对梦想的追求也使女性的主体意识进一步增强，使她们更加自信，更加美丽，最终成长为与男性一样强大的存在。

通过对流行歌曲中多元化的女性新形象的分析，我们看到现代女性正在努力地从男权话语的阴影中走出，她们为自身确立了全新的性别形象：既独立自主又理性坚强，既有自省之心又有宽容之量，既执着又洒脱，既温柔又强大，自爱的同时又葆有爱人的力量和勇气。这些现代新女性不会用通常的准则和标准来判断自身的价值。她们"不以获得多少男人的爱作为自信心的基础"①，她们"更懂男性，也更了解自身，更明白两性关系包括爱情的底细，也更知道如何把握分寸以立身存活"②。通过对自身主体性的全新界定，她们终于不再是男人背后沉默无声的影子，而真正成为自己的主人。

（二）男性新形象

传统的性别观念以男女两性的生理差异为依据，分别为他们设定了不同的文化形象，而男女两性也就此被限制在了刻板、僵化的性别角色之中无法得到全面的发展。随着社会的不断进步，传统的、看似理所当然的对男女两性的刻板印象不但限制了女性的发展，也对男性的个体生命造成了压抑。于是，男性开始不再一味地按照男权文化定义的"理想男性"去塑造自身，反映在流行歌曲中就是出现了一批不符合传统性别观念的多元化的新的男性形象。

1. 摘下"面具"的真男人

传统文化要求男人理性、坚强、不知疲倦、永不放弃，它为男性打造了一张坚毅、冷酷的"硬汉"面具，面具下男性的真实面孔却被深深地隐藏了。而走出"理想男性"神话的男人开始摘下那张毫无表情的面具，表露出男人真实而柔软的内心。请看这首《男人KTV》：

---

① 陈染：《超性别意识与我的创作》，《钟山》1994 年第 6 期。
② 孟悦、戴锦华：《浮出历史地表》，中国人民大学出版社 2004 年版，第 210 页。

　　……一堆男人下了班不回去　十几个人坐在 KTV　唱着青春随风远去的回忆　说这年头还有什么让我们动心　男人歌唱给谁来听　下一首有没有你心情……男人歌原来唱的都是不敢说的心情①

　　歌词中的 KTV 包厢成为男人的心灵驿站，在这里，他们终于可以卸下坚强的面具，尽情地发泄心中的压力，通过"男人歌"他们唱出了自己内心的真实。正视自己内心的男性认识到，作为一个活生生的人，男人也有脆弱的一面，也应该有痛哭的权利，于是发出这样的呼喊："男人哭吧哭吧哭吧不是罪，再强的人也有权利去疲惫，微笑背后若只剩心碎，做人何必撑得那么狼狈。"（《男人哭吧不是罪》）通过这种发自内心的呼喊，"男儿有泪不轻弹"的刻板观念被颠覆，"英雄无泪"的神话被打破，男性冷酷无情的形象被摧毁，我们看到，男人与女人一样有丰富而柔软的心。

　　让我们再来看看这首《安全感》：

　　我是在看他的衬衫　不是他有多好看　现在是什么情况麻烦快把醋喝完　你是怀疑我眼光　还是怀疑你长相　每个男的你都抓狂　那我爸爸怎么办　我真的觉得非常哭笑不得　你有疑心病为何要我负责……你如果没有安全感　把安全带系上　信任是爱情最佳防护网　你如果没有安全感　把安全帽戴上　自信就不怕有人跟你抢②

　　歌词塑造了一个在爱情中没有安全感、爱"吃醋"、嫉妒心强的男性形象，在传统观念中这样的形象往往由女性承担，但这首歌却

---

　　①　歌词来自：http：//lrc. bzmtv. com/LRC_db/2007-9-13-JNCQLNDQOPMJMMPHMJP-PNR8-101053. lrc。

　　②　歌词来自：http：//www. 51lrc. com/asp/lrc. asp？ id = 20040206DaoEC5。

颠覆了这种陈腐的性别设想。嫉妒并不是女性的专利，男性也并不都是胸怀广阔的，通过这一全新的男性形象，我们会发现，以往那种将某种人类共有的弱点统统归于女性的观点是那么的荒谬可笑。男性作为人类群体的一部分，也会有种种的弱点与缺陷，承认并展示其不足之处并不会威胁男性的生存，反而有利于其进一步成长。

摘下了"硬汉"面具的男性更加真实、更加亲切，流行歌曲通过对这一男性形象的塑造为我们展示出了一个更加丰富的男性世界。

2. 拥抱爱情的痴情汉

在女性走出由男权文化制造的爱情迷雾，以清醒的目光深入审视爱情的同时，男性也逐渐认识到爱情之于自身的真正意义。作为人类的"生命之源"①，爱情对于男女两性同等重要，只有保持平等的关系，恋爱中的男女"才能既不会放弃超越，也不会被弄得不健全"②，爱情最终才可能"因为揭示自我而丰富这个世界"③。有了对这种全新爱情观的深刻体认，男性不再将爱情作为征服女性的手段，而是全身心地拥抱爱情，通过爱情获得更为丰富的生命体验。于是流行歌曲中便出现了许多爱情至上的男性的身影，如下面这首《美人鱼》：

> ……我不管你来自深渊　也不在乎身上的鳞片　爱情能超越一切　只要你在我身边　所有蜚语流言　完全视而不见……传说中你为爱甘心被搁浅　我也可以为你潜入海里面……现实里有了我对你的眷恋　我愿意化作雕像等你出现　再见再也不见……④

---

① ［法］西蒙娜·德·波伏娃：《第二性》，陶铁柱译，中国书籍出版社 1998 年版，第 756 页。

② 同上书，第 754 页。

③ 同上。

④ 歌词来自：http：//lrc. aspxp. net/lrc. asp？ id＝145933&id1＝144&t＝lrc&c＝dl。

歌词中的男性信奉爱情至上的原则，相信"爱情能超越一切"。他与爱人站在完全对等的位置，"传说中你为爱甘心被搁浅，我也可以为你潜入海里面"，为了爱情他也可以付出自己的一切，"我愿意化作雕像等你出现"。男性不再是爱情游戏的主导者，面对爱情他可以收获甜蜜，也同样会受到创伤，爱情的伤痛也会使男人痛不欲生：

> 吃不能吃睡不能睡　没有了你全都不对　我都学不会把爱敷衍　用笑容来把眼泪催眠　哭不能哭笑不能笑　没有了你全都不对　朋友都说这不过失恋　但我却连呼吸都胆怯　能不能不爱了因为爱太痛了　我痛得快死了却无法把你忘了　能不能不爱了爱情它太痛了　我不能够不能够不爱了
>
> （《爱太痛》）①

流行歌曲对这些痴情男人的描绘，一定程度上表现了现实中男性对情感平衡的渴望，当男人对这个世界发出"你到底爱不爱我"的疑问时，传统的男性刻板印象遭到了彻底的颠覆。

（三）两性关系新模式

随着多元化的男女新形象的出现，传统的性别刻板印象被打破，人们开始正视个体间无限丰富的个性差异，开始包容和接纳种种不符合传统性别观念的性别行为。男人不再总是以支配的、主动的、强硬的、权威的面目出现在大众传媒中，而女性也不再总是被表现为次要的、被动的、软弱的和边缘性的。传统的性别秩序受到了冲击，在两性之间出现了平等、和谐、对话的新型性别关系模式，如下面这首《大女人》：

---

① 歌词来自：http：//lrc. aspxp. net/lrc. asp? id = 267340&id1 = 244503&t = lrc&ac = dl。

你说你腰粗屁股不够翘　我闭着眼睛瞎说刚刚好　你说你脾气坏得改不了　我说隔壁药房有卖解药　现代人劈腿的技术实在太高超　我说我没练过不知道　你说现在离婚比例变得那么高　现在谈结婚会不会太早 oh　oh　你是大女人别人疼不了　就算孤孤单单走向前也要肩膀依靠　我知道你是大女人别人爱不了　只有我有这个胆子给你肩膀依靠　让你知道我的爱剩多少……①

歌词中的男女一改传统的"男尊女卑""男强女弱""男主动女被动""男主导女服从"的两性关系模式，而是以各自人格独立、精神独立的姿态并肩站立，相互包容对方的缺点与不足，共同经营爱情，让我们看到了一种平等的两性关系。男女两性通过平等对话建构和谐关系的这一景象打破了传统的两性关系刻板模式，而流行歌曲对这一新型模式的表现，也反映出现实中性别观念的改变。

综上所述，改革开放四十年内地华语流行歌曲的歌词文本中除了存在着大量的性别刻板印象，也出现了一些不同于传统性别观念的全新的性别形象及两性关系模式。这些新的性别形象及两性关系模式的出现表明，在当代中国传统男权文化的性别观念受到了巨大的冲击，社会的性别权力结构遭到了挑战，性别角色和性别认知的改变正在进行。与此同时，这些新的性别观念也通过流行歌曲的传播反作用于社会现实，在一定程度上动摇了现有的社会性别制度的根基。但是我们也应看到，相对于性别刻板印象，这些新的性别观念出现的比例并不是很大，它们只是以边缘的姿态出现在公众的视野中，传统男权文化的性别期待仍然掌控着话语权，我们并未彻底摆脱男权文化的枷锁。

---

①　歌词来自：http：//cn.zhlrc.com/downlyrics.aspx？al＝4774&sn＝59972。

第三节　歌手形象的社会性别研究

一　歌手形象与社会性别

作为当代大众文化的一个重要特征，视觉文化的兴起与繁盛对当今的世界具有极其重要的意义，它意味着西方文化正在经历"语言论转向"（The linguistic turn）后的又一次重大转向，即"视觉转向"（The visual turn），或称"图像转向"（The pictorial turn）。在这个时代中，图像变成了我们把握世界的主要方式，观看取代了文字的地位成为当今时代的象征和标志，而大众文化则主要以视觉文化的方式被呈现出来。于是，作为大众文化的一个重要组成部分，流行音乐这一听觉艺术也无可避免地被视觉化了。而流行音乐视觉化最重要的表现就是作为歌曲的演绎者，歌手的形象具有了前所未有的重要意义。

在当代流行音乐产生之前，无论是高雅的古典音乐还是通俗的民间音乐，占据其核心地位的都是音乐的旋律与配合旋律的歌词。而作为流行音乐的重要传播手段，MTV 和现场演唱会的出现则彻底改变了这一状况。从某种意义上说，MTV 和现场演唱会的产生体现了一种正在建构着的新美学，它们为流行音乐增加了一个新的审美维度——画面，使音乐的体验行为由"听赏"转变为"观看"。需要注意的是，这里的"观看"并不是传统意义上的为把握本质而看（服从于文字交流），而完全是现代意义上的为看而看（服从于画面交流）。而作为带有强烈刺激效果的视听感觉盛宴，在 MTV 和演唱会中，歌手们的身体表演远远超过了演唱音乐本身，视觉刺激成为其最大的追求。在这种情况下，作为受众"观看"的重要内容的音乐演绎者（即歌手）的形象，便具有了重要的价值。

与此同时，流行音乐作为最具商业价值的文化产业和文化消费品，其商业化的运作模式也使歌手的形象产生了无可替代的重要价值。我们今天所处的时代是一个被称为消费社会①的时代，在这个社会中，商业化的法则在将商品生产变成文化生产的同时，也将文化生产变为商品生产。每件商品都是文化产品，反之，一切都是商品。"这个社会的根本逻辑结构就是让一切成为文本。"② 于是，"形象"在文化中的地位发生了变化，它由一种对文本的直观性解释逐渐转化为文本本身，即形象自身本体化了，它成为一种可以被消费的商品。异化为本体的形象在现实生活中需要一个被展示的载体，而大众对这一特殊商品的追逐与消费也必须有一个活生生的外化形态，于是便产生了消费社会特有的明星及"造星"和"追星"的现象。所谓的明星，其实是"一种现代工业社会制造出来的大众心灵深处的乌托邦梦想的对应物，一种超级的消费符号"③。与传统的大众偶像不同，作为"消费偶像"④，他们只是取媚于消费者的商品。而大众对明星的崇拜也不是传统意义上的偶像崇拜，它实质上体现的是大众对明星形象这一符号商品的消费。明星成了能带来高额利润的商品，而流行音乐则成了制造这一商品的重要途径，于是歌手与音乐的关系发生了逆转，在流行音乐的生产过程中，歌手最终变成了原因，而不是结果。

在消费社会，商品生产执行的是经济学中的"大数法则"（Law

---

① 波德里亚认为，西方社会自 20 世纪 60 年代起已经由传统的生产社会转向了以符号为中介的消费社会，他将这一社会描述为"在我们周围，存在着一种由不断增长的物、服务和物质财富所构成的惊人的消费和丰盛现象，它构成人类自然环境中一种深刻的变化，富裕的人们不再像过去那样受到人的包围，而是受到物的包围"。参见 ［法］让·鲍德里亚《消费社会》，刘成富、全志钢译，南京大学出版社 2000 年版，第 1 页。

② 蒋荣昌：《消费社会的文学文本》，四川大学出版社 2004 年版，第 28 页。

③ 潘知常、林玮：《大众传媒与大众文化》，上海人民出版社 2002 年版，第 503 页。

④ 这一概念是由法兰克福批判理论家洛文塔尔相对于"生产偶像"而提出的。所谓的"生产偶像"多来源于生产性的生活领域，他们体现了一种个人奋斗的价值取向与人生观念；"消费偶像"则主要是娱乐界人士，它的出现表明消费已经取代生产成为人们日常生活兴趣的中心。具体内容参见黄芹《洛文塔尔的消费偶像观》，《国外社会科学》1998 年第 1 期。

of large number）和通用法则，即什么商品最好销，消费群最大，就生产什么；哪些商品投入小产出大，就着重经营哪些商品。因此作为一种畅销商品，被打造成明星的歌手，其性别形象必须符合和体现广大歌迷的性别观念和性别期待。而同时歌迷对歌手的崇拜又是一种形象崇拜，歌迷往往会按照歌手的性别认知和性别行为来重塑自身的性别形象。于是，对歌手形象进行社会性别研究就具有了重要的意义。通过对改革开放四十年内地流行乐坛歌手形象变化的分析，考察他们身上所体现的性别气质的演化，我们能清晰地看到国人性别观念的变化轨迹，也能够对我国社会性别结构的变化产生更为深入的认识。

二 男性歌手的性别气质演化

（一）从"阳刚男人"到"花样男子"

传统的性别观念认为，男性气质是由男性内在的生理特征产生的，表现为男性身体和行为的特质。虽然不同的国家、民族、历史时期对男性气质的具体定义会有所差异，同一国家、民族内部的男性气质也存在着层次性、多样性的特点，但在以男性为中心的社会中，主流的男性气质基本上都会被归结为"精神的、理性的、勇猛的、富于攻击性的、独立的、理智的、客观的、擅长抽象分析的、思辨的"等，在中国这样一个传统的男权制社会，大众对男性气质的期待也并未摆脱这种刻板印象，而作为一种畅销商品，被流行音乐工业打造成明星的歌手必须符合歌迷的性别期待，于是我们看到改革开放以来活跃在内地流行乐坛上的男歌手大多都是以这种阳刚男人的形象出现在公众的视野之中。但是到了2002年，随着台湾歌手组合"F4"的横空出世，这种阳刚男人雄霸乐坛的局面被彻底打破。

"F4"是英文"Flower 4"的缩写，意为"花样男子4人组"。这是一个由四名容貌俊美的青年男性组成的影、视、歌三栖组合，他们

2002 年通过台湾偶像剧《流星花园》出道，同时发行了同名电视歌曲原声带，随即便以无可匹敌之势红遍全亚洲，在世界各地都拥有了极为庞大的"粉丝"群。"F4"有着与此前乐坛男歌手完全不同的形象：容貌俊美、眼神清澈、长发飘逸、身材修长、线条柔和、穿着精致。他们带来的这种"花一样"的男性气质在娱乐圈刮起了一阵旋风，迅速地横扫整个乐坛，使得流行音乐工业对男歌手的形象进行了重新定义。过去那种阳刚男人称霸乐坛的历史被彻底改写，"花样男子"们开始在内地乐坛崭露头角，并迅速成为乐坛的主力。到了 2006 年，社会对"花样男子"的性别认同更是达到了一个顶点。这一年，上海东方卫视推出了一档大型男性歌唱类选秀活动——"莱卡——加油！好男儿"，号称要通过全民投票的方式"选拔德才兼备的魅力男人，打造新一代的时代青年形象"①。在经过了四个多月的漫长赛程后，我们看到那些被"全民公选"出来的"好男儿"全是标准的"花样男子"：长相俊美、柔弱可怜、杏眼含情、梨花带雨。这些号称"新一代的时代青年"除了外貌上赏心悦目，气质上无一例外都"温文谦和，还多少带着点女孩儿般的羞涩"②。而在随后由湖南卫视举办的同类选秀活动"快乐男声"中，最后胜出的三强陈楚生、苏醒、魏晨依然是"花样男子"的典型代表，他们"阳光帅气、文静内敛、可爱迷人"，是"真正的""中国新一代偶像"③。各类选秀活动中"花样男子"的频频胜出证明了这样一个无可辩驳的事实：雄壮威猛的阳刚男人已为参与投票的观众所不屑，观众开始越来越多地认同那种由"花样男子"所带来的全新的男性气质。

　　内地乐坛男性歌手由"阳刚男人"到"花样男子"的这种变

---

①　出自"莱卡——加油！好男儿"活动宣传语。
②　王娟：《2006 电视娱乐节目》，载张柠主编《2006 文化中国》，花城出版社 2007 年版，第 108 页。
③　《魏文彬畅谈心路历程："快乐男声"让我泪流满面》，http：//ent.qq.com/a/20070725/000046.htm。魏文彬，湖南广电集团董事长。

化，极大地反映了我国改革开放以来男性气质的演化。曾几何时，"漂亮"这个形容词还是女性的专利，而面目清秀、气质阴柔的男人则会被人嘲笑为"娘娘腔""脂粉气"。可是进入 21 世纪之后，那些面孔清秀、线条柔和、略带女性化特征的男人却引领了时尚的潮流，成为大众效仿的榜样，而"颓废""阴柔""稚嫩"等在传统意义上用在男性身上贬义十足的词汇也开始在男人身上闪耀起来。越来越多的男性开始质疑传统性别观念所给予的男性气质的定义，在许多大城市则出现了所谓的"都市美型男"群体。"都市美型男"这一词语来源于英文"Metro Sexual"，本是英国作家兼文化评论家马克·辛普森专门为贝克汉姆——这个"本职是足球选手，却走在时尚的尖端、穿裙子、修指甲、美容纹身、不厌其烦地变换发型"[①]的男人——创造的，被用来形容那些"与性政治无关的、舍得在外貌和时尚上花很多钱"[②] 的男人，现在则特指那些生活在大都市里，内心敏感自恋，外表时尚精致的男人们。这些"都市美型男"全方位地颠覆了传统的主流男性气质定义：在外貌服饰上，他们同女性一样注重自己的外在形象，愿意花大量的时间和金钱在穿衣打扮上，且选择的服装款式和色彩也越来越多样化；在生活方式上，他们同女性一样习惯佩戴耳环、项链、戒指、手链等饰物，热衷于逛街购物，美容护肤，越来越多地使用各种香水、唇膏、睫毛膏、眼线等传统意义上的女性化妆品，甚至进行各种整形手术；在性格气质上，他们开始将"温柔""细腻"等传统上被认为是女性特质的性格特点融入自己的男性特质之中，更加注重内心情感的表达、注重以平等和谐的态度与外界进行沟通，更加感性和宽容。作为一个社会群体，"都市美型男"的出现塑造了全新的男性形象，对我国传统的主流男性气质定义造成了巨大的冲击，从一个侧面反映出我国社会观

---

① 方刚：《"都市玉男"构建"第三性"》，《国际先驱导报》2003 年 8 月 8 日。
② 同上。

念的进步和文化价值观的多元化发展。

（二）男性气质变化的原因

中国内地乐坛男性歌手形象从"阳刚男人"到"花样男子"的转变，在一定程度上反映了改革开放以来中国内地男性气质的演化；而"都市美型男"这一社会群体的出现则反映了一部分社会成员对新型男性气质的认同与接纳。一个社会的性别观念和性别认识是由这一社会的政治、经济、文化状况决定的，而性别观念和性别认识的变化也必然会反映社会政治、经济、文化的变化。改革开放以来，我国男性气质的变化并不是孤立的偶然性的现象，而是有着复杂深刻的社会文化背景。

1. "男色消费"的兴起

正如前文所述，我们今天所处的时代是一个被波德里亚称为"消费社会"的时代，人们不再通过生产确定彼此之间的关系和地位，消费成为人们进行自我表述与认同的主要形式。"在我们的时代，消费控制着生活的所有方面。"[①] 在这样的社会中，人们曾经当作物品使用的一切都不再只具有它本身的"功能意义"，我们表面上消费的是物品，而实际上消费的却是被物品伪装起来的符号。于是，每件商品都成为文化产品，反之，一切也都是商品。在这样的语境下，不但女性的形象因为指称了男性的欲望而成了商品，就连男性自身也成了一种被消费社会生产出来的消费符号。"身体之所以被重新占有，依据的并不是主体的自主目标，而是一种娱乐及享乐主义效益的标准化原则，一种直接与生产及指导性消费的社会编码原则及标准相联系的工具约束。"[②] 消费社会通过波德里亚所谓的"性消费的社会编码原则"对男性的形象实施了异化，使其也成了一种可以被"看"、被支配、被消费的商品，而这种对男性形象的消费也就

---

① ［法］让·鲍德里亚：《消费社会》，刘成富、全志钢译，南京大学出版社2001年版，第6页。

② 同上书，第143页。

形成了所谓的"男色消费"。在消费社会中由于消费的主力是女性——"如今80%的商品被女人购买,现代经济至少在很大程度上依赖于女性对产品和服务的消费"① ——作为消费品的"男色"就必须符合女性的心理需求和审美需求。于是,为了迎合广大的女性消费者,那些外表精致、性格温柔、亲和而没有攻击性的男性就成为大众媒介塑造男性形象的标准。而这些男性新标准也通过大众媒介的广泛传播影响到了男性对自身的认识,一些男性开始按照这些标准来塑造自己,在一定程度上导致了现实中男性气质的变化。

2. "进步男性运动"的影响

随着女性主义理论的不断发展及其在世界范围内影响的日益广泛和深入,越来越多的人开始意识到,男权制体制在伤害女性的同时也伤害着男性,而男性在享受男权制带来的利益的同时也遭受着男权制的压迫。法国社会学家皮埃尔·布迪厄就曾指出:"男性特权也是一个陷阱而且它的对立面是永久的压力和紧张,这种压力和紧张是男人在一切场合展示其男子气概的义务强加给每个男人的,有时甚至发展至荒谬的地步。男性特权本身要服从象征秩序固有的要求,此时维护男性特权的荣誉事实上变成了一个严酷的约束体系。"② 因此为了获得自身的彻底解放,男性必须对女性主义理论及运动作出反应。于是在20世纪70年代的西方,对男权制社会有了深刻反思的男性发起了支持女性运动并解放自身的进步男性运动③。

---

① [澳]杰梅茵·格里尔:《完整的女人》,欧阳昱译,百花文艺出版社2002年版,第166页。

② [法]皮埃尔·布尔迪厄:《男性统治》,刘晖译,海天出版社2002年版,第69页。

③ "进步男性运动"的核心观点是:在男权制社会中,男女间的不平等表面上看起来是女性受到男性的压迫,在社会中处于弱势地位,但实际上由于压迫女性,男性同时也在承受着这种压迫的"反作用力"。所谓的"反作用力"即由于女性主体地位的丧失使其必须依附于男性才能生存,而男性因为独自承担强大的竞争和生存压力,不得不隐藏内心温柔和软弱的部分,丧失了全面发展健全人格的机会。参见方刚《男性研究与男性运动》,山东人民出版社2008年版,第25—29页。

进步男性运动提出了重建"男性形象"（特指性别形象）的主张，鼓励男性拒绝男权文化设定的"男性形象"，他们倡导男性成为新型男人、新型父亲，鼓励男性做一些传统男性不屑于做的事情，如帮助女性购物、做家务、照顾孩子，勇敢地倾诉内心的烦恼，表现脆弱的一面，适当地宣泄情绪等。进步男性运动所向往的这种男性形象一反传统男性的强悍、冷静、沉默，增加了温柔和细腻，表达了一种更加慈爱、更加关怀、较少竞争性和攻击性的男性气质，以此来促进男性人格的健全发展。

进步男性运动最具有代表性的人物当属英国足球明星贝克汉姆。作为欧美新男性的标志性人物，这位前英国国家足球队队长穿裙子、修指甲、美容、文身、不厌其烦地变换发型，并坦言不介意喜欢自己的人是男是女；但与此同时，他"又忠实地保留了传统男性的阳刚和劳动阶层的气质。他将自己塑造成一位时尚人物，慈爱的父亲，但同时又是性别模糊的成功人士"①。贝克汉姆的这种"性别模糊"的形象正是新男性超越传统性别文化及社会建构的种种限制、按照自身的期望和心灵的渴求进行自我定位的实践的成果，它强有力地证明了：男性气质是可以改变的，男人是可以改变的。于是，在进步男性运动的影响下，越来越多的男性开始用一种在工作和家庭之间更加平等的平衡方式建立自己的生活，并在个性发展方面为自己注入更多的温柔气质，进一步带动了现实中男性气质的变化。

3. 女性地位的提高

社会是由男女两性共同构成的，任何一方的变化都必然会影响到另一方的生存处境。改革开放以来，科学技术的迅速发展极大地改变了女性的日常生活状态：诸多高科技的家用电器把女性从繁重的家务劳动中解放了出来，使她们有了更多的精力投入社会；现代

---

① 郑军：《"都市美型男"对传统男性气质的冲击和影响》，载荒林主编《中国女性主义（5）》，广西师范大学出版社 2005 年版，第 27 页。

化的大生产技术使得男女间的生理差异变得越来越不重要，女性在更多的领域获得了与男性平等竞争的机会；女性主义的广泛传播进一步促进了女性主体意识的确立，而经济地位的提高也使女性掌握了更多的话语权，女性开始对自我价值进行重新定位。女性政治、经济、文化地位的提高切实改变了现实中的两性权力结构，对传统的社会性别秩序造成了一定程度的冲击，面对这种情况，男性必须对自身进行调整以适应男女两性主体空间的变化，这也在一定程度上促进了现实中男性气质的变化。

从内地乐坛男性歌手由"阳刚男人"到"花样男子"的形象转变，我们可以清楚地看到改革开放以来中国内地男性气质的变化。传统上的男性气质往往是在贬抑、否定女性气质的基础上建立起来的，社会性别研究学者怀特海（Whitehead）和贝瑞特（Barret）就曾经明确指出这一点："无论人们对男性气质的定义如何变化，这些定义永远都会和女性气质形成鲜明对比，并永远凌驾于女性气质之上……男性气质的核心就是对女性气质的否定"①，但我国男性气质的转变却显现出了不同的特点。"花样男子"和"都市美型男"所代表的新型男性气质是在保留传统男性气质优点的基础上加入了部分女性气质的特质，它的出现使传统上对立的两性气质开始互渗，两性之间的性别鸿沟得以收窄。这种新的男性气质的出现是对男权文化社会性别规范的突破，表现了男性自我的进步与丰富。

三 女性歌手的性别气质演化

（一）从"如花美女"到"白马公主"

在男权制社会中，女性的形象是由男性文化设定的，它体现的是男权文化的利益和需要。传统的女性气质多被归结为"肉体的、

---

① 转引自曹晋《批判的视野：媒介与社会性别研究评述》，《新闻大学》2005年第4期。

感性的、柔弱的、被动的、主观的、依赖性的"等，并被认为是比男性气质低劣的气质类型。男权文化通过对女性气质的这种否定性的定义剥夺了女性的主体地位，使女性沦为与男性主体相对的"他者"，从而达到占有、控制女性的目的。而作为中国内地的第一位自制偶像，清纯玉女杨钰莹正是这种传统女性气质的典范，柔顺的长发、纤细的腰肢、妩媚的神情，甚至包括甜腻的歌声，处处都体现着男权文化的审美情趣。自从1992年登上中央电视台的舞台一唱倾国后，杨钰莹的形象便成为中国内地女性歌手的模板，此后内地的女歌手无论是走什么路线、唱什么风格的歌曲，在外形上都有一个共同点，那就是貌美如花、"女人味"十足。正是通过对女歌手形象的包装，男权文化描绘出了其理想中的女性气质类型，并通过大众媒介的广泛传播来影响受众，以达到对现实中的女性进行规训和塑造的目的。但是内地女歌手所体现出的这种传统的女性气质却在2005年的夏天遭遇到了彻底的颠覆。

对于改革开放以来的中国文化发展史而言，2005年绝对是一个不得不提的年份。在这一年的夏天，一档原本看似普通的女性歌手选秀活动"超级女声"突然以星火燎原之势迅速席卷全国，使中国陷入了一场盛大的全民狂欢。超过15万人报名参赛，吸引中国国内近4亿观众的眼球，仅单场手机短信的收入就超过1500万人民币，节目的冠名和其他广告收入更是数以亿计。"超级女声"将大众媒介的力量发挥到了极致，它使得数以万计的人为之疯狂，在中国思想界、学术界引起了巨大的震荡，它所引发的讨论至今未停。而2005年"超级女声"最大的奇迹就是冠军李宇春的出现。这个高挑瘦削、脸部线条棱角分明、外形颇像男孩子的21岁四川女孩从海选的十几万人之中脱颖而出，在长达半年的赛程中一路过关斩将，战胜了众多或清纯或妩媚或性感的传统美女，最终坐上了冠军的宝座。在众多的参赛选手中，她的形象不是最出众的，音域也稍嫌狭窄，但她却凭借着一种不同于以往任何类型美女的独特气质，征服了众多的歌迷，总决选 3528308 张选票足以证明她的魅力。这个"从不穿裙子的李宇春，十几年都是短发的李宇春，街舞动作极其干净利落的李宇春，唱歌时玩弄麦架的李宇春，在上海演唱会带领八万人打响指的李宇春，会张开双臂呵护人的李宇春……全中国最帅的女孩李宇春"①，带来了一种全新的女性气质，极大地震撼了国人的观感，彻底颠覆了大众对女性形象的刻板印象。

"公众偶像的建立首先意味着其本身特质被广泛认可"②，李宇春这样一个明显偏离传统女性审美标准的少女被成千上万的"玉米"狂热追捧，表明了广大歌迷对这一全新女性形象的强烈认同。值得注意的是，各方面的情况显示，李宇春的支持者绝大多数是女性，在这种情况下，李宇春的夺冠就具有了更深层的象征意义，它标志着掌握霸权的男权话语已经遭遇到了女性主体话语的有力反击。从某种意义上说，"超级女声"其实就是一场"女性气质的集体言说和演练"③，广大女性通过投票表达了她们颠覆传统，建构新的女性气质的心理诉求。李宇春的身上具备了许多传统上被归为男性气质的优秀品质，如豪爽、帅气、潇洒、绅士、大方等，广大女性通过对李宇春这位叛离传统标准的"白马公主"的热烈追捧，完全颠覆了传统男权文化对女性气质的否定性定义，进而建构起了一种全新的女性气质，它包括：帅气，同时妩媚；自然，偶尔娇羞；个性独立，却不乏小女人的温婉；有婴儿般纯真的笑，也有冰山般冷漠的酷④。这种新的女性气质的出现打破了传统的性别气质二元对立的模

---

① 徐欢：《2005"超级女声"》，载张柠主编《2005 文化中国》，花城出版社 2006 年版，第 83 页。

② 何平、吴风：《"超级女声"与性别政治——西方马克思主义女性主义视角》，《南开学报》（哲学社会科学版）2005 年第 5 期。

③ 张红萍：《性别与文化研究综述（2001—2006）》，载荒林主编《中国女性主义(9)》，广西师范大学出版社 2007 年版，第 64 页。

④ 何平、吴风：《"超级女声"与性别政治——西方马克思主义女性主义视角》，《南开学报》（哲学社会科学版）2005 年第 5 期。

式，它强调了个体的差异性，宣扬了多元化的女性美，是对男权制文化中女性规范的挑战和反叛。而李宇春作为这种僭越的女性气质的代表在社会中所获得的广泛认同，无可争议地表明了我国传统性别观念的变化和女性主体空间的扩张。

（二）女性气质变化的原因

李宇春能够成为这个时代的女性公众偶像，既不是偶然的娱乐现象，也不是单纯的时尚变迁。与我国男性气质的变化一样，她所代表的这种全新女性气质的出现，背后也同样有着复杂深刻的政治、经济、文化原因。

1. 女性主义的影响

改革开放以来，随着中外文化交流的发展，西方女性主义理论及其运动成果开始在我国广泛传播，对我国思想文化领域产生了重大的影响，并催生了本土化的女性主义研究。随着本土女性主义研究的日益深入及其影响的不断扩大，越来越多的人逐渐意识到，在中国这样一个以男女平等为基本国策的国家里，男女两性并未获得真正意义上的平等。虽然新中国成立后，中国女性已经在法律上取得了与男性平等的权利，但在思想观念领域，传统的性别陈规依然占据着主导地位，中国依然是一个传统的男权社会。但是随着女性主义影响的不断扩大，我国当代女性的主体意识逐渐觉醒并逐步发展壮大，广大女性认识到要获得真正意义上的男女平等，女性不仅要取得政治和经济的独立，还必须摆脱男权文化的桎梏，打破传统的性别陈规，取得人格与精神的独立。于是当代女性不再以男权文化的社会性别期待为标准来塑造自身，她们"已经度过了极易夭折的脆弱的浪漫幼年而进入一个懂得冷酷与怀疑的成熟期"[1]。通过对传统女性气质的质疑和反叛，当代女性开始了重建女性气质的探索，而这种探索便导致了现实中新的女性气质的出现。

---

① 孟悦、戴锦华：《浮出历史地表》，中国人民大学出版社 2004 年版，第 39 页。

2. 女性话语权的增强

随着社会的急剧发展及文化的日趋多元，当代女性获得了更大的活动空间，而政治、经济、文化地位的不断提高，又为女性主体空间的扩张提供了基础保障。我国女性开始在公共空间越来越多地发出自己的声音。与此同时，我国社会在现代化进程中所产生的越来越明显的消费社会的特征，也在一定程度上促进了女性话语权的增强。而消费社会的商品生产为了取得利益最大化，也不断迎合女性的喜好，制造出女性喜欢的商品，从另一个侧面强化了女性在公共领域的话语权。"李宇春现象"的产生就是消费社会女性主体话语权增强的明证：广大女性通过手中的"货币选票"制造出（用短信投票的方式）"李宇春"这一具有全新女性气质的性别形象，以此来表达她们渴望颠覆男权文化、重建女性主体的潜意识的心理诉求；而为了获得最大化的利益，大众传媒努力迎合女性观众，通过各种方式不断强化由李宇春带来的这种全新的女性气质，使其成为一种新的性别气质模版，反过来影响了现实中女性气质的建构，在一定程度上对传统的社会性别秩序造成了冲击。

3. 家庭教育期待的变化

家庭作为个体社会化的第一环境，对个体社会性别角色的形成起着极其重要的作用。在家庭教育中，受传统性别观念影响的父母往往不自觉得将男孩与女孩区别对待，用制度化的刻板性别模式作为标准来要求孩子，使之接受适合他们性别的固定模式，从而完成个体的社会性别角色塑造。但是现代社会竞争激烈，日渐强大的生存压力使得女性不得不在越来越多的领域与男性进行激烈的生存竞争，传统的女性气质定义已经越来越不适应当代女性的发展；而计划生育政策的实施和社会老龄化趋势的加剧，使得女孩也逐渐成为家庭的中心和支柱，出于对孩子的疼爱以及为了增加其社会生存的砝码，越来越多的父母不再按照传统的性别观念来教育自己的女儿。现代家庭对女孩的教育方式日趋多元化，许多女孩被教育得比男孩还强势，这种对女孩家庭教育期待的变化也在一定程度上导致了现实中女性气质的变化。

李宇春所代表的这种被称为"白马公主"的新型女性气质的出现是我国当代女性个性张扬和主体回归的标志；而其公众偶像地位的确立，则是当代女性打破传统性别陈规、摆脱男权文化桎梏的结果。虽然"公众的价值判断和审美理想常常体现出一种无序和无意识的特征"①，但"白马公众"战胜"如花美女"成为这个时代的女性公众偶像，其本身已经证明了传统性别观念的动摇和女性主体空间的扩张。虽然以男权为中心的社会权力结构并未被彻底颠覆，男权文化依然控制着当下的社会性别秩序（这一点从李宇春所遭遇的各种持续不断的辱骂及责难中可见一斑），但是通过女性气质的变化我们看到大多数当代女性已不再是依附于男人的玩物，她们已经获得了一种比较自信的自我性别认识，已经培养起一种比较独立的自我评判标准，她们正从男权文化的传统性别观念中逐步地剥离，向着人性自由与性别超越的方向不断地努力。

通过对改革开放以来我国内地乐坛歌手形象的社会性别研究我们发现，我国传统性别观念中关于男性气质和女性气质的定义正在发生变化，传统意义上的性别气质差异和对立已经逐渐淡化，两性气质开始互渗，呈现出明显的双性化的趋势。② 伟大的心理学家荣格认为，每个男子身上都存在着潜意识的女性倾向即"阿尼玛"原型，每个女子身上也都存在着潜意识的男性倾向即"阿尼姆斯"原型，要使人格和谐平衡，就必须允许男性人格中的女性方面和女性人格中的男性方面在个体的意识和行为中得以展现。"如果一个男人展现

---

① 何平、吴风：《"超级女声"与性别政治——西方马克思主义女性主义视角》，《南开学报》（哲学社会科学版）2005 年第 5 期。

② "双性化"（Androgyny）这一概念是由美国心理学家桑德拉·贝姆（S. L. Bem）提出的，它来源于希腊语，意为"男子"（Andro）和"女子"（gyne），特指同时拥有男性气质和女性气质、同时具备男性与女性的长处与优点的人格类型。

的仅是他的男性气质，他的女性气质就会始终遗留在无意识中而保持其原始的未开化的面貌，这就使他的无意识有一种软弱、敏感的性质。正因为这样，所以那些表面上最富于男子气的人，内心却往往十分软弱和柔顺。"① 因此，双性化人格是一种理想的人格模式，它既保证了两性之间的协调和理解，又保证了个体的自由而全面的发展。性别气质的双性化趋势并不意味着完全消除两性之间的所有差异，相反它体现了在弥合两性性别鸿沟基础上对个体差异的尊重。它使人类不再被分为相异的两个群体，而成为由众多个体所组成的一个整体，在这个整体中每个个体的差异都有了表现的可能，都将得到充分的尊重。我国内地乐坛歌手形象的变化及其所反映的性别气质双性化的趋势，对男权文化二元对立的性别模式造成了极大的冲击，在一定程度上改变了人们传统的性别观念。

小　结

每一个社会都有自己独特的有关社会性别的意识形态，它决定着一个社会的社会性别结构，体现着特定的社会权力关系，是一种社会控制的手段。而流行音乐作为体现当代社会心理和精神症候的重要文化现象，其中存在着大量的性别信息，为我们提供了观察和理解现实社会性别意识形态的绝佳背景。改革开放以来中国大陆流行歌曲中大量性别刻板印象的存在一方面反映了在当代中国社会性别权力结构中男性依然占据着统治地位，另一方面它又间接强化和巩固了现实中这种不平等的性别关系。但与此同时我们也可以看到，改革开放带来的政治、经济、文化的巨变对现有的社会性别结构以及传统的社会性别观念造成了巨大的冲击，社会文化的包容和价值

---

① ［美］霍尔等：《荣格心理学入门》，冯川译，生活·读书·新知三联书店1987年版，第52—53页。

取向的多元趋势也为争取性别解放提供了保障。内地华语流行歌曲中多元化性别形象的出现以及歌手形象所体现的性别气质双性化的趋势明确地反映出性别气质和性别认同的改变已经成为一种无法抗拒和回避的潮流。虽然男权制的社会权力结构并未被彻底打破，传统的社会性别意识形态依然控制着当下的社会性别秩序，但是种种新的性别形象与性别气质的出现，必将带动两性权力结构的变化，促进社会性别制度的改变，而这种变化的趋势已经让我们看到了人类性别解放的曙光："最需要解放的是每个男人身上的'女人'和每个女人身上的'男人'。一旦我们把这些'男人'和这些'女人'解放出来，我们就具备了完整而自由的人类特点。"①

---

① 学者威廉姆·斯隆·科芬语。转引自方刚《男性运动与女性主义：反父权文化的同盟者》，载荒林主编《中国女性主义（5）》，广西师范大学出版社 2005 年版，第 7 页。

第 二 章

中国大陆畅销女性图书解读

第一节　关于畅销女性图书

一　作为大众文化的畅销女性图书

（一）女性图书的概念界定

随着我国图书出版业的快速发展与繁荣，畅销的女性图书在近年的市场上展现出一股不容小觑的力量。尤其是近些年来，女性图书的销售势头日趋强劲，各大书城都开辟了女性读物专区、设置了女性读物专架，女性图书成为人们关注的焦点。作为记录女性文化的一面镜子，它们在很大程度上反映了当前我国女性的生存状况。我们通过对市面上畅销的女性图书的了解，将目标集中于 2007 年至 2014 年这个时间跨度下的四大主题（包括塑身美容及服饰装扮类、综合修养类、两性婚恋类、职场励志类）的图书现状，大致勾勒出畅销女性图书的概貌，进而审视其传播内容背后的性别文化，以期把握我国女性主体意识的发展与变迁。

关于女性图书，学术界及出版界尚未给出明确的定义，有关学者为其划定了界限："从广义上，可概括为所有'写给女性，女性所写'的作品。从狭义上，可归纳为女性理论著作、女性情感图书、女性生活图书、女性人物传记。"① 本书认为，女性图书是指以女性为主要阅读对象的书籍。

21 世纪以来，我国经济社会迅速发展，女性受教育程度不断提高，逐渐拥有了独立的经济地位，女性选择阅读不再单纯地休闲享受，而更加注重从中学到的社会技能，这是女性出版物兴盛的内在原因。女性消费能力的快速增长也极大地促进了女性读物的兴盛。

面对这一市场需求，许多出版商意识到女性图书市场的巨大潜力，开始将目光和资金聚集到女性图书的出版上来。于是市面上出现大量的以女性为消费群的图书，比如塑身美容类、修养励志类、职场打拼类、保健育儿类等，畅销的女性图书不断涌现，这些女性图书呈现门槛低、品种多的特征。笔者长期锁定的西安各大书店卖场，在每个书店都会看到女性读物的专区中摆放有畅销和常销的图书。从西安小寨嘉汇汉唐书城的销售和问卷调查来看，女性读者喜爱阅读除了心灵安抚作用外，也更加注重书籍的实用性。塑身美容、服饰搭配、健身保养、家庭育儿、修养励志、职场打拼、旅游休闲等都是女性阅读的首选，其次还有经典文学、个人及家庭理财类、科技类、DIY 玩艺、创意生活类等图书也都属于女性阅读的范畴。

（二）畅销女性图书

1. 畅销书

书籍作为承载人类文化、传播知识的重要方式，自古就与时代有着密切的联系。当前中国市场经济条件下的产物——大众文化则是最显著、最具社会影响力的一个文化维度。大众文化以其通俗性、娱乐性及日常化为大众所熟悉、接受，具体呈现形式就包括印刷媒介的书籍。

可以看到，畅销书是大众文化中最受关注的资源之一，与其他书籍相比，畅销书与时代的联系更加紧密，因此也成为分析大众文

① 薛宝根、符红霞、苏芩、辛夷坞、一草：《女性图书出版与阅读小辑》，《出版广角》2009 年第 11 期。

化特质的一个视角。畅销书，顾名思义，是指某个时间段非常受到社会大众欢迎，且销售量出色的书籍。自畅销书的概念被引进中国后，随即成为出版市场的焦点。作为商品经济发展的产物，畅销书从诞生至今，为社会大众与学界所持续关注。畅销书最先由图书销售排行榜产生，如美国《纽约时报》于1942年形成的"畅销书排行榜"。畅销书排行榜能更明了地展现畅销书，是反映图书销售业绩的晴雨表。畅销书的市场运作具有系统性，需要作者、编辑、出版者、图书市场以及消费者等多方参与共同完成。

2. 畅销女性图书与消费

在当下图书市场中，诸多的非畅销书籍往往被畅销书的阵势所淹没，因为畅销图书具有独特的文化传播力，能够看作评价大众文化趣味的一种参照标准。畅销书集聚商业价值与文化价值，在传播影响力方面，其作用不言而喻。一方面图书所传播的内容受到作者的知识修养、思想观念、现实环境等方面的影响；另一方面，读者的接受过程能够在一定程度上折射出公众的价值取向。而这些最终都需要依靠读者对图书的消费。

在现今消费时代下的中国，消费已经渗入了人们生活的各个方面，通过消费表征的生活方式，也正在成为建构身份认同的重要方式。畅销女性图书不可避免地被裹挟进商业潮流中。畅销女性图书品种不多但占据了畅销书的很大份额，成为描摹女性群体在当下的精神及物质生活状态的一种手段。如上节所指出的，出版商看到女性渴望通过购买、阅读女性读物的消费行为来改变自我，改善外表及内在修养，提升自己的社会地位，而特意推出具有一定阅读视野限制的、特定内容的女性读物。《这书要卖100万——畅销书经验法则100招》一书中就认为"畅销书是由女性创造出来的"。这是从其缘起层面来说的。

女性图书对女性身份的建构不仅体现在其源端口，而且更加明确地反映在内容表现当中。女性气质的建构表明当代中国社会对于女性外表、言语行为方式的种种规范，如女性读物中气质修养类的《哈佛女人气质课：提升女人幸福力的 10 个智慧金典》塑造的现代女人，既要温柔，又要坚强；既要注重内在修养，又要注意外在仪表。又如礼仪培养类有《跟巴黎名媛学到的事》《礼仪的力量：海英老师的 33 堂礼仪课》等，都使得女人更加女人，然而这些规则标准都来自"看"的主体——男权话语社会，父权中心的话语权力渗透到生活的方方面面。正如福柯所言，在许多妇女身上造成了"一种有意识的和持续的可被看状态，它确保了权力自动地发挥作用"①。它内化为生活在其中而不自觉的女性所遵循的标准，它契合了女性追求幸福、魅力、健康与时尚的要求，适应了消费社会的需要。表面上看，是女性自己想实践这种种标准，其本质却是帮助男性推脱掉对女性施加统治的显性罪责。

值得注意的是，这些现象是包含在现代消费主义当中的。女性图书以消费者为主要诉求对象，目的在于启动消费的欲望机器，消费在利用现代女性解放思想获得利润，又利用父权制文化中对女性的压抑贬低来加固对女性的控制。

可见，消费建构女性主体性的作用比较复杂，个性化的消费欲望和行为一方面将女性塑造成为男权中心的实践者，使其更依赖于男性，另一方面，当前的女性读物在一定程度上不断突破传统观念中的刻板化性别角色定位，新的消费理念和消费行为也导致了两性之间权力关系的微妙变化。

二　畅销女性图书的现状及分类

女性出版物市场的繁荣，表明女性图书已经成为一个强大的传播阵地。女性图书主要类别有实用型的如家庭保健类、修养励志类、

---

① 〔法〕米歇尔·福柯：《规训与惩罚》，刘北成、杨远婴译，生活·读书·新知三联书店 1999 年版，第 226 页。

塑身美容类、个人及家庭理财类，学术型的如女性主义理论和学术研究，女性文学和人物传记等。有别于女性时尚杂志注重引导女性消费，书店中的女性读物能够在内容上提供信息，有思想深度但又深入浅出，大体呈现出实用性、趣味性、知识性的基调。

家庭保健类，包括育儿保健，主要是介绍妇女怀孕、生育知识以及对子女的教育、女性自身的健康如子宫保养还有家庭养生等。介绍时尚的图书内容又涉及教女性如何化妆、美容、整形、减肥、健身、服装搭配、发型设计等。修养励志类图书主要是针对女性进行心灵指导，鼓励女性自信自立自强。还有研究妇女问题、保护妇女权益的书籍和著作，品种齐全。女性图书市场迅速发展起来，但由于膨胀过快，畅销女性图书的出版还存在一定的问题，不利于女性图书的健康发展。在这繁荣景象的背后，隐藏的是选题雷同，原创稀缺，整体格调不高，力作乏陈，快消式的出版现象。从整体上讲，女性图书出版才刚刚起步。

当前市场上畅销的女性图书主要集中在生活实用型的女性图书，仅就 2014 年的时间节点来看，结合当当网上书店的统计，我们根据其内容对各大畅销榜上的女性畅销图书进行了大致的分类。

家庭保健类：随着物质生活水平的提升，人们越来越注重身体的健康与营养均衡，畅销榜上的《只有医生知道1》《只有医生知道2》《子宫健康书——女生这样做，吃不胖、晒不黑、人不老》《脸要穷养，身要娇养》《很老很老的老偏方，女人烦恼一扫光》等，这些针对女性读者的健康图书在整体保健养生的图书排行中都名列前茅，而亲子育儿方面由教育专家尹建莉所写的教子手记《好妈妈胜过好老师》成为市场上的超级畅销书，另外譬如《孩子，你慢慢来》《如何说孩子才会听，怎么听孩子才肯说》《西尔斯亲密育儿百科》《育儿百科》《郑玉巧育儿经（婴儿卷、幼儿卷)》《正面管教》《这样跟孩子定规矩，孩子最不会抵触》《陪孩子走过小学六年：爱在自由里》等也普遍受读者欢迎。

综合修养类图书：《幸福要回答》《不畏将来，不念过去》《遇见未知的自己：都市身心灵修行课》《谢谢你离开我》《卡耐基写给女人一生幸福的忠告》《做内心强大的女人——卡耐基写给女人的一本世界级心理励志书》《聪明女人的说话技巧与处世智慧》《一辈子做女孩》《女人的修养与处世智慧全集》《20几岁决定女人的一生》《淡定的女人最优雅》《灵魂有香气的女子》《哈佛女人气质课：提升女人幸福力的10个智慧金典》《女人不能太单纯——心智成熟，才能少走弯路》等书常驻女性总图书的排行榜。

人物传记类：《绝望锻炼了我：朴槿惠自传》《向前一步》《奥黛丽·赫本》《你若安好便是晴天——林徽因传》《简·奥斯汀传：嫁给文字的女人》。

塑身美容装扮类：《7天瘦肚子的神奇蔬果汁》《女人明白要趁早之和潇洒姐塑身100天》《轻断食：正在横扫全球的瘦身革命》《媲美明星3心机美颜术》《塑身女王教你打造完美曲线》《塑身女王完美曲线伸展操》《别说你懂穿衣搭配》《我的100件时尚单品》等。

两性婚恋类：《何以箫声默》《我这辈子有过你》《应许之日》《在不安的世界安静地活》《世上另一个我》《女人不狠，地位不稳》《男人那点心思，女人那点心计》《蔡康永爱情短信——未知的恋人》《男人来自火星，女人来自金星》《男人天生被她们吸引》《婚姻心理学——婚姻是最好的修行》《男人需要尊重，女人需要爱》《再忙也要做个好妻子》《丈夫，天生需要帮助者》《别拿男人不当动物》《婚姻是女人一辈子的事》《30岁前别结婚》等。

这些畅销书从销售状况来看，是女性图书中其他种类的图书市场占有量无法与之匹敌的。上榜的不同种类中以女性综合修养类图书居多，占到30%，结合开卷图书的统计数据，可以反映女性畅销图书中综合修养的图书受到市场的广泛欢迎，能够了解当前女性所追求的图书消费方向。

众所周知，图书是传播社会文化价值观念的重要阵地，作为其中的一个分支，女性图书无疑承担起了自己的社会功能，即传播女性文化，构建女性生活场景。对女性生活如何建构，需从其内容着手，图书出版本就是以内容为旨归进行文化传播，因此从女性图书的文本着手，研究其所承载的价值意义，分析这些价值意义经由读者的阅读，继而对女性生活产生了怎样的影响，另外，也是对女性出版这一话语平台进行反思。

为方便研究，笔者以西安汉唐书城为基站，从 2007 年以来市面上畅销的女性读物着手，将关注点集中在四类畅销书上：第一类是女性塑身美容、服饰装扮等时尚类图书；第二类是讲女性综合修养的图书；第三类是两性婚恋类图书；第四类是女性职场类读物。

第二节　塑身美容及服饰装扮类畅销书

近年来，塑身美容一直是女性的热门话题。市面上关于女性减肥塑身的图书颇为走俏，如《瑜伽：从入门到精通》《女人明白要趁早之和潇洒姐塑身 100 天》《果蔬汁喝就瘦》；美容修颜类的读物《美容教母 90 天肌肤大改造》《美容大王：大 S 徐熙媛从头到脚的 5 大美容秘诀》《Pone 的四季美妆物语》和《我最想要的化妆书》等也是销量不俗；服饰搭配类图书畅销的有《别说你懂穿衣搭配》《我的 100 件时尚单品》等。对女性消费者而言，它们都是非常实用的时尚指导手册，所以在整个女性读物中，时尚类女性读物几乎占据了整个女性读物的半壁江山。

这些读物受众明确，即针对女性，尤其针对中青年女性，关注对女性外在美的塑造。其各个大类下又细分为多个小类，品质良莠不齐，内容却大同小异。作为时尚指导手册，通常都采用以图配文的形式，没有深奥、玄妙的专业术语和理论概念，而是容易入门、容易学会和快速见效的实用图书。

一　"瘦身美容热"

"S"形性感身材、完美瓜子脸、穿衣时尚潮流，成为当今中国社会对女性的审美标准，指引着女性塑造自己的身体及容貌。而打造完美身材和脸蛋，就要依托运动、节食或整形化妆等一系列的技术手段来完成。仅以塑身一项内容为例：

1. 塑身造星

被誉为"韩国最美丽的辣妈""瘦身救世主"的郑多莲（郑多燕），作为塑身成功的典范，她的运动塑身历程在中国内地被大众媒体广泛传播，与郑多燕相关的塑身图书备受女性读者热捧。市面上的塑身教程也会细分类别：《塑身女王教你打造完美曲线》《塑身女王完美曲线伸展操》《塑身女王郑多燕教你吃出性感身材》《塑身女王郑多燕终极 S 瘦身操》等，这些读物一经上市就受到女性消费者的青睐，在各大电子商务平台及图书零售店销量很大。在此重点选取郑多燕的教程文本加以解读。

2. 塑身动因

郑多燕的减肥动力：这几本书在介绍作者时采取的都是欲扬先抑的"励志"手段，郑多燕婚后生了两个小孩，胖了 20 公斤，"有一次老公在睡觉时说了梦话被她听到，'真怀念你婚前的样子呀'这句话对郑多燕造成了很大的打击，再加上因为肥胖而引起的背痛问题，郑多燕终于在医生的建议之下开始健身减肥"。

作者在开篇提到的瘦身宣言是："要拥有魔鬼身材，运动必不可少！如果没办法变得更加美丽的话，那么我们减肥还有什么意义呢？"

"46 岁的我是两个孩子的妈妈，现在，周围的人总是羡慕我的'魔鬼身材'。可是，你知道吗？我以前可是体重超过 70 公斤的欧巴桑啊！"①

---

　　① ［韩］郑多莲（郑多燕）：《塑身女王教你打造完美曲线》，苏喆译，广西科学技术出版社 2012 年版，第 1 页。

《瘦下来变女神》的作者钱婷婷在书的自序中写道:"和很多胖妹子一样,看着电视里的浪漫爱情故事,自己却单身一人;和很多胖妹子一样,一边对着别人文艺清新的照片羡慕嫉妒恨,一边高喊'我不爱拍照'……哦,是的,我都没有最胖时的照片,因为根本不想在相片里看到自己臃肿的身影……可以说,我肥胖的 27 年也是我单身的 27 年,当去年瘦下来的时候,爱情丘比特终于降临,让我成功脱离大龄未婚女青年行列。感谢肥胖,让我拥有一颗坚韧宽容的内心!感谢减肥,让我拥有现在美妙无比的生活!"[①] 她终于由 140 斤大龄未婚女变身 90 斤的最美新娘。

可见减肥之于女性的意义正是变美丽、显年轻,在以瘦为美的文化语境中,女性大多会以男性的审美接受来衡量自己的身体:要年轻靓丽,要身材苗条,才能永远迷人,才能拥有好的恋爱姻缘。

3. 塑身操作

美容塑身、服饰装扮类的女性时尚畅销图书相较同类出版物,如女性时尚杂志,有同有异。同样作为快速消费品,它们注重实用,是女性实施美丽计划的教材,但图书的教程内容相对纯粹、详细。郑多燕各个版本的塑身图书以图片形式解说减肥步骤,搭配文字说明,简洁易懂,阅读门槛低。

图 2—1　　　　　　图 2—2　　　　　　图 2—3

---

① 钱婷婷:《瘦下来变女神》,江苏科学技术出版社 2014 年版,第 1 页。

以上三张图片表明：按照郑多燕的教程，女性可以对自己身体不如意的部位加以塑造，如女性的腹部、腰部、上臂、肩膀、臀部和双腿都可以遵循这样的运动方式锻炼出来，只要付出努力去做身体整形，就可以拥有个体自身所期待的效果——如上图文字中所阐述的："为了拥有诱人小蛮腰""最适合穿迷你裙和短裤的修长双腿……而穿长裤时美丽的背影，则需要完美圆润的翘臀，这个运动让你两者兼备"。

市场上相关书籍刊物、影像资料的热卖象征着"塑身美容热"所传递的某种文化诉求已经参与了当下文化空间的书写。"女为悦己者容"正显示出男权主导下的社会对女性的期待，现在的时尚要求是女性的腰必须细软诱人，臀部要翘、要圆润，双腿要修长，女性为了得到男性的认可，就去修整自己的身体，去除腰上的赘肉、做隆胸手术、减大象腿、割双眼皮、化妆等动用一切可能的修整及遮蔽术，因为女性"被告知"这样的身体是不符合规范的，会遭到社会的鄙夷，为了摆脱这样的窘迫境地，她们就要改造，郑多燕和钱婷婷坚信具备好身材就能吸引异性目光、讨得丈夫欢心，从而获得愉悦和幸福。

二　时尚与美丽

女人天性爱美，她们希望变得时尚而美丽，得到社会认同。当女性面对时尚，根据齐美儿的观点，从根本上讲她们是矛盾的，一方面抱着从众心态，怕赶不上时尚的趟儿，没有社会归属感，心理失落。另一方面她们又渴望标新立异，寻求独特的美丽以吸引人注意。故而女性总是在二者之间寻求妥协。例如人们的服饰着装早已告别最初的蔽体功用，从属于整个时尚消费文化，影片《穿 Prada 的女王》中 Miranda 所介绍的一件粗毛衣的"前世今生"，就清晰地阐释了时尚的运作。

时尚类女性畅销读物传递给人们当下社会的审美评判观念：小眼睛、单眼皮、塌鼻子是丑的，脸色暗黄、面部有皱纹是丑的，身材肥胖是丑的，胸小、腿粗、被坐得扁平的屁股都是美的对立面。其宣称的完美身材在实际生活中的女性很少有人达标，于是，女性对自己身体产生焦虑。而"丑小鸭变成白天鹅"的梦想只要通过塑形美容等技术手段就可以在短时间内成为现实，这对每一个爱美女性来说，都是一种诱惑。为了符合社会审美标准，她们势必投入财力、物力、时间，进行诸多消费活动来改变自身丑的事实。她们关注化妆品、流行服饰、美容美发，这些时尚美丽消费是女性日常生活中重要的开支。鲍德里亚说："美丽之于女性，变成了宗教式绝对命令。"① 时尚类女性畅销读物所宣扬的女性时尚美作为资本被公开评判，它往往误导了广大女性将自信建立在外表美的基础上，甚至有人为了美不惜损害自己的健康，为此付出了惨痛的代价（有女性因技术操作不当而给身体造成伤害的，如厌食症、整容失败）。可以说，这些读物对女性读者健康观念的不良引导，让女性倾向为美而损害健康的身体、脱离现实生活，是传播观念的图书载体的一大盲点。对此，女权主义就曾指出减肥塑身风潮其实是对女性身体进行物化的过程，向女性灌输单一的美的理念及标准。

当女性变得符合当下审美标准时，可能因此较轻易地就获得工作机会，拥有幸福美满的爱情、婚姻和家庭诸如此类的"好处"，在社交活动中更容易获得青睐——追溯审美标准的源头，与其说是时尚潮流对女性身体的约束，倒不如说是现实社会性别意识形态的直观反映。女性朝着这种美的方向发展，实际更加固化了传统文化中男性对女性的刻板印象——曼妙身材、性感诱人。大量的"人造"美女涌现，其本质都是机械复制出来的"美女"，并非真正的女性主体。这背后是将女性身体作为男性的性客体，是为了得到男权社会的赞许而建立起来的女性的自立体系，这正显示了对女性身体美的构建，它们是当下文化建构的一种产物，它们更注重于唤醒女性对

① ［法］让·鲍德里亚：《消费社会》，刘成富、全志钢译，南京大学出版社 2008 年版，第 144 页。

于流行美的自觉关注，女性强调女性的外形美，以一种单一的审美时尚——瘦、性感等来引导女性，加之现代科技的推波助澜，女性的身体已经成为一门专业学问，不再仅仅为女人所控制。

三 他者与被规训的身体

毫无疑问，瘦身、美容、服饰搭配的阵地就是身体。身体的意义变得举足轻重，因为它承载着女性的美丽，显示了美的标准与内涵，它作为时尚的标杆，指示着时尚的风向。在当前中国的消费社会下，也正是鲍德里亚指出的女性的身体承载了更多沉重的内涵，比其他更能吸引人的关注，在机械复制时代，女性的身体经由技术处理而变得美丽、时尚，正如某服装设计师所宣称的，"不应该是衣服适合身体，而应该是身体适应衣服"。女性将身体交给时尚美丽、交给医学技术，成为知识权力操作的对象——这就是"被驯服的身体"。

在《规训与惩罚》中，福柯通过对现代"驯服的身体"的规训实践，解释了工具理性对身体的掌控方式。通过美容、整形等手段控制身体来实现作为女人的角色正符合了父权制文化的规训。女性的身体方面是在男权制度下不断地被建构规训，女性要以身材纤瘦苗条、脸蛋小而精致、穿衣搭配时尚且适应场合为标准，一直以来，女性的身体实践从勒腰束胸、缠足穿高跟鞋到现代的整形减肥，总是按照男性的社会需求不断地被改造着，她们的身体一直被男性的眼光审视着，而且这种审视持续存在，从未停止。

在这背后隐藏的是将女性身体作为幻想与欲望对象的男性眼光。女性的身体处于权力（或大写的他者）的监管下，而时尚类女性畅销读物多以图文的符号形式呈现，这本身就是将女性的身体展示、表露，放置在"被看"的位置上，供男性"看"，迎合了男性霸权文化特征，即使消费者绝大部分是女性，但这些女性读者也是带着男性的审美眼光在"看"。之后她们改造的身体也不能摆脱"被看、被凝视"的地位。在这里，"看"与"被看"的关系意味着一种等级秩序："看"是男性的权力。男性是欲望的主体，而女性是男性的欲望对象，被贬为与物等同的客体。这类女性图书所表现出来的是将女性物化、他者化、性化的倾向，女性还是未能冲破传统性别陈规的牢笼，它所塑造的时尚女性也远非是真正觉醒的当代女性。而要成为有自我意识的女性，势必要摆脱被男性凝视的目光。

前文提到的女性"被告知"什么样的身体不符合规范，女性是"被告知"的主体，那么告知的主体又是谁？即谁有权力制定这样的审美规范？权力无所不在，它持续地被生产，涵盖了整个文化，也就是说，这样的权力生产者不仅仅来自大写的他者，也来自女性自身。

郑多燕、钱婷婷为了美丽与幸福，是自愿进行身体改造的。不仅仅要挽回特定的男性的注意力，更要"悦己"，让自己觉得自己是美丽的。于是她们束缚身体，增加魅力：这些女性陷入技术操作和男性视野的樊篱之中而浑然不觉正是出于自愿。时尚类女性畅销读物引导女性通过减肥塑身、美容装饰，给自己带来美丽、自信和健康，如郑多燕所言，"减肥不等于干巴巴，而是为了成就魅力自我的基本生活形态"，可见，她们在整形妆扮的过程中磨炼了自己的意志，内在的自我也越来越凸显，表明女性的主体意识的觉醒和成长，也体现女性对自己身体甚至生活的把握与掌控，如果塑身整形成功，女性就会从中获得成就感，也会对自己的身体更加自恋。

"人们管理自己的身体，把它当作一种遗产来照料、当作社会地位能指之一来操纵。"① 通过身体消费获取身份——时尚类女性畅销读物让女性在消费社会的规则之下，不仅生产和消费着别人的身体——女性追逐减肥达人郑多燕的脚步，看她的塑身历程，同时也生产和消费着自己的身体。也就是说，女性的时尚消费背后隐藏着这样的意义：女性应该珍视自己的身体，善待身体，因为它能给自

---

① ［法］让·鲍德里亚：《消费社会》，刘成富、全志钢译，南京大学出版社2008年版，第89页。

已带来美丽与财富。或者说女性的价值就在于女性的身材、美貌。从某种程度上讲，身体在女性意识中成为财富和社会地位的象征，在经历各式各样的自虐式身体对待（这无异于中国旧时的小女孩被强迫裹脚）后，把自己装扮成待价而沽的精致商品。

第三节　女性综合修养类畅销书

一　女性综合修养类畅销图书实例

如果说塑身美容、服饰类的时尚读物带给女性的是技术改造层面的外貌形态（秀美的脸蛋和婀娜的身体），那么女性综合修养类畅销图书则以提升内在的"女性气质"为其发力点。

女性综合修养类图书是女性读物的一个细分门类，从当前市场来看，也是富有发展潜力的女性图书门类。现代社会，女性能够与男性"同台竞技"，她们在社会中扮演了越来越多重要的角色，角色的转变急需社会文化的支撑，于是诸多针对女性的气质修养类图书应运而生。

近年来，图书出版市场上有关女性综合修养的图书丰富多姿，已成规模效应，这从侧面反映了当前女性的需求层次的变化。纵观畅销的女性综合修养类图书，它们都具备以下几个要素：关注女性成长，具有励志性质，旨在提高女性情商、修养心灵，实用。同时，这类畅销书构成情况分以下几种：第一种是名人题材，由名人撰写或以名人为叙述对象的图书在市场上热卖。这些名人的身份有女主持人、来自政界或商界的杰出女性、娱乐圈的明星等；名人本身在社会上已经具有了很大的影响力。书籍中以阐述自我的形式呈现，通常她们都有着丰富、与众不同的人生经历，书中将她们对生活的感悟及其经历故事熔铸在一起来打造题材，总结女性成长经验，一方面满足读者窥视的欲望，另一方面引发女性对自身的审视，而这类作品往往能取得良好的市场反馈，例如杨澜的《杨澜给女人的24堂幸福课》《幸福要回答》等"幸福"书籍一经出版就引发消费热潮,类似的还有张德芬的《遇见未知的自己》;尽管主题选择不一而足,但仍受到女性的追捧。再如卡耐基的《做内心强大的女人》、素黑的《女人不"狠",地位不稳》、南仁淑的《20几岁,决定女人的一生》等也登上各大畅销榜单。

以下择几例进行分析。讲述女性身心灵修养首推台湾女作家张德芬的《遇见未知的自己》,该书讲述女主人公生活中的困顿迷茫,在大师的智慧烛照下一步步从眼前困扰的现实中超脱出来,最终走向幸福。出版社、媒体将其定位为"华语世界第一部影响了数千万人的心灵成长小说"。作者借助许多的小故事帮助人们认清楚现实生活中的遭遇,希望解除现有的人生模式,帮助人们从思想、情绪和身体的桎梏中解脱出来,从而活出自己想要的人生,找回原本真实、快乐的自己。目标消费群直指女性读者,作者与读者分享她的心灵成长心得,试图唤起人们在当下浮躁的时代里对人生的思索。该书读来文字清新灵动,以故事的形式来分享张德芬多年的心灵成长感悟,非常符合女性读者感性的接受美学。

星汉编著的《哈佛女人气质课:提升女人幸福力的10个智慧金典》中提到气质是女人获得幸福的最大资本,旨在传递给女性获取幸福的能量。作者认为,作为现代女性,要内外兼修,要家庭与事业并举。比如女人应有入时的发式、美丽的容颜、控制得当的身材、优雅的姿势举止、悦耳的声音、动听的语言和得体的服饰,有这些外在特征的女人才能吸引人。同时,有气质的女人还应当有涵养、有见识,具备高情商。

作为事业顺利、家庭幸福的成功女性,杨澜被认为是中国最具气质的女性之一,也因此成为当前女性效仿的"标杆"。《杨澜给女人的24堂幸福课》《幸福要回答》销售火爆,书中根据个人经历,解答女性的幸福秘诀,道出女人的"幸福八式"。

在《20几岁,决定女人的一生》中,南仁淑讲述女性的成长,也是涉及了女性日常生活的不同方面,指出女性在二十几岁时在交友、恋爱、婚姻、容貌、理财及事业方面的注意事项,要对自己的人生及早规划，内容全面。江苏文艺出版社出版的《不畏将来、不念过去》以"夜话""私语"的叙述方式分享和感悟友情、爱情，除此之外还有卡耐基的《做内心强大的女人》《做最好的女人》和《灵魂有香气的女子》，这些都是旨在提高女性综合素质的图书。

综合修养是一种激发女性的生活热情，调动工作积极性，唤醒女性心中真善美及自强不息的奋斗精神，从而使女性充满正能量的励志过程。畅销的女性综合修养类图书贴近女性生活实际，对女性具有指导意义，能让读者受到启发，力图打造完美女性。从市场上泛滥的心灵鸡汤类出版物升级至女性身心综合修养类图书，并持续热销，其中原因固然离不开市场宣传，而更深层次的原因则是契合了当前社会女性的心理需求，这类书满足了人们的一种成功、奋斗的愿望。当前女性被推至不同于以往的社会的突出地位，两性之间的差别也被社会重新认知，那么"使女人更女人"的女性气质就被反复提到。

二　女性气质：建构与期待

女性综合修养类读物聚焦女性，贯穿书内的主观意愿是让女性做自己，把握自己的幸福。如《做内心强大的女人》的章节内容有"……要按照自己的意志去做你想做的事，爱你想爱的人，成就你想要的事业……"《不畏将来，不念过去》文章开头就以"其实，你什么都不用怕……良人就是你自己，是健康和智慧"等励志言语为女性排除心理障碍，打气加油。不同于上一节女性美容塑身读物对女性的影响——需要承认的是，女性通常需要具备漂亮迷人的外表作为"通行证"。这也印证了波伏娃的"女人不是生就的，而是后天形成的"观点。女性身体被转换为一种社会性别、身份认同的概念，"被看"的身份确定着女性存在的基本样态——鼓励女性激发自己的能量、唤醒女性意识、倡导女性独立，体现出女性主体的话语抗争。贝蒂·弗里丹在《女性的奥秘》一文中指出"妇女竭力模仿男人，而不是承认自己的本质"。女性能否真正以自身"女人味"

来确立在社会中的独立存在和主体位置，这关系到女性群体性别角色的重塑，给予人们以期待。

女性气质是一种策略和一种人为形成的东西。西方女性主义关注女性气质，认为文化建构了女性气质。在畅销的女性修养图书中，心灵导师们告诉读者，女人应该这样那样才能体现优雅、智慧：如"女人有涵养，气场才强大"，"做乐观向上、真实简单的知性女强人：实施措施可以是用知识促进内心的成熟或者每天留出 10 分钟读书时间"，"淡定是女人最深的味道：委婉含蓄不唠叨，要真诚地赞赏、喜欢他人，追求内心的平静，修炼气质——这将是女人一生的灵魂"。同身体一样，女性内在的气质修养也被推向大众传播的"镜头"前加以剖析。外在美结合内在的修炼成就了"女人味"。作者们（包括男作者）为大众建构了气质女性的评判标准，同时激励女性：如果普通的女性读者没有按照这样的方式修炼自己的话，那么她们的生活就是平庸甚至糟糕的，就不能扮演好自己身为女人的角色。

如果上述书籍中"应该怎么做"的实用的具象化描述是一种建构，那么谁参与到了这样的建构过程中呢？

总结今天的畅销类女性综合修养读物，首先，它们的作者凭借自身的知名度或影响力等优势资源向社会上的女性读者传授安身立命之术，以期促进女性的觉醒与进步，但无论其初衷多么纯粹，作为畅销书，它们从一开始就已经打上了深刻的市场消费的烙印。其次，畅销的综合修养书籍所设置的榜样实则通过市场效应将个人情感发动与性别秩序的建构统一起来。畅销类女性综合修养图书的作者大都"亲力亲为"，作为心灵导师，她们被认为是独立、清醒地知晓女性幸福玄机的人，她们从自身经历体验出发，讲述自身对生命的感悟，包括爱情、事业及家庭。"杨澜们"被再三言说后走上"神坛"，成为优质女性的典范。她们的言行举止被看作是可复制的行为准则。可吊诡的是，她们的价值观念从男权社会中构建出来，这种文化构建的参与者其实是生活中的每个人——已然形成了无形却又无处不在的权威。这权威的根源来自"菲勒斯"，意即被建构的女性综合修养读物背后潜藏着男性的主导欲望。如果站在男性的立场、以男性的眼光去看待"杨澜们"，会发现她们是贴合男性对女性的想象的，时下男性渴望拥有善解人意、知性又有独立能力、外表得体同时内心充实的完美女性伴侣，可以说，她们是按照现代社会的需要而被打造出来的，如果现实中的女性起而效仿她们，便掉进了男权社会的逻辑陷阱：这些基于男女生理性别差异的媒介传播其实是在强调社会性别的不同，社会性别的建构是依照男性的需求，说服女性接受上述完美女人的知识经验并将这些为人处世的经验技巧内化为女性的行为准则，由此来实现对女性群体的文化规训，同时也验证了福柯观点，"权力是自下而上的运作"着的。

值得注意的是，现在市面上畅销的女性综合修养的书籍花样繁多，品质参差不齐，存在跟风出版的现象，且内容往往空泛，教导女性要"保持微笑、寻找幸福快乐、要自信从容、要有爱心"，这些积极的引导是通过小故事来实现的，将它们统一装进"励志"的瓶子，涌入市场出售，到达读者手中，快餐式的缺乏"营养"。现代女性的自主独立意识、发展意识比以往任何一个时期都具有更强的自觉性。女性综合修养类图书的热卖展现了女性不满于当前的文化制度，为实现个体化需求，不断试图改变自己作为社会弱势群体的地位，争取生存发展权利，在汲取精神食粮的过程中展现着弘扬女性自主意识的进步。

第四节　两性婚恋类畅销书

现实生活中，女性经常扮演着一定的社会性别角色，如女朋友、妻子、母亲等。前文论述女性美容塑身时已讲到，女性花费时间、金钱、精力实现各种体型上的训练与改变，主要目的之一是让自己能够赢得异性的欣赏。而两性相处最常见的最默契的关系互动体现在爱情与婚姻上。中国社会的变迁使现代女性的婚恋观较以往有了巨大的变化，女性不再将婚姻和男性看成终身的依靠和安全感的唯一来源，相亲、富二代、白富美、单身贵族、小三、被包养、闪婚等这些具有鲜明的时代感的词汇被高频度地使用，女性在爱情、婚姻中的选择成为备受社会关注的话题。

对两性关系的正确认识与评价不仅有利于增强人们的生活幸福感、促进家庭和谐，而且是促进两性平等的重要途径。女性读物适应社会发展需求，出版大量的婚恋题材读物，体裁多样，一些畅销书以其对婚姻家庭的关注成了女性的情感指南及心灵向导。与其他形式的大众传播媒介（如电视、电影、杂志）类似，图书也能够反映并维系一定的文化信仰和价值观。因此，这些畅销的女性读物包含有关个人应该如何表现为女性和男性应该如何进行两性相处的许多信息。但与其他媒介不同，图书是作为"明确的指导手册"而存在的，即读者是有意从这些书籍中寻求对个人或两性关系的建议。

一 浪漫小说——逃离现实

爱情是文学创作永恒的主题，此类图书以女性作者所写的浪漫情爱小说为主。被称为"中国家庭婚姻小说第一人"作家王海鸰出版的《新恋爱时代》排在西安嘉汇汉唐书城的销售榜前列，小说的情节沿着女主人公们在面对青春、面包与爱情时的权衡取舍而展开，职场新人邓小可在相亲时邂逅成熟、自信的"钻石优质男"郑海潮。郑海潮在邓小可遭遇严苛的上司而职场失意时给予悉心支持与帮助，使她重新自信起来，但之后二人又面临个人出国深造与坚持爱情的艰难抉择。青春貌美的文艺女孩儿沈画，渴望到北京打拼，却不料一开始就遭到爱情与事业的双重打击，此时，身家过亿的老板向飞对她示好，沈画面临奉献自己与拥有工作机会、接受离异携子的成功中年男人的感情的选择。硕士毕业的北漂女孩儿魏山山与园林工刘旭刚的身份、学历悬殊的爱情也经历着物质的现实考验。作者将人物置于现代生活矛盾的尖端，让她们在爱与不爱之间抉择。

浪漫小说是图书市场上主要针对女性的主打类型。女性热衷于浪漫小说、肥皂剧等大众文化产品，说明这些浪漫小说符合她们的阅读口味，一方面表现了她们对爱情的憧憬，另一方面对她们现实的恋爱择偶的影响也是不容忽视的，浪漫爱情故事中对生活的理解大多有着梦幻色彩，故事的女主人公往往被动，需要恋人父亲般的爱护，而故事从不会对男性权力提出任何怀疑。如顾漫的《何以笙箫默》中的男主公何以琛，即使再冷漠，也总会有个温暖的、善解人意的女生破译他。杰梅茵的《女太监》（The Female Eunuch）批判了爱情小说，她指出这些虚构的浪漫小说并未呈现真实的女性生活场景，而是将之理想化了，由此遮蔽了女性真实意愿的表达。浪漫故事以情节为主，与女性现实生活中的问题存在很大差距，比如对单调乏味的家务劳动及养育、工作负担是一种逃避，因此这些小说还是将边缘的女性安于自己的活动空间以便维护男性的话语特权，且其讲述的方式也是传统的男性中心文学惯例的沿用。

二　情感灵药——自我疗伤

女性情感类书籍主要有散文和小说两种体裁，内容主要是女性作者书写自己的生活与感受，题材多取自亲身经验及对周围人事的思索。例如张小娴的爱情散文集《谢谢你离开我》是市场上百万畅销之作，该书通过女性特有的温柔笔触，讲述女性在历经感情之后的成长，或者自己变得更好，或者给爱人以自由。之后的《我这辈子有过你》同样以爱情为主，这类爱情散文以唯美的表达方式，用温婉而感伤的语调进行自我反思。此类读物作者大多为女性，其文笔温柔细腻，对女性尤其是受到爱情伤害的女性的自我疗伤起到重要作用。

情感疗伤类的畅销图书不仅以女性为其作品中的主人公，而且以女性作为叙事视点，女性的自我在这个私领域得到充分表达，试图传达一种女性独有的内在经验与世界。情感倾诉类读物几乎可以说一直是女性的"必备品"，它不仅将女性写进了文本，而且让她们以自己的言说，以主动者的姿态出现在书籍中，为大众所关注。从这个意义上说，它无疑具有了文化反叛与建构的双重意义。而如果从女性主义的角度看，作为一种文化传播途径，女性的这种情感倾诉方式及"对抗性"阅读能否作为一种有效策略，能否在女性由"被讲述"到"讲述"的转化中与历史对话，突破男权中心话语，使沉默的女性发出自己的声音呢？在这些情感散文和小说中，与其说是书写自我经验，毋宁说为女性构筑了一个心理上的安全空间，在这个几近封闭的世界里，不论写作还是阅读，都是不被打扰的，或者说女性只有在这样的边缘才有充分的明晰的自我存在。

三 择偶指南、经营婚姻——女人幸福靠自己

由于两性间的爱情、婚姻直接触及性别关系，从这一点着手研究畅销的婚恋主题的女性图书，能够发现其所构建的性别景观。

在关于择偶婚姻的书籍中，《嫁个好老公》针对都市单身女性，指导她们如何找到最好的爱，创造幸福婚姻。提出诸如为什么对一些人有感觉、最有感觉的是否就是最好的老公、婚姻是否是爱情的坟墓、是否有爱的能力以及到哪里能找到男人等非常具体细微的问题，并给出有可行性的操作方案，成为女性择偶的贴身手册。《做妻子的智慧》定位婚后女人：嫁得好，更要经营好。提出"黄脸婆"并不是婚后女人的代名词，妻子多支持，男人扛得住/把风头留给男人，把风采留给自己/家有贤妻，让男人爱上回家的感觉……作为妻子，要用智慧去把握幸福，在婚姻中不抱怨、会说话、懂丈夫。还有《如何让我们更懂爱：25 + 剩女的婚恋心理学》《聪明爱：别拿男人不当动物》《好婚姻，靠设计、好男人，靠打造》《婚姻心理学——婚姻是最好的修行》《婚姻的意义》等读物销量不俗。笔者对不同年龄段的女性图书进行简单分类，对内容凸显的社会问题进行探究，考察社会历史为女性规定的社会性别角色。

（一）"剩女"现象

时下的"剩女"指超过了社会通行的结婚年龄的女性。"剩女"产生的原因主要有以下几点：现代社会女性参加工作增加了经济收

入，通过接受教育的方式赢取更多社会权益，女性的社会性别角色得到很大转变，不再是男人附属品而生存于家庭的封闭圈子中，婚姻自主的观念深入人心，而且婚姻不再是给女人提供高质量生活的唯一途径，女性的人生价值的实现也并不是全在婚姻。女性不满足于在家洗衣、做饭、打扫、照顾孩子，选择追求自己的梦想，以至于出现晚婚族或不婚族。再者，城市女性选择伴侣的条件发生转变，更看重婚姻匹配度，由于女性经济水平、受教育程度的提高等，她们倾向于选择在经济收入、受教育程度、年龄方面、性格成熟度等条件比自己好或相当的男性做配偶。与此同时，男性在婚姻家庭的经济功能相对弱化，但又由于传统因素的影响，女性认为婚姻对自己是一辈子重要的选择，所以择偶更慎重。或由于交际圈封闭等复杂因素导致在选择伴侣时时间上的延缓。于是牵出了网络寻偶（如"珍爱网""世纪佳缘"）、父母替子女物色对象等现象。

"剩女"标签的出现虽然从侧面显示了女性的婚姻自主，在对待男女两性关系方面更加现代、从容，也透露着对没有进入婚姻状态的女性的歧视，并非是男性群体对女性群体的歧视，而是女性处于这样的文化里，往往会在不经意间成为原来那个男性至上的文化的维护者。为赢得好的姻缘，她们参加相亲会，经过精心打扮而将自己呈现给对方。而对于女性挑选伴侣的物质条件备受争议，婚姻制度本身就意味着生活成本的结合，达到利益最大化，但出现"宁愿坐在宝马车里哭，也不愿坐在自行车后笑"的言论，以及在择偶时注重男性对象的经济条件，设若大众传媒将关注点集中于这些小众、个性行为上，社会对于女性的刻板印象便会不断强化，从而导致对整个女性群体的认知偏差。这样一来也通过各种符号信息告知男性：买房子、买车子、提供美丽的衣服和化妆品等给女性是爱她的表现，是通过这些符号，使女性被规训。

（二）婚姻经营——围城里的女性

在传统社会中，妻子和母亲是女性的主要家庭角色，而随着中国社会转型，离婚率相对提高，造成婚变的因素也是非常复杂的，总结畅销图书中的婚变，原因可以归纳为婚外恋（第三者介入）、财产纷争、夫妻感情淡化，而这些原因通常又是杂糅着作用于两性关系。

《中国式离婚》讲述了三对夫妻的情感纠葛及婚姻问题。不论是年轻的娟子还是人到中年的林小枫，女性往往将婚姻想象为一个安全、静态的堡垒，生活在围城里的女性一直埋头于工作和家务，与配偶缺乏信任与沟通，一旦婚姻经营不善便会带给她们无力面对的沉重打击，对她们而言就是世界末日的来临。现代中国社会，人们的社会关系变得更加复杂，影响婚姻解体的外在因素也日益增多。对严格的一夫一妻制的遵从可能遭遇多方面的压力，男性的背叛如刘东北的出轨导致他和娟子的婚姻破裂。当婚姻中出现"第三者"时，按照波伏娃的观点，这"第三者"是被视为"他者"而存在的——不仅是男性，对女性而言也成了"他者"。因为"第三者"或因为经济原因而被男性消费着，在唯一的合法的妻子眼中，她们是破坏家庭关系的坏女人，是自己的丈夫通过钱权交易而来的商品，如此构建起了对"第三者"的异化想象。传统社会，贤妻良母的角色一直为男权社会所推崇，女性正是在这样的角色的模板下争取文化认同，努力做个相夫教子的好女人。

从以上婚恋类读物来探讨两性关系的发展变化，现代社会生活存在公共领域和家庭领域的分离和对立。有知识、有经济能力的女性面临着爱情问题、婚姻问题、子女问题，她们需要在复杂的社会角色中学会自处。社会文化对现代女性的诸多角色的建构很明显：可以看到，女性的主体意识在婚恋问题上已经觉醒，保持自我、走向主动，但是女性在情感上受挫，问题来自男性的"劈腿"、抛弃，"为什么受伤害的总是女人"；要打造幸福婚姻，妻子应该作为丈夫的"贤内助"，在背后默默支持，婚后要保持自己的魅力、打败"小三"，吸引男人回家；剩女要放低身段，眼光不能太挑，自己再奋斗也没男人强。畅销类两性婚恋题材书籍的作者们以婚恋"专家"自居，从他们阐释婚恋的姿态上可以看出其中存在着一定的权力干预，而这种姿态比阐释的内容更具本质性：他们透过文本提供服务，传递消费语境下的婚恋价值观。读者或从中鉴别出性别刻板印象一定的危害，或依旧遵循着强大的传统道德观念。

尽管当今女性不再以男性附属品的姿态出现在社会现实图景之中，但其实女性的地位并没有质的改变，整体社会还是"男高女低"，女性仍然处于"被看"的地位，设若同样拥有工作的夫妻二人，如果家庭有需要，那么绝大多数做出让步与牺牲的是女性，使女性退到了男性之后的私领域。可见，婚恋类女性读物很少能够跳出男性话语中心，仍然以贤妻良母的教义等强大的传统社会规则在男性背后的私领域中限制着女性。女性永远依附男性，"她在男人面前不是主体，而是荒谬地带有主观性的客体"。

第五节　女性职场类畅销图书

中国传统社会中男主外、女主内的劳动分工划定了女性的主要工作范围，女性被圈定在以家庭为中心的社会劳动中，其重要性是以家庭中"妻子"与"母亲"的身份来体现的。这样一来女性的劳动与身份价值长期被弱化、忽略。所以女性就业直接地关系到女性在社会上的经济地位。随着中国经济社会的进步以及人类文明的发展，越来越多的女性走出家庭、走向社会，参与公共领域的生活，承担更多的社会劳动。女性角色的转变尤其是职业女性的出现使得女性摆脱卑弱形象，重塑了女性有尊严、健康、积极向上的精神风貌，反映了现代女性独立意识的强化。而女性职场类读物作为关注女性在职场上的生存状况的重要指导与反馈，也应运而生了。

女性职场类读物是女性图书中的一支较大的重要的门类。从当前我国图书市场上热销的女性职场类读物看，无论是种类上还是品质上，相关的出版物都很可观。总体来看，从体裁上，可简单划分为两类：一类是描述式的职场小说，另一类是介绍性的"职场教科书"。从内容上，可细分为求职面试类、素质提升类、职场规划、职场生存手册等不同层面，如主要针对外企女性的小说《杜拉拉升职记》，专门针对销售行业的《销售女神徐鹤宁教你创造销售奇迹》和《女人要为理想而奋斗：宝洁营销总裁 17 年的职场胜经》，介绍职场礼仪美容的《女人好礼仪，职场好礼遇》和《给职场女性的第一本礼仪书》，从整体角度讲女性工作及领导意志的《向前一步》（职场励志的人物传记类）等，在西安嘉汇汉唐书城都是销量可观的。

畅销的女性职场读物同其他门类的女性读物一样，也能够从其细分类型着手探究其文本意涵。依前文的划分，大致有描述式的职场小说和教化启发式的职场手册两种，但无论是职场小说还是职场综合素质培养教材，其目的都是为女性的职场道路加油打气，做励志成功的职场女性的向导。尽管二者之间有很大的重叠处，但以小说的形式更受读者欢迎，这可以从市面上职场小说如火如荼的销售状况中得知，即以故事的形式来教授职场生活技能更能迎合大众的需求，所以笔者将职场小说作为首要研究对象加以解读。

一 女性职场小说

进入 21 世纪以来，图书市场刮起一阵又一阵通俗小说的旋风：玄幻小说、盗墓小说、穿越小说、职场小说，大有"你方唱罢我登场"的热闹之势。这是大众文学发展的特点。职场小说作为其中的一个现象，其痕迹最早可追溯至 20 世纪 90 年代的"官场小说"，但直至 2008 年，才形成了"职场小说年"的气候，这源自以李可的《杜拉拉升职记》为代表的一批女性职场小说的畅销。"《杜拉拉升职记》的热销则最终奠定了职场小说的类型地位，使其成为大众文学中一面鲜艳的旗帜。"①

这本在女性图书中最绕不过去的《杜拉拉升职记》，于 2007 年

---

① ［法］让·鲍德里亚：《消费社会》，刘成富、全志钢译，南京大学出版社 2008 年版，第 144 页。

由陕西师范大学出版社出版，被宣传为"中国白领必读的职场修炼小说"。它使女性职场小说从传统"商战"小说中脱颖而出，在中国内地形成职场小说热，原因之一便是我国各行业女性从业人员的普遍增多形成了大量有心理需求的女性读者。加之2008年大部分企业受到全球性金融危机的影响，职场竞争日益激烈，就业形势更加严峻，白领们普遍遭受前所未有的生存压力。所以《杜拉拉升职记》一经出版，就被看作为女性量身定做的职场指南而赢得广大消费者的热捧。

《杜拉拉升职记》初版之后，2007年11月份，《杜拉拉升职记》更换封面、第二版面世；据《中国图书商报》统计显示，2007年12月初，《杜拉拉升职记》位列"卓越网"小说类销量第二名；12月中旬，《杜拉拉升职记》销量突破十万册；2008年1月份，它位居卓越网图书排行榜小说类第一名；2008年11月份，该书经21次加印后销量突破60万，期间以广播剧、话剧的形式被传播，之后又被改编成电影、电视剧，收视率颇高。"杜拉拉热效应"形成后，作者趁热打铁，推出"杜拉拉系列"的《杜拉拉2：华年似水》《杜拉拉3：我在这战斗的一年里》《杜拉拉大结局：与理想有关》陆续出版①。在中国各大图书排行榜中，《杜拉拉升职记》的销量至今未衰，不仅成为外企女白领拥护的职场圣经，也让中国图书出版机构看到这匹黑马之后巨大的中国职场女性图书消费群体。类似销量出众的还有崔曼莉的《浮沉》和陆琪的《潜伏在办公室》（2010年曾居职场小说排行榜榜首）。总之，女性职场小说在图书销售的排行榜上占据着重要地位。

女性职场小说是指由女性作者所写、针对女性消费群的描述女白领职场生存法则为主的职场励志小说。虽然职场小说作为大众文学的一种，具有虚构的特征，但其出版目的却指向实用——为身处职场尤其是外企的女白领制定的实用手册。近几年，女性职场小说

---

① 百度百科：http://baike.baidu.com/subview/1199945/6963140.htm。

从发轫后经历市场的洗礼，逐渐类型化。笔者发现，之后的女性职场小说，不论是在销量上还是质量上很少有超越《杜拉拉升职记》和《浮沉》等第一批畅销小说的，读者在选购时仍然会倾向选择这些"经典"之作。所以笔者选取《杜拉拉升职记》《浮沉》为个案，从小说的相关要素着手对畅销的女性职场小说加以文本分析，同时探究其畅销的原因。

（一）作者与读者

不同于其他畅销类职场小说的男性作者身份，例如王强（《圈子圈套》的作者）、付遥（《输赢》的作者），女性职场小说的作者绝大部分为女性，且多为"现身说法"，她们通常都有外企的工作经历：《杜拉拉升职记》的作者李可就是世界500强企业的资深职业经理人，有着十余年外企生涯，《浮沉》的作者崔曼莉既做过电视节目主持人、策划人，又有过国企、知名外企从业经历。她们笔下的女主角亦是女性，因此叙事上带有自传性质。她们的写作实践首先是打破职场中惯常的男性主场，如《圈子圈套》和《输赢》的主角都是男性，反映了精英男性在诡谲多变的场域角逐，他们期待事业的成功、渴求财富、掌控着职场的支配权，而畅销的女性职场小说的作者们笔下的职场并非硝烟弥漫、充斥着权术，女性作者们以她们特有的细腻手法和温和的叙事风格将职场规则娓娓道来，塑造出一个个性格鲜明的励志女性形象，这就表明了她们是以女性的身份存在于职场，而不是以"像男性"的声音来宣布在场，正如有学者所指出的，"对女性职场境遇的反思就是对当代职业女性实际生存境况的反思，其间满溢着女性主义的批判元素"①。

如前文所述，畅销的女性职场小说的目标消费群是女性，《杜拉拉升职记》最初即被打造为"女性读物"，这种以卖方市场为导向的图书出版营销手段能很快找准市场定位。女大学生和职场新人是女性职场小说的主要消费者，一方面她们期待以最短的时间在这样

---

① 闫寒英：《职场小说与女性主义意识形态》，《文艺评论》2015 年第 1 期。

的写实性描写中寻找到人生坐标，抑或职场女性以消遣的态度来换取轻松，不论出于哪种目的，她们都能从小说中获取到职场的生存技巧和丰富的经验，另一方面杜拉拉式的成功也使她们在阅读后获得精神的鼓励。女性读者抱有这些直接的功用性目的去读，正表明作者笔下的职场契合了时代的要求，能显示出充分的现场感，主人公的职场成长经历也给她们提供了实用的经验。读者们在小说人物身上找寻自己的影子，希望获得职场的成功。这也是一个寻求身份认同的过程，时代把工作的她们推到了成就女性经济独立的第一线，是否也意味着在这些女性身上能够实现完全的、真正的性别独立呢？这点笔者将在下文的人物解读中具体分析。

不应否认，无论是从作者的角度还是从读者的角度，畅销的女性职场读物都带有具有鲜明的性别意识形态，它们作为一种流行现象，阐释了重要的性别文化，一定程度上反映了女性主义意识的高蹈。

（二）"杜拉拉"式人物镜像

《杜拉拉升职记》在引子第一段介绍主人公："杜拉拉，南方女子，姿色中上。"关于主人公，作者传递出来的第一信息便是她是个中国的南方女子，读者的期待视野在此让读者联系起南方的女性普遍温柔如水的特性，后一句用四个字概括了女主人公的外貌"姿色中上"。这些评述作为伏笔，与后文努力奋斗的女性不再是职场花瓶相呼应。杜拉拉勤奋努力、肯吃苦，坚强而又独立，执着于自己的工作，凡事力争……她身上呈现的野心、独立、专业的特质历来被视为"男性的"，这些特质被认为不像女人也不适合女人，在此塑造了一个独立自强的女性形象。作者采用全能的叙事视角，对出身"草根"的杜拉拉的职场奋斗历程进行叙述，"没有什么背景，受过一些教育，走正规路子，靠个人奋斗"，短短 8 年时间，就从一个月薪 4000 元、一个朴实的销售助理，靠个人奋斗成长为年薪 20 万、成熟干练的人事行政经理。最终在位列世界 500 强的 DB 公司一步步地成为公司行政兼人力资源经理，杜拉拉的形象符合现代社会对女性一定的期待：独立、勤奋的工作女性，她们通过自己的努力奋斗建立起职场中的自主身份。读者们阅读过故事后，能从书本上观摩到许多的职场智慧，因此现实中的职场白领很容易跟职场小说中的主人公产生共鸣。正如小说的腰封所说"她的故事（经验）比比尔·盖茨的更值得参考"。

杜拉拉被称为"中产阶级的典型代表"。按照小说中的分类，经理以下级别叫"小资"，就是"穷人"的意思，经理级别算"中产阶级"，总监级别为"高产阶级"……VP 和 President 是"富人"……拉拉想，自己不能一直做销售助理，否则只有当"小资"了。① 进入 21 世纪以来，我国的中产阶级群体发展迅速，他们穿梭于高大的写字楼、咖啡厅、酒吧等空间，面临纷繁复杂的人际关系和生活压力、个人情感等问题，急需寻求社会文化认同的他们是一个还未完全成型的群体，这群打拼在职场中的白领遇到金融危机的冲击后，以上问题就凸显出来，但是社会尚未形成平台供他们展示，社会语境的缺失带给她们人生的困惑和价值取向的迷失，可以说杜拉拉的出现正合时宜，打开了女白领们的诉求空间，成了职场白领们的代言人。女性读者通过阅读，在对小说人物的消化分析与对现实自我的反思之间取得平衡。张颐武认为"杜拉拉们"的"升职"满足了现代职场白领和中产阶级的现实欲望和文学想象。②

如果说"杜拉拉们"给女性展示的女性的独立与成功——靠自我奋斗就能在职场获得升职而不是靠努力之外的姿色——称得上真正的性别平等的话，那么当她们遭遇到男女两性问题时则最能证其伪。杜拉拉代表着在城市生活中践行着的新的女性群体，她们身上的女性特质相较于传统的女性，具有了明显的解放、自由，追求男

---

① 李可：《杜拉拉升职记》，陕西师范大学出版社 2007 年版，第 20 页。

② 张颐武：《职场文化与都市白领的文学想象——关于职场小说的笔谈》，《艺术评论》2010 年第 1 期。

女平等、自信自强的意识：女性职场小说中塑造的那种没有在职场中实现自我，而选择在家庭中奉献、默默支持男性的女性，如《杜拉拉2》中的叶美兰，作者设置这样的人物正是为了反衬敢于追求、在职场上打拼的沙当当。杜拉拉、沙当当成为现代男性中意的新女性形象。她们在爱情与工作的角色上超越又坚守，当杜拉拉遭遇恋爱时，她是否依然能够保持独立姿态？文本中她期待着像个女学生一样爱她的爱人，仍然渴望如父般的疼爱与保护，虽然不包含经济上的依赖。小说的女作者们为凸显职场人物的自强不息，让杜拉拉坚持自己的原则，不舍弃自己的职场之路，和王伟的爱情不了了之，其实是淡化或忽视了男女两性之间存在的现实问题，避免走上女权主义而无法迎合市场机制的运作，于是在父权制与消费主义的共谋下成为畅销的职场小说。抑或女性在职场的成长方面一直有男性的潜在引导，如《浮沉》中的乔莉机缘巧合地从前台到销售，一步步走向"七亿大单"，这一过程中她一直有引路人——或为男性领导，或为男性销售英才，他们对职场"菜鸟"乔莉的打击和帮助、操纵与鼓励宣示着他们的游戏规则，而身处其中的女性试图拥有自我而又不得不妥协，服膺于男性，与"引路人"产生的或明或暗的情愫，暴露出小说所塑造的在工作中能干长得漂亮的女性仍然逃脱不掉掌握话语权的男性的控制。而被社会所力赞的高品质新女性经由畅销的女性读物传达出来，让女性读者自觉地以之作为"榜样"去进行自我塑造。

二　新"女强人"——另类职场成功女性

职场类读物中的人物传记在整体上销量稍逊色于小说，中信出版社出版的《向前一步》连续7周稳居亚马逊总榜第一，超过8周长踞《纽约时报》榜单，为非虚构类畅销书排行榜第一名。作者谢丽尔·桑德伯格被誉为全球最成功的女性之一。她曾任克林顿政府财政部长办公厅主任、谷歌全球在线销售和运营部门副总裁。现任脸谱网（Facebook）首席运营官，被媒体称为"Facebook 第一夫人"。她也是第一位进入 Facebook 董事会的女性成员。同时，她还是福布斯排行榜上榜的前 50 名"最有力量"的商业女性精英之一。如果是在几年前甚或现在的中国，大众媒体就会给这样专注于工作、努力上进并获得杰出成就的女性贴上"女强人"的标签。"女强人"一词的运用不乏贬义，暗含这类女性往往是除事业之外的生活失败者，尤其是婚姻家庭生活中的"弱者"：没有男性配偶、照顾不好家里的老人及孩子。这也反映了对女性的性别刻板印象。当女性成为领导者，参与社会管理或政治生活问题，跻身高层，意味着她们对男权社会规范的僭越，由"女强人"的表述可以看出，这些杰出的女性被建构成了实际是男性身份的女性，因为传统社会中"强者 = 男性"，在这样的文化语境下，女性的发展仍然无法挣脱男权社会，反而深深地依赖男权社会。

随着社会政治、经济的发展，越来越多的杰出女性如领导人、企业家等出现在人们的视野，在之前女性很少涉及的领域表现出"巾帼不让须眉"之势。书中鼓励女性，要大胆地"往桌前坐"，拥有自信，主动参与到对话与讨论之中，说出自己的想法。与男性相比，女性在职场中的态度仍然不够积极、不够进取，现实中从中层晋升到高层，从普通员工到管理层，女性升职障碍重重，这其中一部分原因是由女性自己造成的。作者认为向前一步，勇敢进取，女性只有不再自我设置障碍，才有可能赢得更大的成就。

现代中国的大多数女性承担家庭责任与社会工作，如何平衡工作与家庭的问题早已摆在工作的女性面前，男性普遍在工作中能获得更多的收入、赢得更高的职位，所以在需要人照顾家庭的情况下，往往是女性放弃在职场的努力打拼，回归家庭，而谢丽尔·桑德伯格提供的解决策略是女性在竞争中拥有更加开放的心态、在事业上赢取伴侣的支持。她这种集家庭与事业于一身的成功典范被千百万女性所推崇。类似于《向前一步》的女性职场读物的热卖，一方面能够反映当下女性群体观念的变化，另一方面也投射出女性职场读物对女性的家庭与社会双重角色的构建。这也为职场小说跳出发展瓶颈，深层次满足女性读者需求、更加实用提供了方向及借鉴模式，让女性作为独立、与男性平等的性别群体站立于社会。

第 三 章

大众文化对女性时尚杂志的构建

第一节　关于女性时尚杂志的产生、发展

一　时尚以及女性时尚类杂志的定义

女性时尚杂志，从严格意义上说，国家新闻出版机构并没有确定哪一类型的杂志称为女性时尚杂志，反倒是有"时尚杂志""女性杂志"等分类。本章所提及的，既有当下流行的时尚类的内容，又是专属于女性读者的杂志，因此，将其冠名为"女性时尚杂志"。

"时尚"又称为流行，是对一种行为模式的崇尚方式，其具有新奇性、相互追随模仿性以及短暂性，如流行的服饰、发型等。对时尚的定义并非唯一，中国学者周晓虹认为："时尚是在大众内部产生的一种非常规的行为方式的流行现象。具体地说，时尚是指一段时期内相当多的人对特定的趣味、语言、思想和行为等各种模型或标本的随从和追求。"在当今社会，"时尚"出现的频率越来越高，"时尚杂志"只是其中之一。"时尚杂志"可以说是一次"时尚"的盛宴。它通过视觉的符号以及文字来构建人们的日常生活世界。与此同时，时尚杂志还扮演着一个权威者的角色，它告诉每一位读者穿什么样的衣服才是时尚流行的，用什么样的化妆品才会永葆青春，戴什么样的手表才象征着身份、品位……。从面向高端消费者的时尚杂志《世界时装之苑》到走近平民百姓的《瑞丽》，每一张图片、

每一段文字，无不充溢着时尚的元素。

最关注时尚杂志的当属女性群体。调查显示，买杂志的 86.6%
是女性。时尚杂志对于女性读者，扮演的往往既是一个信息提供者，
又是爱情顾问、美容教练、服装造型师，同时也是实用的生活指南。
大部分杂志把女性作为预设的读者，从杂志的内容到文字图片的排
版模式，无不是为女性精心打造的。女性时尚杂志无疑占领了时尚
杂志的大多数。女性的编辑、女性的读者、杂志中女性的模特，甚
至大部分广告也是由女性代言的，尤其是家居、化妆品类的广告。
女性时尚杂志除了构成了时尚杂志的主体之外，其同样不同于正统
女性杂志，它作为一股新生的力量冲击着正统女性杂志。例如，由
全国妇联主办的新中国最早的女性杂志《中国妇女》，该刊可谓是根
红苗正，血统纯正。1949 年毛泽东曾为其题词；20 世纪 80 年代以
前它是中国唯一的国家级、中文版女性杂志，然而在市场的浪潮中，
像《中国妇女》这样的正统女性杂志却不得不经受来自女性时尚杂
志的巨大冲击。不管是从内容上还是从形式上，正统的妇联杂志都
显得颇为寒酸。走进任意一家报刊亭，琳琅满目的女性时尚杂志占
了大多数，而正统女性杂志则走进了图书馆阅览室，或是与女性相
关的部门。市场占有率显然不敌女性时尚杂志。女性时尚杂志越来
越成为大众文化生活中的一部分。

二 中国女性时尚杂志的产生与发展

19 世纪，随着出版业的发展，杂志作为一种媒介形式产生，一方
面它不同于厚重的书籍，另一方面不同于每日一期的报纸。杂志以其
灵活性、固定性、周期短、便携带等优势很快得到时尚界的青睐。出
版业发达的美国创办了世界上第一本时尚杂志《HAPPER'S BA-
ZAAR》，随后，大量的时尚女性杂志在欧美等地兴起，例如，1886 年
在美国创刊的《COSMOPOLITAN》；1892 年同样是在美国诞生的
《VOGUE》；"二战"后，在时尚之都法国巴黎创刊的《ELLE》，等等。

随着民族工业的兴起，1926 年 2 月，中国第一份大型画报《良

友》在上海创刊。第一期封面人物为红极一时的影视明星胡蝶。《良友》共载彩图 400 余幅，照片达 32000 余幅，内容涉及面广，有军政学商各界人物、社会风貌、文化艺术、戏剧电影等。当年就有评论称：《良友》一册在手，学者专家不觉着浅薄，村夫妇孺也不嫌其高深。1945 年《良友》停刊。同年，《北洋画报》在天津问世，该杂志以照片为主，兼有文字，涉及内容与《良友》相仿。从南北两地最早创刊的杂志已经隐约可见女性时尚杂志的端倪，例如，封面采用了大幅的明星照片，内容上定期介绍流行的服饰、发型，并且设专栏对流行电影、明星进行评论，等等。然而最具女性时尚杂志雏形的当属良友出版公司 1927 年出版的《现代妇女》，1928 年易名为《今代妇女》，1931 年改为《妇女画报》。其征稿词这样写道："本志乃属妇女家庭之刊物，图文并重，每期需稿甚多。照片方面，如妇女生活，女界名人介绍，家庭儿童等；图画方面，如妇女时装，房屋装饰、漫画，及富有兴味之黑白书画等；文字方面，如关于妇女问题探讨之论文，中外女界名人传记，家庭日常生活之研究，以及文艺作品如散文、小品、诗歌、小说等等……俱欢迎。"由此可见，当时的《妇女画报》已具有当今女性时尚杂志的元素。创刊于1931 年，以"提倡和增进妇女生活"为办刊宗旨的《玲珑》杂志，进一步体现了女性时尚杂志的特征。其创刊号的封面女郎是上海"邮票大王"周今觉的女儿周淑蘅；其内容多报道好莱坞以及上海影视明星的新闻，介绍流行的服饰，倡导比较积极的人生观。《玲珑》杂志对当时上海的女性影响很大。但因 1937 年抗战全面爆发，《玲珑》杂志停办。此后一段时间到改革开放，由于种种原因，中国的女性时尚杂志基本处于停滞状态。

　　改革开放之后，市场经济得到了发展，国内经济形势发生了巨大变化，随之，文化市场复兴，书报、杂志等出版行业抓住了契机，走上了迅速发展之路。1980 年，中国内地最早的关于时尚潮流的杂志《时装》创刊，其发行之初即达到了月销量 80 万册。虽然《时装》是一本专业性较强的时装杂志，但是从其巨大的销量可以看出改革开放之初中国杂志市场巨大的消费能力。1988 年，上海译文出版社与法国著名的杂志《ELLE》合作，出版了中文版的《世界服装之苑》。如果之前我们谈到的杂志因缺乏市场的参与还称不上完全意义上女性时尚杂志的话，那么《世界时装之苑》堪称开创了市场经济下中国女性时尚杂志的先河。它面向高端女性消费群体，传播国际最新的潮流资讯，采用独特的视角、精美的图片等一系列新的手法。所有这些对于 20 世纪 80 年代的国内读者而言，堪称一场视觉上的大餐。虽在创刊之初受众较少，但是，随着物质生活水平的提高，人们渐渐接受并认可了《世界时装之苑》。《时装》最先把来自国际的流行资讯传递给了国人，《世界时装之苑》无疑最先将西方先进的时尚杂志产业观念带进了中国杂志界。随后，《时尚》杂志于 1993 年创刊，并在市场不断的磨炼中成为时尚杂志领域的引领者。它与《世界时装之苑》一样寻求与国际时尚杂志的合作，引进先进的办刊理念以及管理模式；但有所不同的是，《时尚》开始针对不同的消费者打造不同的杂志类型，例如，针对不同年龄阶层的女性读者，分为《时尚 Cosmo》《时尚健康·女士》《时尚芭莎》《好管家》《娇点》等不同的刊物。此外，《时尚》杂志采取了集团化的发展模式，在营销与发行上分别成立相应的公司，为其长远的发展提供了保障。《时尚》杂志的发展模式也为国内女性时尚杂志的发展提供了成功的典范，国内女性时尚杂志逐渐建立先进的编辑、发行、管理体系，走上成熟发展的道路。在国内女性时尚杂志发展的过程中，不得不提到的杂志还有《瑞丽》。它是国内发行量第一的女性时尚杂志，也是中国读者俱乐部会员人数最多的女性时尚杂志。1995 年，《瑞丽》由中国轻工业出版社与日本主妇之友出版社联合出版。从创刊之初，它就选取了"平民化""实用化"的路线。例如，内容上，主要教给读者一些服饰搭配、化妆美容方面的技巧，并且邀请一些专家针对不同的读者做出不同的美容方案。编辑上，图片搭配文字的排版模式，使读者更易掌握那些美容化妆的技巧。可以说，《瑞丽》杂志更贴近读者的日常生活，同时又不乏时尚气息，这也体现了它的平民化、实用化的办刊理念。

此后,女性时尚杂志如雨后春笋般涌现,如《都市主妇》《女友》《炫色》《爱女生》《东方模特》《美眉》《嘉人》《昕薇》等等,当然也包括本章所分析的个案《瘦佳人》。大量涌现的女性时尚杂志改变了《ELLE》《时尚》《瑞丽》三分女性时尚杂志市场的局面。

回顾中国女性时尚杂志走过的路程,不难发现,从学习借鉴欧美时尚杂志的先进理念到结合本地实际做出真正适合中国女性自己的时尚杂志,中国女性杂志走过了一个由体现共性到追求个性的过程。这一过程也是中国女性时尚杂志走向成熟的过程。

第二节 《瘦佳人》杂志图像的男权视角构建

我们每个人都生活在一个视听的世界里,周围传输着各种各样的视听信息。黑格尔认为,在人的所有感官中,唯有视听与其他感官形态不同,可以理解和把握世界及其意义。然而,在黑格尔所说的理解和把握世界及其意义方面,视觉往往与图像密切相关,而听觉往往与语言相关。由此,视听的世界转变为一个图像、语言的王国。我们对世界的把握和理解主要通过图像和语言的渠道。

进一步比较,我们会发现,视觉图像优于听觉语言系统,表现为直观、易于理解等特征。人类最初也是运用形象而非语言来表达对世界的认识的,例如,象形文字、各种洞穴壁画等。当今时代又被称为"读图的时代",更多的人倾向于从电视、电脑上获取新的视觉信息,试想当今的社会事件有多少是通过媒介图像获得的:偏远山区睁大眼睛渴望上学的孩子们;迈克·杰克逊由黑种人变为白种人,还有其最后的葬礼;自然灾害给人们带来的创伤:倒塌的房屋、丧生的孩子等画面都冲击着人们的视觉神经,构建着对世界的理解。

尽管电视、电影以及相关的媒体占据了图像的统治地位,但是,图像并非局限于移动的图像。报纸杂志上的图像以其稳定、持久、时尚、丰富吸引着读者的眼球,尤其是一些女性的时尚杂志,大量的图像信息毫无疑问地占据了杂志的主体。在《瘦佳人》杂志中，图像信息占据了主体的地位，下面就以《瘦佳人》杂志的封面图像为例，进行分析、研究。

一　显性的女性形象

女性时尚杂志的封面人物大多为女性，即便你不关心时尚杂志，不了解当今明星，也不难发现：绝大多数时尚杂志都会选择女性为封面人物，杂志将其冠名为"瘦佳人"。翻开杂志，浏览图像版面，但凡涉及人物的画面，无一例外地是女性，这是图像直接传递给我们的表层意义。再次审视这些女性，她们年轻、漂亮、苗条……一切用于形容女性美好外表的词都可用于此。众多的图像经选择应用于此本身即是一种意义的选择，贯穿于杂志中，年轻、漂亮、苗条的女性形象的再现正是在意义的不断选择中固定意义。在这一层面上，女性的所有表征变得理所当然，或者说理想中的女性应该如图像中展现的那样，然而现实层面并非如此，在二元对立的结构中，除了女性之外，还有男性；除了年轻、漂亮、苗条的女性外，还有年长、不漂亮、也不够苗条女性存在。诚然，理想层面与现实层面本身也是一种二元的对立，在众多的对立结构中，选择这个图像，忽略其对立面的存在；选择某一单一的优先意义，并将其固定，这本身是一种权力意义。相反，被忽略的差异的对立面又意味着另一层意义。

意义之中的优先意义是如何选择、生成、固定的？不妨选取一些具体形象来分析、说明。

（一）玉女形象

图3—1是2008年2月《瘦佳人》的封面图像。表层信息是：绿色叶子点缀百合花的背景前站立一位衣着绿色吊带、花色短裤的女性；值得一提的细节是：吊带下端是穿了珠子的流苏，隐约可见腰际的文身，短裤亦是足够短。再看其姿势：屈膝、翘臀、上身微微前送，一侧胳膊高抬。表层信息传达着一个直接意指：这是一位

图3—1　封面人物张柏芝

性感并透着野性的女性。然而，这一意义背后又是什么呢？张柏芝，曾经以清纯的外表被大众传媒称为玉女掌门人。翻开其早期的照片，似乎并非如现在般瘦削。面对大众的定位，这位明星并没有将其演绎到底，而是频频爆出打破"大众神话"的新闻，如醉酒深夜不归等，这些负面新闻无不影响着大众对其形象的解读，而当下展现在眼前的封面照片更像一个矛盾的共同体。一方面，在大众的期待中，如此年轻、漂亮的女性应该是乖巧的，自古关于女子德行的说法不在少数。另一方面，作为行动的个体，时时反馈给大众的却是她也是一位追求个性，甚至是有些叛逆的女性。

　　玉女形象是对20世纪90年代在演艺圈中走红的一批青春偶像派女星的特定称谓。在港台娱乐圈中，玉女明星以周慧敏为代表，她以清纯可人的形象深受广大观众的喜爱。此后，对玉女的包装开始走向模式化。梁咏琪、张柏芝、阿娇等明星延续着一代又一代的玉女神话。她们虽然属于不同的个体，但是大众对其有着近乎一致的定位。首先，从容貌上看，她们应该是美丽的，从古至今人们追求的始终是美丽的女性，丑女永远不会成为人们心目中的玉女。其次，从性格上看，她们应该是温柔的，行为大胆泼辣的女性不会被受众归为玉女。在人们的潜意识里，玉女必然是纯洁的女子，所以人们通常会在玉女的前面加上一个定语——清纯。玉女形象本身或许并不意味着什么，然而，其作为大众认可的审美形象却隐含了人们（尤其是男性）对完美女性的要求。在很大程度上，玉女形象只是一个为了满足男性心理需要而量身定做的虚拟形象，而并非一个真实的女人，例如，张柏芝除了大众公认的清纯、漂亮之外，事实上她是一位追求个性、行为不羁的女性，而大众往往对其不符合玉女形象的一面报以批评的目光，或是仅当作其年轻时的不懂事。这种忽略了女性个体的虚拟构建，无非是男权社会权力系统的一次运作，从心理上满足了男性的优越感。

玉女形象的构建与中国封建社会对女性角色的界定不谋而合。数千年来，夫为妻纲、男尊女卑、三从四德等观念将男性置于主体地位，而女性成为男性的附属品。玉女的标准正是代表了传统封建道德对于理想女性的要求，即君子的最佳伴侣必然是窈窕淑女，她们被要求美丽、纯洁、温柔、娴静等，这些对女性的描述和赞美都是男性强加给女性的，都是根据男性对于理想中女性形象的需要而创造出来的，都是男性心目中完美女性的标准，而它并非女性本身的需要，往往是为了让女性服从以男性为中心的文化制度。无论是古代的窈窕淑女，还是现代的纯情玉女，她们在本质上都是男性想象的投影，都是女性形象的脸谱化、模式化和刻板化。淑女或是玉女的称谓无非体现了男性对女性的霸权，最终消解了女性本身的主体性。而人们心目中的玉女即现代社会中纯洁的天使、完美的淑女，是按照男性标准塑造的女性形象，是一种概念化的女性形象，实际上和对女性进行妖魔化一样，都是模式化的女性形象，都是对女性形象的一种歪曲，它们所反映出的都是传统社会文化中根深蒂固的男性中心主义思想。法国著名社会学家布迪厄曾经提出了"符号暴力"的概念，是指在一个社会行动者本身合谋的基础上，施加在他身上的暴力。符号暴力是一种看不见的暴力，是一种软性暴力。但是它却可以发挥与政治暴力、警察暴力同样的作用，甚至可以更加有效。所谓的玉女形象正是这样一种看不见的符号暴力。

封面图片正是在这种隐性的符号暴力下，发挥着理想层面与现实层面的双重作用。张柏芝清纯的外表可以说满足了男性理想的表层渴求，而那份张扬的性感更像是男权社会隐藏更深的内心渴求。"天使"与"魔鬼"从来都是并生的。这一图像恰到好处地把握了大众的双重心理，既有大众视野下广泛的理想又有差异化的个性阅读。整合各方面信息，意义的生成是多重的，而每一位观者的需求会是众多意义中最优先的意义。满足感更像是意义生成的标尺，为了满足男权社会的需求，生产了玉女的形象；为了满足男权社会不同男性的需要，生产了矛盾体的女性形象。现实需求与理想认同之间的矛盾在男权的社会里生产了多元的女性形象意义，而对于女性自身却是主体性的丧失、话语权的缺失。

图3—2　封面人物苗圃

（二）中性形象

图 3—2 是 2008 年 9 月《瘦佳人》的封面图像。不变的是女性身份，变化的是外表：未加修饰的长发，白色篮球衫，红色短裤，颇具个性的链子选取了剃须刀片作为吊坠，手拎篮球，硬朗中带笑的表情。描述的过程中，意义已经在生产。中性，甚至是略带男孩子气质是对这一形象的第一次生产。联系当前现状，当女性以女性的身份争取权利时，经常会遭遇这样的质疑："难道你们的权利还不够多吗？你们还想要什么！"不可否认，20 世纪以来，中国的女性主义不论是理论层面还是实践层面都取得了一定的成绩。理论层面上，西方女性主义理论大量译介，众多学者关注性别问题，女性文学创作、女性文学批评蓬勃发展；实践层面上，旧社会的妇女得到了解放，社会主义使女性取得了政治、经济、就业、教育等方面的权利。然而，在这些轻而易举得来的成绩面前，我们更应自省其过程。"五四"人权话语下，自然萌生了"女权"思想；解放战争时期，"女权"乃至"启蒙"让位于"民族救亡"；新中国成立之初，"男女平等"思想以抹杀女性特质为代价登上历史的舞台。可以说，中国的女性主义自始即不同于西方女权主义运动，相对于西方女权运动明确的目标、激烈的奋争，中国的女性主义运动显得温和而不彻底。历史的发展决定了当今的现状。表面看来，中国的女性走向了社会生活的各个领域，早已实现的"男女平等"思想而今只能是"得寸进尺"。正如图像中蕴含的符号信息：刀片、篮球、男性化的衣着无不告诉大众，旧社会女性不可想象的实践领域现今都有了女性的足迹。而对"你们还想要什么"的任何回答都是非分之想。站在事实的层面，很难忽视男权的社会，以及在种种"被看"的目光下，女性扭曲的身姿，夸张的瘦身美容风暴。这不仅仅是一种自我的放逐，更是对大众、对男权社会的一次又一次的迎合。

谈到中性美的女性形象，不能不提到前几年炙手可热的"超级女声"。2005 年，李宇春、周笔畅凭借其中性魅力分获"超级女声"年度冠亚军。2006 年的"超女"延续了上届中性美的路线，尚雯婕以其中性魅力一举夺魁，刘力扬、厉娜、许飞等一大批女孩也在个人魅力中点缀着力量、弹性且造型中性化等。经过大众媒介精心地打造，"中性美"渐成为一个时尚的概念，广大少男少女们疯狂地追捧。据某报纸记者调查，在长春街头出现的约80位"超女迷"中，八成是女生，大部分学生头发的造型和颜色都经过精心打理，其中一些完全是模仿"超级女声"的发型，而其中50%的女生穿着比较中性，猛地一看很难分辨出是男孩还是女孩。国人的传统女性形象观念被颠覆，"本是女娇娥，偏像男儿郎"的"中性美"风暴成为大众热议的焦点。一种观点认为应该回归传统，强化性别意识。这种中性化的审美不可理解，女性过分追求男性的特质会让自己失去女性应有的魅力。另一种观点主张适应多元趋势，丰富个性特征。人的个性丰富多彩，用不着千人一面。不管最后争论的结果如何，事实上，中性美的女性形象已经走进了人们的视野，成为众多女性形象的一种。正如2008年9月份的封面人物苗圃所演绎的中性美。

诚然，没有人规定男性一定要阳刚，女性一定要阴柔。中性美是对传统性别规范的一次挑战，是女性形象走向多元化的一次机会，然而，事实从来没有这么简单。探究中性美形成的原因，除却大众对传统审美形象的疲劳之外，媒体和市场的作用也是不可忽视的。流行文化伴随着西方后工业社会发展起来，它是以流行趣味为引导，以商品经济为基础，以大众传媒为载体，以娱乐快感为目的的世俗的大众日常生活文化。选秀类节目作为流行文化的一种形式，通过传媒炒作、包装等手段，推出了超出传统审美的中性美的女性形象。从运作之初，即是市场与媒介的一次合谋，利润是其最终的目的。为了达到这种目的，大众文化和社会制度不断地在人们意识里塑造中性美的女性形象，这一形象一旦有形成的可能，各种大众传媒便再生产、强化和夸大这种可能，使其最终确立下来，影响了整个社会对女性形象的认识。在这样的场域中，中性美女性形象被赋予了反叛的意味。除了温柔之外，女性可以同男性一样帅气、独立、直率并且具有控制力。然而，值得注意的是，这种女性形象的反叛精神却是"被赋予"的，自始至终女性很少发出自己的声音，"被动"是女性存在的状态。女性从来就没有过真正的属于自己的反叛的"武器"，历史中的女性形象在不断地被赋予中确立。20世纪80年代女性形象的"回归"被认为是女性的反叛；"文化大革命"时期男女平等话语下，"去性别化"的女性形象同样被看作女性的反叛；而今，中性美女性形象的潮流再次被冠以女性对传统的反叛。不同的历史话语中，女性形象一次又一次地"被"确立。在"被看"的目光下，女性不自知地演绎着对大众文化、对男权社会的迎合，最后的奖赏是女性形象"被"赋予了解放。回顾女性形象的变迁，以此来观照市场与媒介合谋下的中性美女性形象，现象层面中性美的女性形象并不意味着女性的解放，这很可能是等待下一次反叛话语的"靶子"。男权社会对女性特质的忽视抑或是过分强调都不是女性自我的解放，"带着镣铐跳舞"或许是对女性现状最恰当的概括。

（三）天使形象

杂志的封面图像是丰富多彩的，展现的女性形象也不仅仅是前文提到的两种。除了玉女形象、中性美女之外，也不乏传统的天使形象。下面来看2008年3月的封面图像和同年7月的封面图像。

图3—3是《瘦佳人》2008年3月的封面人物杨丞琳。她站在画面的中心位置，面向读者展开身姿；在服饰选择上，选取了红色和白色为主色调，上衣是白底红点、宽松、可爱的宝宝服，下身是白色略带条纹的"灯笼"短裤；头饰是大红色的蝴蝶结；表情是微吐舌头、调皮的可爱。以上是图像直观展现的。它的信息又是什么？进一步了解，我们知道杨丞琳是台湾艺人，号称"可爱教主"，出演角色多为可爱小女生，如《流星花园》里的小优等。由此信息再回头观其形象：红色蝴蝶结、可爱宝宝服、微微吐出的舌头无非是其可爱的表征。杂志选取其作为封面人物并非仅仅因其可爱！这是一本提倡减肥瘦身的杂志，选取她，无非看中了她的苗条身材。于是，"可爱"与"瘦"这两个本没有太大联系的词确立了某种意义：因为她很瘦，所以她可以很可爱。更为关键的是，在意义确立的背后，

图3—3　封面人物杨丞琳

有广大少男少女的偶像崇拜，这使确定的意义目的性更加明确。树立典范，确定意义，然后大众实践介入。这种实践的介入是多种多样的，女生可以此为目标，努力地去实践、去购买此种杂志；男生可以此为参照系，即便没有实际的行动，其关注本身也为形象信息转变为消费信息提供了一种动力。最终完成一次意义的选择、生成、固定。女性、可爱、瘦或隐或显地贯穿于其中。

图3—4是2008年7月的封面人物江一燕。第一眼望去，白皙的皮肤，苗条的身材，甜美的微笑，乌黑的头发简单地束于脑后，红色的裙子，手轻轻地拽起一角，黑色的腰带系于腰间。这一形象唤起读者对前面张柏芝形象的关注，大众期待视野如果在前面是受挫的，那么在这张图像上就得到了满足，清纯、甜美的形象符合了大众的消费需求，也符合男权社会对女性形象的塑造。

相对于前面两类女性形象，这里可爱的小女生和贤惠的淑女形象更符合男权社会塑造的"天使"形象标准。桑德拉·吉尔和苏

图 3—4 封面人物江一燕

珊·古芭在《阁楼上的疯女人》中曾指出,在男性作家的文本中,
女性形象有两种表现形式:天使和妖妇。天使是男性审美理想的体
现,所谓美丽、善良、温柔、顺从、贤惠之类的好女人;妖妇则是
不遵从"天使"原则,即所谓违逆、反抗、自私、不顺从之类的坏
女人。事实上,天使与妖妇一直是男性对女性进行规训的"二元机
制"。其中,又以对"天使"形象的书写居多。翻开中国文学史,
众多的男性作家塑造着他们眼中的"天使"。例如,张贤亮小说中的
女性形象,她们都有着天使般拯救男人的品质。在政治运动中落难
的知识分子,被迫劳动改造,每当他们陷入困境,意志消沉的时候,
总会有一位甘心为他无私奉献自己的女性出现。无论是《绿化树》
中的马樱花,还是《灵与肉》中的李秀芝,在她们身上既显露出圣
洁的母性,又表现出妻子的温柔。她们天使般的品质,无疑是男性
作家对女性的一种审美幻想。再如,路遥笔下那些美丽、善良、温
柔的女性形象。《人生》中的刘巧珍,她"漂亮得像花一样";她温

柔淳朴，在高加林面前她是一只依人的小鸟，温柔可爱让人心疼；她又聪明贤惠，高加林一搓手，她就知道他要抽烟了，立刻从提兜里摸出一条她早已准备好的香烟，在高加林痛苦的时候，她又以自己的柔情细语去安慰体贴他。《平凡的世界》中的田晓霞，虽然贵为省委书记的女儿，却丝毫没有高傲与张扬，她美丽活泼，温柔可爱，受过良好的教育，思想敏锐，有自己的主张。但是在孙少平面前，她却永远是一个长不大的孩子，依附在孙少平周围，女神般地抚慰他的心灵世界。这些女性形象都有着美丽、温柔、贤惠，对男性无限眷恋和顺从的特点，她们都被归为"天使"形象。

随着女性作家的崛起，以及受到全球女性主义思潮的影响，文学作品中对女性"天使"形象的塑造有所改观，但是，这并没有从根本上改变男权社会对女性形象的构建，在大众文化的背景下，传统的女性形象转而通过各种媒介大量宣传、复制，有愈演愈烈之势。性别意识在女性时尚杂志商业化的过程中退化，表现为：（1）强化女性传统的家庭角色。宣扬女性为家庭、为男人而生活。（2）夸大女性的外在美。女性被看作是美的载体，是男性眼中一道风景线。（3）把女性的外在美等同于其存在价值，培养女性的消费人格，强调物欲及女性商品化。（4）泛情与滥情，在女性杂志中把女性塑造成情感动物，而杂志本身为女性提供了一个不断诉说的场所。以《瘦佳人》杂志2008年全部12期的封面人物为例，其中有9期选择了传统的"天使"形象，要么是天真可爱的小女生，要么是贤惠的淑女形象，本章所选取的封面人物仅是"冰山的一角"。

总而言之，从表层来看，杂志的封面图像展现了类型各异的女性形象，有玉女形象、中性形象、天使形象等；然而，从深层来看，她们都没有挣脱男权社会长期以来塑造的传统女性形象。"被看"的地位从来就没有改变过。正如女性主义批评家劳拉·穆尔维所说的：在这个"由性的不平衡所安排的世界中"，"女性作为形象，男人作为看的承担者"，"看的快感分裂为主动的/男性和被动的/女性。起决定作用的男人的眼光把他的幻想透射到照此风格化的女性形体上"，"她们的外貌被编码成强烈的视觉和色情感染力，从而能够把她们说成是具有被看性的内涵"。女性形象只是男性"看"的目光下"被看"的对象。

二　隐性的权力关系

我们把女性时尚类杂志中显在的女性形象看作女性的"刻板印象"。所谓"刻板印象"指"人们对某个社会群体的过分简单化的、滞后于现实变化的以及概括性的看法"。不管是玉女形象，还是中性形象、天使形象，一定程度上都是社会文化赋予女性"刻板印象"的表现。这种对女性形象刻板化的过程一方面过分简化了女性身份的一致性，另一方面遮蔽住了现象背后的真实：谁把女性形象刻板化？刻板化的女性形象又是如何产生的？

（一）一致的女性身份

在女性刻板印象中，首先是女性身份的一致。身份常被用作政治集结的号召令，以反对现状。19 世纪初期的工人运动采用了身份政治的手段。"工人"作为一种身份，象征着团结和权利。争取选举权的女权运动围绕着"女性"这个身份开展了政治组织工作。其他行动主义者也使用了"女性"这个身份。

从生理性别来看，她们属于"女人"的范畴，是男女二元对立结构中的一元；尽管她们给我们带来了不同的表现形式，但是，性别的生物决定论将男性与女性的差异自然化，从而为男权社会奠定了所谓的"科学"的基础，男性天然地属于公共领域，而女性走进了私人化的领域。不管她们从事何种职业，终归于家庭。从社会性别来看，她们具有"女性的气质"——漂亮、苗条等。传统的社会文化传递给女性的信息是：出嫁之前应该做一个乖巧的女儿，出嫁后则应该做一位温柔贤惠的妻子、孝顺公婆的儿媳、悉心照顾孩子的母亲。尽管现代社会观念发生了巨大的变化，女性一定程度上走出了狭隘的私人领域，但是，女性处于从属地位的本质没有变化，"女性气质"反而在进一步强化。除了对女性传统道德观念的要求之外，女性的身体也在一步步地参与到"女性气质"的构建。当下女性"瘦身文化"的流行，正是女性最后的资本——身体的失守。可以说，不管女性身处私人领域还是公共领域，她们为了适应这个男权的社会，不仅付出了思想的代价而且付出了身体的代价。她们可能处于不同的国家、不同的种族、不同的阶层，但是她们在自我存在的层面相对地有着同样的身份——女性，不管是社会还是大众文化都在不断地进行着对女性的构建，对身体的要求仅仅是一个侧面。

此外，一致性的方面还表现在这些图像表征无不生产着意义，而意义的生成又带有权力的构建。从某种意义上说，杂志封面上的女性人物是完全可见的，然而，它所涉及的意义却取决于"看"与"被看"主体的解读。对于一位女性读者来说，她并不关注封面人物是多么的漂亮、苗条，而往往直截了当地告诉她的同伴这个明星是谁，然后迫不及待地去看这期杂志介绍的新的减肥方法。而作为一位男性读者，他往往不在意这个女人是谁，在他的眼里，她们属于共同的一类——女性。他们关注的是这个女人是否足够漂亮，是否足够性感，甚至于她的胸是否足够丰满，臀翘不翘。对于内容，男性读者没有任何兴趣，因为在他们看来读那样的文字无非是浪费时间，永远抵不上一张性感的美女图片来得直观、快感。事实上，购买这些女性时尚杂志的大部分是女性，女性读者是显在的主体，男性读者一直作为"缺席"的主体存在。图像的意义就通过"显在的主体"和"缺席的主体"之间交互的作用产生。图像的表象意义通过显在的主体产生，而真正的意义却通过少数的、时时"缺席的主体"而运作。

（二）权力产生意义

作为一本女性时尚杂志，读者大多为女性，真正的"主体"和中心似乎应该是女性自身。但是，真正的意义却是由"缺席的主体"产生。男权的社会不仅为女性搭建了杂志媒介这个平台，而且替她们说话，告诉她们什么样子才是女人要做的"真正的女性"，怎样做才可以达到这样的目的。最终，占有她们。女性则在男性规范的社会里朝着"应该怎样"的目标前进而不自知。真正的意义在主体之间的置换中构建出来，在这一过程中，权力是不可或缺的。权力通常表现为直接的物质压迫或是强制性的要求等，除此之外，我们也应该看到意义生产过程中的权力：标记权、指派权、分类权等。

对于权力，萨义德有关于东方主义的谈论，福柯有话语权观念，葛兰西则讲霸权。萨义德在研究欧洲构建"东方"定性化形象时讲到，"东方主义"远不是对远东国家实际上是什么样的简单反映，它是一种话语，"凭借它，欧洲文化才能在后启蒙时期从政治上、社会学上、军事上、意识形态上、科学上和想象力上处置——并甚至生产——东方"①。在福柯看来，由话语构成的知识与权力相互联系、相互制约。"既不存在离开某个知识领域的相互关联的结构的权力关系，也不存在任何不同时预想和构造各种权力关系的知识。"② 真理维系着知识与权力，与权力相关的知识拥有"真理"的权威，在社会历史文化中，真理的体系通过话语的构成体即权力得以维系。由此，话语、真理、权力构成了最终的权力模式。例如，对性别的研究，不仅仅是停留在两性的表面，而且是关注其背后的话语以及权力。在特定的话语权下如何产生两性的特定观念，这种话语权如何对男女两性双方产生实际的效果，以及这种固定下来的两性观念又是如何在历史上的各个时期投入实践活动中去的。关注话语权旨在解决此类问题。此外，福柯的权力观不仅与话语、知识相关，而且

---

① ［美］爱德华·W. 萨义德：《东方学》，王宇根译，生活·读书·新知三联书店1995 年版，第 4 页。

② ［法］米歇尔·福柯：《规训与惩罚——监狱的诞生》，刘北成、杨远婴译，生活·读书·新知三联书店 1999 年版，第 27 页。

是循环的。它不是被一个中心所垄断，它"经由一个网状组织被配置和行使"①。由此，权力关系散布于社会的各个层次、各个领域，而每一个人都身在其中，既是统治者又是被统治者。权力不仅具有循环性，而且具有生产性，它"不只是作为一种否定力量压制我们，它还审查和生产各种事物，它带来愉悦，形成知识，产生话语。它应被看作一具通过整个社会机体运作的生产网"②。由此我们来看两性刻板印象，话语权力构建了男女两性不同的社会性别，男性气质、女性气质；同时这种权力体系下的两性文化又生产着书籍、报纸、杂志等。单就权力对女性话语的生产来看，既有专门的女性刊物《女友》，女性栏目《天下女人》；又有学术上对女性现状的关注研究，相应法律政策的调整等。可以说，福柯在没有否认国家、法律、君主或统治阶级会拥有统治地位的基础上，把权力观念从宏大的、总的权力策略转移到权力得以循环的许多局部的范围、策略、机制和效能上，福柯称之为"细小仪式"。正是这些细小的"权力"体系维系着国家这个巨大的权力体系。在这里关注无处不在的权力关系，不只是因为它是巨大权力的一部分，还在于权力关系不是简单的反映，权力已经投入到习以为常的日常生活。

由此来看女性时尚杂志中的权力模式。女性时尚杂志可谓是男权社会在大众文化中为女性划定的文化空间，而相应的男性文化空间却没有界定，这不能不说是在男权社会规范中权力对性别的区分、标记。在这样一个中心的、已确立价值的男权社会，这样的性别区分标记又被要求看起来是普遍的、无性别的，这恰恰再一次发挥了权力的作用。此外，权力的运作还表现为女性文化渐渐地走向了大众文化，而男性文化成了高雅文化。与大众文化相联系的往往是情感的、浪漫的、通俗的、消遣性的……所有这些元素无不内在地与

---

① ［英］斯图尔特·霍尔：《表征——文化表象与意指实践》，徐亮、徐兴华译，商务印书馆 2005 年版，第 50 页。

② 同上。

女性特征相连。女性文化曾一度在历史中被埋没；例如，在古典文学中，女性作家作品可谓是凤毛麟角。在现代社会，女性文学即便浮出了历史的地表，也很难登上大雅之堂。当然这并不是说女性文化或者角色不在高雅文化内起作用，只是当她们起作用时，往往是服从了男性化的规范原则，舍弃了女性化的因素。男权社会作为权力的生产者不仅构建着女性形象、女性的世界，而且衍生了与之相关的一系列产业，如美容医院、女性杂志等。凭借这些产业，男权文化得以在女性的世界从各个方面控制甚至是生产着"他者"。来自男权社会的历史、文化等各方面的权力关系，女性终究无可逃脱，迎合或是反叛都不是她们想要的答案，不断地改变这个二元对立的社会，寻求一种更好的出路或许是所有女性主义者坚持斗争的信念，也是她们所追求的目标。在如此的社会背景下，否定未尝不是一种策略。

三　差异的"他者"

不管是图像中一致的女性身份，还是意义生产中权力的广泛参与，分析的结果并不令人满意，普遍存在的差异的"他者"是不可忽视的。"差异"的问题近几十年已经跃居文化研究的前沿位置，而且以不同方式被不同学科所谈论，由此可见其重要性。我们接下来继续追寻女性刻板印象背后权力意义生成的根本——差异的"他者"。

（一）差异的定义

"差异"这个概念并不陌生，近几十年来经常出现于文化研究领域。"差异"出自瑞士语言学家费迪南德·德·索绪尔的著作。在他的《普通语言学教程》一书中，他将语言描述成我们用来组织和传播我们对世界的体验的便捷体系。他认为字词本身没有意义，其意义来自字词之间组合的差异。例如黑与白，我们之所以知道黑是什么意思，并不是因为存在着"黑性"的某些实体，而是找到其对立面——白——加以对比。正是白与黑之间的"差异"指出意义，承载意义。法国的评论家雅克·德里达发展了索绪尔的理论并主张意义也是一种递延的过程。语言的意义不仅来自字词之间的差异，而且也是在场的和"不在场的"差异之间不断的、不稳定的相互作用。

俄国语言学家和批评家米哈伊尔·巴赫金在他的语言理论中认为意义是通过"差异"的对话建立起来的，意义不属于任何单个说话者，强调其在对话里得以维持，由此赋予"差异"根本性的地位，而赋予意义更多的可能性。

人类学家杜盖伊·霍尔认为文化取决于给予事物以意义，这是通过在一个分类系统中给事物指派不同的位置而做到的。因而，对"差异"的标志就是被称为文化的符号秩序的根据。在二元对立组中，通过差异区分事物，确立分类系统，明确意义。因此，"差异"等于文化意义是基本的。与此同时，"差异"也能起到消解意义，重建分类系统的作用。那些"不在其位"的事物往往打破文化的界限，并且在不断的镇压中越来越强大。

精神分析学家弗洛伊德认为，"他者"是根本性的，不论对自我的创造，对作为主体的我们，对性身份的认同都是如此。他解释俄狄浦斯情结：在特定的一个时刻，即当男孩对母亲产生了无意识的性欲，却发现父亲对他获得"满足"的途径加以阻碍时，才被确定下来。然而，当他发现他母亲没有阴茎时，他猜想他母亲一定是遭到了阉割的惩罚。而且，如果他坚持他无意识的欲念他也会以同样方式受惩罚。由于害怕，他转而认同他的老"对头"——父亲，并因而开始认同男性身份。女孩则认同于相反的一方——是与父亲，但她无法成为他，她只有靠无意识的想为一个男人生孩子的愿望来赢得他。因而她认同并接受了母亲的角色，并成为"女性"。由此看来，"自我"意义的形成需要参照一个不同于自己的差异的"他者"。心理分析家雅克·拉康吸收了弗洛伊德的观点，认为语言构建了身份，并认为我们对差的理解，包括对性别和社会性别差异的理解是由文化决定的。

女性主义批评家埃莱娜·西苏、茱利亚·克里斯蒂娃和露西·伊利格瑞坚持认为，男人压制或者利用了妇女的差异来建立父权制统治。

（二）杂志图像中"差异"的存在

关于"差异"的论述，一方面用来强调"差异"的重要性，另一方面用于进一步分析图像个案。

首先，封面女性是不同于男性的"他者"。父权、夫权制度的建立伴随着男女差异的二元对立，并且这种对立不仅是生理上的，还是文化上的。

男性/主体	女性/客体
认知主体/自我/独立性/主动性	认知客体/他者/依赖性/被动性
主体性/理性/事实/逻辑/阳刚	客体性/情感/价值/非逻辑/阴柔
秩序/确定性/可预见性/控制性	无序/模糊性/不可预见性/服从性
精神/抽象/实变性/自由/智力	肉体/具体/连续性/必然/体力
文化/文明/掠夺性/生产/公众性	自然/原始/被掠夺性/生殖/私人性

性别差异在漫长的父权制历史中逐渐被定型。男人、父亲又是家长，是经济收入的主要来源，是养家糊口的人和创业者。他们往往是强壮、高大和有男子气概的。而女性最重要的是结婚成家和生孩子，她们应当具有感情丰富、关怀、爱、同情、温柔和服从等特点。这样她们才是丈夫的好妻子，孩子的好母亲。从男性乃至整个社会文化看来，女性的生物学特征决定了她们的命运。

定型的过程也是简化的过程，简化为少数要点，有几个简单的特征本质加以确定。在大众表征行动中，女性形象的定型化显得更有普遍性，以至于历代文学家、画家用他们的笔创造出一整套女人类型。贤妻良母型——观音菩萨、教子有方的母亲、坚守妇道的寡妇等。刘向的《列女传》有过这样的记载"……廉政以方。动作有节，言成文章。咸晓事理，知事纪纲。循法兴居……"这是告诫后妃要严格约束自己的行为，不要给男统治者带来麻烦。传统贤妻良母的形象，除了传宗接代和无私奉献以外，还要对儿子和丈夫尽职尽责，守本分。妻以夫荣，母以子贵。这些女性形象如同唐代的宫廷仕女般面容端严，气质淑贤，动作徐缓，态度贞静……等等。名媛淑女型——仙女、姬妾、才女、优伶等这一类型的女性形象是为"君子好逑"的"窈窕淑女"。神情自然要"含情脉脉""情意绵绵"；身材要"窈窕"；情调要"惆怅""伤感"。如果说贤妻良母型的女性形象在"德行"上满足了男性的欲求，那么名媛淑女型的女性形象则作了情感、才识的补充。妖狐魔女型——女妖、女鬼、"狐狸精"等这类形象往往背离传统，如《水浒传》中潘金莲的形象，《封神演义》中商纣王宠妃妲己的形象。贬斥之余，这一类女性形象又往往与"性"相连。她们美丽、性感而不受禁忌的束缚，对男性有不可抗拒的诱惑，但其离经叛道的"真实"决定了她们只能有一个悲剧的结局。

女性形象的定型化强调了"差异"，同时对"差异"加以简化、提炼并使"差异"本质化和固定化。这恰恰有效地应用了一种"分裂"的策略。它把男性与女性、正常的与非正常的、可接受的与不可接受的分开。然后自然地排斥或是驱逐了"差异"面，"他者"的形象世界得以建立。大众文化视野下，杂志或是广告中女性的形象仅是其直观的复制。

其次，"差异""他者"不仅指向了相对于男性的女性，而且在女性群体内部也是普遍存在的。如种族、阶级、能力以及性取向等方面因素造成的差异。西方早期女权主义者把自己的切身经历普遍化，以致形成了女性的本质主义模式，这种模式建立在优种白人、中产阶级的经历和抱负基础上，遮蔽了女性之间的差异。随着黑人女权主义流派的兴起，女性内部的种种差异开始浮出了历史的地表。

女性瘦身杂志中的女性形象的选择也是差异作用的结果，当然，杂志预设的读者是 18 岁到 35 岁的都市女性。由此，非城市女性、年长的女性即被推向了边缘。斯皮瓦克在其著名的文章《底层人能说话吗?》的最后一部分明确提出："底层人能说话吗?"① 她的回答是否定的，即底层人不能说话，底层人，尤其是底层妇女早已成为哑言的主体。而这一部分失语的"他者"受到了双重掩盖。一方面来自男权社会，另一方面来自主流女性文化，在社会文化的双重构建下，女性群体内部的"他者"失去了说话的权利。对于瘦身、对于美容，她们是游离的"看客"。种族、阶级、能力等种种原因剥夺了她们"被看"的权利，她们被推向了与男性同样"看"的视角，却站在了不同的地位。

最后，差异中存在着主导性的关系。正如雅克·德里达认为的，几乎不存在中性的二元对立。他认为，二元中的一极通常处于支配地位，是把另一极纳入到自己的操作领域中。在二元对立的各极之间始终存在一种权力关系。讲到权力，米歇尔·福柯有不同的见解。在福柯看来，权力是一种状态，而不是某些人或机构的所有物；是区域的、弥散的，而不是总体的、可定位的；权力是一种系列空间，以其场域的内在性为特征，以其线状的连续性为特征；权力没有本质，权力是操作性，它也不是一种属性而是关系：权力关系是力量关系的整体，它通过被统治力量并不比统治力量少。"权力包围被统治者，通过并穿透他们，权力靠他们支撑就如同当他们要反抗权力时，也轮到他们要透过权力对他们的运作点发动一样。"② 权力存在于意识形态或武力镇压之前，它不是统治阶级取得的所有物，而是其策略的实际运作。德勒兹将福柯的权力理论概括为三项命题：第一，在权力本质上不是镇压的，而是生产性的，它"煽动、激起"；第二，权力的被运用先于被拥有，因为只有在可决定的形式（阶级）

---

① ［美］斯皮瓦克：《从解构到全球化批判：斯皮瓦克读本》，陈永国、赖立里、郭英剑主编，北京大学出版社 2007 年版，第 90 页。

② 李银河：《福柯与性》，文化艺术出版社 2003 年版，第 95 页。

与被决定的形式（国家）下，权力才被拥有；第三，权力的运作经由被统治者不亚于统治者，因为它是通过所以结成关系的力量来运作的。

我们前面讲到福柯眼中的权力无处不在，并且循环往复。这种权力观在表征实践中尤为重要。它给表征提供了一个历史的、实践的运作语境。表征实践中，权力无处不在。具体表现在性别关系中，在权力的运作下，不同的表征实践，如图像、绘画、文字等形式，生产出一种排斥差异性的定型化的性别"真理"形式；此种性别"真理"反过来作为权力的代言人不仅作用于女性，而且作用于男性，进而形成历史的权力规则及范围再次生产着权力，循环往复，权力走向了预设的"真理"。在生产的过程中，定型化显得尤为重要，而定型化往往出现于权力明显不平衡处。定型化是权力的游戏。一方面，女性杂志中女性形象的定型出现于男女两性权利差异失衡的状态下，在这种状态下，女性是男性的"属下"，她们被剥夺了说话的权力，随之而来的是看与被看的关系，"男性气概""女性气质"的定型化，女性形象的定型化，话语权的丧失等表征。在两性的场域中，与其说是男性操控着女性，不如说是权力的运作。另一方面，在差异的第二个层面，定型化亦存在于女性之间权力的失衡。正如前面斯皮瓦克所讲到的："底层妇女早已成为哑言的主体。而这一部分失语的'他者'受到了双重掩盖。一方面来自男权社会，另一方面来自主流女性文化，在社会文化的双重构建下，女性群体内部的'他者'失去了说话的权利。"①

第三节 《瘦佳人》杂志文本的男权文化构建

女性时尚杂志作为一种特殊的研究对象，一方面，在市场与商

---

① ［美］斯皮瓦克：《从解构到全球化批判：斯皮瓦克读本》，陈永国、赖立里、郭英剑主编，北京大学出版社 2007 年版，第 90 页。

业的运作下，它具有其他大众文化产品共有的元素，大量的图片、广告等；另一方面，它又兼具文学元素，文字是其不可或缺的部分，情感故事、新护肤品介绍、瘦身新概念、心理测试等都表现了语言、结构、审美意识形态、虚构、想象等文学要素。然而，女性时尚杂志中文字部分的"文学要素"又并非完全意义上纯文学要素，它在特定的社会文化背景下，彰显着独特的形式与意义。因此，本节主要是结合《瘦佳人》杂志，对比纯文学要素，分析女性杂志中的男权文化。

一　女性虚幻主体背后的男性声音

在《瘦佳人》任何一期杂志中，与女性相关的文字几乎占到了99%，剩下的那1%的文字，无非是星座占卜、心理测试。这1%的内容即便没有女性的参与，其预设对象也是女性读者，心理测试所测试的无非是"此生，你会与谁厮守终身"之类的内容。回头再看那99%涉及女性的文字。其内容大体可分为两类，一类是瘦身美容，包括"瘦美话题""边吃变瘦""速瘦集中营""明星榜样""瘦美风尚"等当今女性颇为关注的减肥瘦身的话题。此类杂志抓住了女性瘦身这一市场，极力宣扬瘦身的种种益处，同时销售如何瘦身的方法。隐藏在此种现象背后的是传统社会文化对女性的构建，女性的身材、容貌美等同于女性的价值；而女性的价值又关联着工作、婚姻等社会性的角色，进而引导女性消费的流行取向。最终，达到一种双赢。一方面市场盈利，出版商、商场百货等消费部门得到实惠，同时也得到了进一步维持甚至是加固这种意义链的资本。另一方面，把握话语权的男性获利，生活中得到的会是一位温柔体贴、美丽贤惠的妻子，工作中与其相伴的是漂亮、风情、能干的同事。《瘦佳人》杂志中的这一部分内容以主要的篇幅吸引着广大女性，间接满足着社会、市场以及广大男性的需求。

另一类是情感文字，主要集中在"大城小爱"这一部分。每期

《瘦佳人》有4篇诉说情感的文章,全年12期共有48篇这样的文章。篇幅大都不长,有的两篇一个版面,有的一篇文章两个版面。内容大略可分为三个方面,一是关于婚前的爱情,有青涩的初恋,有甜蜜动人的情感,也有感情受伤的倾诉。从全年期刊来看,该内容的文章有28篇,占总数的58%。二是关于婚姻生活的文字,内容多是婚姻生活的破灭,男主人公抛弃了相恋多年直至共同走进婚姻的女人,而女人诉说着痛苦的经历。该内容的文章有16篇,占总数的33.3%。三是关于婚外恋的文字,诉说者毫不例外地都是作为第三者存在的女性,她们投入真挚的情感,承受着社会与自我心理的煎熬,难以自拔。该内容的文章相对比较少,有4篇,占总数的8.3%。从每期杂志的文字构成来看,像"大城小爱"栏目这样纯文字的表述并非大多数,然后,这部分却展现了担当不同角色的女性:她们有的是尚未步入婚姻的、年轻的、对爱情、婚姻有着憧憬与向往的女人;有的是走进了"围城",扮演妻子角色的家庭女性;有的是扮演情人角色的所谓的"第三者"。从其不同的分布比重可以看出:其一,社会文化更关注的是第一类女性,年轻漂亮的未婚女性;而对后两种女性安排了不够完美的婚姻生活,或是不被社会认可的身份地位。其二,不管是哪一类女性,扮演的多为家庭角色而非社会角色,女朋友、妻子、情人。感性、缺乏理智是其共同的特征。其三,在文章中,女性是诉说者,却处于"被看""被抛弃"的地位。

究其原因,有以下三个方面:其一,社会文化对女性的构建。正如前文所分析的,社会文化不仅仅塑造了不同类型的女性形象,而且给这些女性相对固定的角色。女儿、妻子、情人等是作为家庭中女性的角色;教师、护士、歌手、模特、演员、售票员等是作为社会中的角色。对于家庭中的女性角色,社会给予完全的认可并制定相对完备的规则。古有"三从四德",今有媒体对母亲形象的不断神圣化的塑造。在这里并不是否认母亲的伟大,而是提醒女性保持清醒的头脑，警惕社会文化施予伟大的"陷阱"。对于社会中的女性角色，体现着一种"不平衡性"。从职业来看，女性大多从事传统的服务行业，例如，中小学教师、护士、演员、模特等。这些职业从某种程度上可看作女性家庭角色的延伸。而相对的，从事主体性、开创性职业的女性少之又少。对于这种现象，社会文化经历了漫长的塑造过程。波伏娃在《第二性》中曾说过"女性不是天生的，而是后天形成的"，精辟地道出了社会文化对女性的构建。"自然"的男女两性通过社会一系列的规范与机制，逐渐表现出与社会规范相一致的"男子气"与"女性气质"。由此，在这样一整套社会秩序之下，男人与女人的角色被固定下来，男性多从事与社会相关的公共领域的主体性强的职业，而女性更多地从事与家庭相关的私人领域的丧失一定主体性的职业。所以，男女两性并非天生如此，而是社会文化长期作用的结果。

其二，商业利润、市场经济的运作。在市场经济的大潮下，盈利成为各个产业追逐的最终目的。大众文化产业也不例外，与电视剧、电影、杂志等相对应的是收视率、票房、发行量等。杂志的利润主要来自两方面，一是发行量，二是广告收入。发行量与广告收入又是相关的，发行量大，相应地会吸引更多的广告商，提高广告的收入。另一方面，广告收入提高也为扩大发行量提供了资本支持。传统期刊一般采取扩大发行量的营销策略，而时尚杂志多选择后者，利用精美的画面、上乘的铜版纸提高广告收益。不管是哪种获取利润的方式，杂志的内容都是不可忽视的。因其内容的选择、杂志内容的质量关联着相应的读者定位，以及之后的利润。所以，杂志内容顺应市场需求显得极为重要。在大众文化与媒体的合谋下，"瘦"成为广大女性追逐的"美"，例如："澳曲轻"广告："瘦到极致、瘦到没问题"；碧生源减肥茶的广告："不要太瘦哦"，"碧生源减肥茶，SO 的一下就瘦了！喝碧生源减肥茶，真的没再胖起来！"大印象减肥茶广告："大印象减肥茶，喝出好身材！"太太口服液广告：

"减出好身材，保持更重要"。铺天盖地的广告时时提醒着女性以瘦为美，杂志出版商正是看到了女性瘦身市场巨大的消费潜力，于是自称"倡导科学瘦身，玩转快乐减肥"的《瘦佳人》应运而生。面向年轻女性群体，教授各路减肥秘诀，辅以女性情感专栏，构成《瘦佳人》杂志主要的策略。其背后市场、商业的策划、运作是不可忽视的。但仅仅将女性价值的失落较多地归结为商业化是不够的，因为商业化的基础是大众的认同心理，商业化的过程是市场对大众心理的迎合，而大众心理即性别成见则来自传统的男权文化。在一定意义上，商业化仅仅是利用了传统以谋求最大经济利益，它最根本的根源依然在传统的男权文化。

其三，性别歧视普遍存在。所谓性别歧视，指由社会文化形成的、以生理性别为基础的对女性的歧视。从时间上看，社会文化对女性形象以及女性社会角色的构建经历了漫长的过程，这一过程是父权制社会确立的过程，同时也是女性丧失话语权、不断被边缘化的过程，期间，性别歧视是普遍存在的。古代社会，女性随夫居，随夫姓。一个女性的命运，在出嫁前依附于她的父亲，出嫁后取决于她的丈夫，丈夫去世后，转而依附于她的儿子，正所谓"母以子贵"。可以说，女性在古代社会毫无主体性。走进近现代社会，虽然五四运动、新中国成立等一系列革命运动使女性走进了公共领域，但是她们并未抛弃原有的私领域——家庭。她们一方面作为传统女性被要求着"妇德"，另一方面，作为新社会的新女性，她们又被纳入到整个父权社会的解放当中，扮演着男权社会赋予的角色——女飞行员、女拖拉机手、女机床工人等。河南省辉县一座村庄里，一群姑娘成立的"石姑娘队"即是最好的佐证，她们在水库工地上与男人们一起炸山、凿石、开渠。"男女都一样""男人能做的女人也能做"作为当时的口号广为流传，然而这个口号背后同样是将女性个体湮没在了男性主体权力之下。"去性别化"带来了心灵的解放，也带来了身体上的苦难。"石姑娘队"的姑娘们在那种极限的体力劳动下很多人落下了终身残疾。当代社会，在市场经济下，西方文化与传统文化交汇，媒体在不断地重塑着女性美。女性杂志作为媒介之一，关注女性的身体、容貌以及情感，再次使女性后退到了男性之后的私领域，消失在公共视线之外。正如波伏娃所说的，"她在男人面前不是主体，而是荒谬地带有主观性的客体"①。自古至今，性别问题贯穿始终，性别歧视普遍存在，然而，其存在越是有持久性、普遍性，大众越无视它的存在。《瘦佳人》杂志扑面而来的美女图片，字里行间流露出来的美女标准，缺乏理性的情感投入等，都不同程度地具有性别歧视的痕迹。

二　关于文本意义的解读

《瘦佳人》杂志中，大量的图像直观地生产着各种意义，权力关系根据差异的"他者"选择优先的意义。除此之外，杂志中文字内容的意义同样是丰富多彩的。性别歧视的普遍存在一方面有商业化利益的驱使，另一方面更深层次的原因来自大众文化。下面我们主要来看大众文化因素在女性时尚杂志中的体现。

（一）由审美到消遣，女性杂志中的消费文化

从历史的角度看，在中国魏晋以前和西方 18 世纪之前，文学通常被看作一般"文化"。一方面，它还没有从历史、哲学、演讲术等一般文化现象中分离出来独立发展；另一方面，它没有被赋予特殊的审美性质。例如，在古希腊和古中国，"艺"指向某种技能。而文学被赋予特殊的审美本质，在中国完成于魏晋时期（3—6 世纪）；在西方完成于 16—18 世纪。狭义的文学观，专指所谓的文学，即情感的、虚构的想象的作品，如诗、小说、散文等。由此，文学艺术得以从技艺的层面提升。1747 年，查里斯·巴托首先使用了"美的

---

① 　[法] 西蒙娜·德·波伏娃：《第二性》，陶铁柱译，中国书籍出版社 1998 年版，第 813 页。

艺术"，把诗、绘画、雕塑、音乐、艺术和修辞等纳入"美的艺术"之中。文学被正式确认为"艺术"。文学的审美性质被正式认可，继而，康德、席勒、黑格尔等美学家从不同角度探索文学的审美性质。文学即审美，也成为西方文学理论的重要传统之一。正如彼得·基准所概括的："自从 18 世纪末以来，有一个观点已被许多持不同观点的思想家所认可，那就是'审美的无功利关系'。"① 由此，文学艺术得以形成自身的特征。从创作上看，文学要求源于生活更高于生活，运用比喻、夸张、想象等手法构建虚幻的理想世界，典型人物、典型环境、深刻主题、严密结构成为其中的必然要求。从接受者的角度来看，有些作品指向了特定的读者，甚至是精英群体。这在一定程度上也抬高了审美的殿堂；此外，读者对作品的欣赏、接受保持了一定的心理距离，严肃地接受一部作为审美对象的作品。从作用来看，一部审美的文学作品旨在反映社会现实，帮助读者净化心灵，完善人格。

女性杂志中的一系列文章显然与文学的审美性不同，它更多的不是"审美"，而是"消遣"。

大众文化自诞生之日起，即是用来娱乐消遣的。社会上广为流传的武侠小说、言情小说、漫画、涂鸦等已不再是文学艺术的审美欣赏，而是茶余饭后的娱乐消遣。对此，中国的鸳鸯蝴蝶派作家们已说得再清楚不过了，"买笑耗金钱，觅醉碍卫生，顾曲苦喧嚣，不若读小说之省俭而安乐也。读小说则以小银元一枚，换得新奇小说数十篇，游倦归斋，挑灯展卷，或与良友抵掌评论，或伴爱妻并肩互读，意兴稍阑，则以其余留于明日读之，晴曦照窗，花香入坐，一编在手，万虑都忘，劳瘁一周，安闲此日，不亦快哉！"② 作为大众文化一员的女性杂志不可避免地带有娱乐消遣的意味。大量图片

---

① 朱狄：《当代西方美学》，人民出版社 1984 年版，第 280 页。
② 范伯群：《礼拜六的蝴蝶梦》，人民文学出版社 1989 年版，第 4 页。

的堆积，简单老套的情感倾诉，关于明星的花边新闻，瘦身美容的
各种妙招等，无不在给读者展示着女人消遣的生活是什么。可以是
掌握了迅速瘦身的方法，可以是一段貌似多情实则滥情的"给出轨
以柔情的惩罚"等。打开一本杂志，如同走进了超级市场，每一位
读者都可以"有所收获"。当然，消遣的同时，是消费。除了杂志本
身作为商品去制作、去出售、去消费以外，杂志中瘦身的方法、昂
贵的化妆品、倾诉的情感，无不是潜在兜售的商品。与商场百货不
同的是，这种消费没有时空的限制，更没有高高在上的阶级性，而
是休闲娱乐生活的一部分，与嘴馋时的零食、街边的快餐、游戏厅
里的游戏等没有实质的区别。

（二）由虚构到虚幻，女性杂志中的造梦艺术

虚构是文学作品尤其是小说中常用的手法，在大众文化的生产
运作下，虚构的手法在杂志的文本中呈现为虚幻、造梦。

内容上，杂志中展现的是女人完美的世界，非现实又胜似现实
生活。不老的年龄、骄人的容颜、王子公主完美的故事结局。市场
经济、技术文明、全球化使得每个人在虚幻中"无所不能"。现实生
活中的人如果不够苗条，没关系，可以"苦瓜减肥，两周甩 8 斤"，
可以"7 天飚瘦 10 斤，番茄减肥新花样"，可以"每天一杯豆浆，
小肚腩离你远去"，"法式浪漫瘦身饮品——茴香黄瓜汁"……在现
实生活中，这些减肥方法奏效与否很难确定，然而在专注于瘦身的
杂志中必须存在，因为它们要满足的并非现实中的"无助"，而是想
象中的"无助"。每一位读者都可以在想象中得到完美的身材。除了
虚幻的身材，还有虚幻的情感。在言情小说、言情散文、大肆热播
的韩剧中，我们看到的爱情永远是完美的，一切悲剧的产生都与感
情无关，韩剧中男女主人公的分离往往源于非命，白血病、车祸变
成为韩剧中的"流行"。《瘦佳人》杂志中的情感文字更是大同小
异，在渲染完美爱情的同时，述说着伤感、幽怨、愁绪……《总有
一天等到你》讲述了为爱受伤后等待爱情的故事；《最爱的人远在身

边》讲述了身边最易忽视而又最贴心的爱情。总之，不管内容如何变化，从根本上说，虚幻的完美情感却是一致的。在这里，女性杂志中的文字已不再是反映现实世界的一面镜子，而成为观看虚构梦幻世界的"窗口"。

从读者的角度来看，看杂志的过程也是一个"圆梦"的过程。列维－斯特劳斯曾敏锐地注意到：巫医给病人看病的奥秘在于，能够使得病人与内心的无意识建立起一种相互联系的能力，借此，长期无法表达的郁积于内心深层的东西一下子被表达出来了。读者"圆梦"的奥秘也无非如此。例如，当我们看一部小说、一部电影或电视剧时，我们往往关注其结局怎么样，尤其是某个角色最后的命运如何。这正是读者与人物的一种契合，也是作者间接地利用他者圆自己梦的表现。女性杂志同样为每一位读者打造了一个神话体系。依照杂志编辑所指引的梦幻之路，身材不够好的女性可以变得性感；对自己容貌不满意的人可以通过众多的整容医院找回自信，在这里，容貌、自信与女性的价值建立了必然的关联，然而现象背后是社会文化霸权的构建。此外，情感不如意的女性可以通过杂志中情感性的文字大肆地渲染、倾诉痛苦，抑或是等待美满的情感。作为女性的读者，圆了现实中无法实现的梦；作为男性的读者，则满足了"看"的欲望与幻想，随之而来的是占有欲、成就感，再次完成了一次权力的演练，合卷之后，男性读者报以蔑视、不屑。但是不管是怎样的读者，看这样一本杂志堪称一次"圆梦"的过程。美国好莱坞是众多明星圆梦的工厂，《好莱坞的诱惑》一书这样写道："好莱坞不是天堂，但它可以满足你的一切欲望，包括肉体的和灵魂的。"① 女性杂志又何尝不是如此，虚幻、造梦已成为其文本叙事的一部分。

（三）由反映到反应，女性杂志中的快感文化

文学是一种社会性的话语活动，文学话语是社会的产物。首先，

---

① 龚湘海、周实：《好莱坞的诱惑》，国际文化出版公司 1995 年版。

文学的"唯一源泉"是社会生活。其次，文学的各种要素，无论是语词、格律、节奏、原型等，还是主体的相应的审美"感觉"，都是社会的产物，甚至可以说是"以往全部世界史的产物"。① 最后，文学话语的发展与变化最终取决于社会的发展与变化。因此，文学是一种社会意识形态。传统的文学作品多强调反映社会现实，作品与社会现实保持着千丝万缕的联系，建立相对完整且内在统一的结构，例如，19 世纪法国批判现实主义小说家巴尔扎克的代表作《人间喜剧》，即为我们提供了一部法国社会特别是巴黎"上流社会"的现实主义历史。再如鲁迅、茅盾、巴金等作家的作品同样为我们打开了一幅现实主义画卷。反映论文艺观对我国 20 世纪文学产生了深远的影响。如果说我们对文学艺术的欣赏是持"反映论"的，那么，对于杂志等大众文化则走向了"反应"。杂志作为一个与生活同质同构的对象，往往指向某种当下的刺激。例如，封面上的明星照片，从传统文学"反映论"的角度来看，显然没有相应的文学价值；然而作为女性杂志的封面人物，从大众文化的角度看却截然不同。它虽然不同于艺术作品，但却可以给人以强烈的刺激，达到一种感官的"反应"，满足幻想的需要。

由传统文学的"反映论"到大众文化追逐的感官"反应"，文化经历了由"美感文化"到"快感文化"的过渡。"美感文化"多指一种追求艺术纯粹性的和个人独创性的精英文化，以康德的"审美无利害性"为依托。而"快感文化"是后现代主义的产物，诉诸大众感官与生理欲望，是一种模式化、复制性的文化样态，以后现代主义理论为依托，以追逐商业利润为最终目的，例如，前几年热播的帝王类电视剧，《康熙大帝》《汉武大帝》《雍正王朝》等满足了大众对古代帝王生活的好奇，似乎观众也过了一把帝王瘾，最终

---

① ［德］马克思：《马克思1844 年经济学哲学手稿》，人民出版社1985 年版，第204页。

给市场各个方面的运营商带来了巨大的经济效益。女性时尚杂志同样也是快感文化的产物。明星封面、不断浮现的美女照片挑逗着读者的感官欲望。对于广大的女性读者，这是一个梦想。看杂志的过程是一个实现梦想的过程，只要你按照杂志中教授的方法去做，美丽不是问题，性感不是问题，获取男性的目光便是水到渠成的事情。对于相对较少的男性读者，隐藏在美女图片之后的是"性"。在杂志这个虚拟的场景中，关注的不再是文学艺术的享受，而是性幻想的满足，正如劳伦斯所说的，"不管我们如何假装，我们大多数人还是喜欢让小小撩拨一下我们的性欲。它让我们感到挺温暖，如同阴天里的阳光"①。女性杂志以其特设的对象、内容，彰显着快感文化。

三 关于类型化文本形式的解读

在市场经济的运作下，大众文化的诸多表现样态呈现一定的特征，而类型化就是其主要特征。类型化的内涵不仅表现为一定的稳定性，而且也有相对的差异性。

首先，我们来看类型化的稳定性。类型化不同于个性化，从人物形象来看，个性化多指文艺创作中具有标志性的个人特征，独特是其基本的特征，而与类型化相关联的往往是性格单一，简单的"扁平人物"。雷同、单一，文本之间相互模仿，不同文本中的形象大同小异，因袭之处较多，创新点较少，正如一部电视剧看了开头便知结局如何；一部小说所塑造的人物形象很难与同类小说的人物相区分。美国弗吉尼亚大学教授拉尔夫·科恩曾将类型定义为两类，"一类列出长串共同特征、态度、人物、范围、场所等等——即强调组成类型的语义因素。另一类则强调未确定的或可变因素之间的关系——这些关系可称为类型的基本句法。不难看出，语义方式强调

① 〔英〕劳伦斯：《劳伦斯论男女关系与人格》，北方妇女儿童出版社2004年版，第8页。

类型的建构材料，而句法方式则关注这些材料安排在一起的结构"①。无论哪一种定义都强调了类型化的共同性、单一性。

模仿——国内女性杂志众多，《瘦佳人》并非最早创刊的，也不是最具有影响力的女性刊物，然而在它的身上，我们可以看到当今大众文化对女性刊物的影响之一，那就是模仿。《时装》是中国第一本女性时尚杂志，《世界时装之苑》首开国际合作之先河，《瑞丽》使女性时尚杂志从高端走向了平民，从注重观赏走向了注重实用……正是在这一系列女刊成功运作的引领之下，国内大量女性杂志创刊，《瘦佳人》杂志是其中之一。这在一定程度上难逃模仿的影子。在营销策略上，《瘦佳人》模仿《瑞丽》走平民化路线，以每册4.5元的平民价格吸引中低层消费者。在内容上，《瘦佳人》关注瘦身美容，教授实用性的减肥方法，以及各种化妆技巧。《边吃变瘦》从饮食上减肥；《瘦身课堂》注重运动减肥；《瘦美风尚》教授穿衣化妆技巧……等等这些在《瑞丽》上同样可以找到。如若不看封面，单看内容，很难将《瘦佳人》与《瑞丽》区别开来。在接受者上，《瘦佳人》杂志同样把目光投向了18岁到35岁的年轻女性，这一群体可以说是所有女性杂志最关注的预设消费者。在西方文论史上，"模仿说"作为艺术起源的说法之一，经过古希腊哲学家赫拉克利特、德谟克利特、苏格拉底、柏拉图等人的发展，直至亚里士多德形成系统化的理论体系。亚里士多德不仅规定了模仿的对象，包括自然以及人的生活，而且规定了模仿的方式，即按照可然律和必然律来摹写，进而揭示事物本质和规律。随着文论界各种理论的崛起，"模仿论"不断地遭到质疑甚至是颠覆，然而进入现代社会，科学与市场经济的发展，再次给"模仿说"带来了新的契机，只不过这种"模仿"不再指向文学艺术，传统意义上的模仿结构被颠覆，

---

① ［美］拉尔夫·科恩：《类型理论、文学史与历史变化》，韩加明译，《天津社会科学》1996年第5期。

而更多地进入了日常生活，机械复制时代到来。大众文化产业是这一时代的产物，女性杂志不可避免地践行着当下的"模仿论"，最终，模仿走向了类型化。例如，当有人说女性应该瘦时，杂志、媒体立刻宣传开来，瘦成为美女的主要标准之一，而广大女性的个性随之被抹杀。再如，某一类电视剧热播之后，随之各大电视台掀起了此类电视剧的浪潮，表现为"格格热""皇帝热""韩剧热"等。模仿，或者说是仿象，成为类型化的表现形式之一。

大众文化的类型化不仅表现为高度的模仿，还表现为叙述结构的程式化。在读者的印象中，杂志中的文本大多是结构老套、内容贫乏、千篇一律的。例如，《瘦佳人》2008 年第 5 期的一篇文章《我抓住了那个爱情泡泡》，这是一篇爱情故事，男女主人公先是从小到大的同学，然后是工作后的同事，但两人从未想过彼此会成为他们爱情世界的另一半，直到发生一件事情，两人情感觉醒，走到了一起。再如 2008 年第 9 期的一篇文章《幸好你还在》也是讲述了一对男女主人公由平淡的感情到发生意外事件，最终珍视那份平淡而真挚情感的故事。类似内容的文章很多，从中我们不难发掘其程式化的结构特征：首先，以爱情为主线；其次，情节经历一个矛盾开端、矛盾冲突、最终解决矛盾的过程；最后，结局大多是完美的。不仅仅是《瘦佳人》杂志，《瑞丽》等女性刊物也有许多大同小异的内容重现。当然，类型化也并非女性杂志的专利，电影中战争片、爱情片、科幻片、歌舞片等，电视剧中情景喜剧、乡村剧、韩剧等也是类型化的体现。正是大众文化具有类型化的特点，致使杂志等大众文化产品不断地演绎类型化的文本，叙述结构的程式化无非是其另一表现形式。

类型化也并非生来即带有"贬义"。类型化理论也曾适用于文学文本。例如，在斯特劳斯、巴特等结构主义者的作品中，共有的"结构""一般叙述"等术语本身就带有极强的类型痕迹，而结构主义理论从某种程度上来说就是一种类型学。有所不同的是，建立在精英文本上的类型化是否定之否定，存在语言与言语、结构与解构、类型与反类型的较量。然而，回头再看当今大众文化媒介产品，早已将类型化否定的一面剔除，剩下的仅是单一的"类型"，不断地被复制、模仿，进而形成程式化的结构来维持文本的稳定性。当然，我们在承认其文本具有稳定性的同时，也要看到其相对的差异性，例如叙述角度的变换、人物角色的变化、类型与类型之间的转化、内部结构的调整等都可以看作大众文化差异性的表现。由此，类型化的意义内涵得以全面认识，女性杂志的本文类型也同样在"被看"中找到自我的立足点。类型化的形式表现，差异性的情节内容，不仅让读者期待的视野得到满足，而且让他们有意外的收获。或许这也正是许多读者每期必买的原因之一。

总之，不管是从内容上，还是从意义、形式上，女性时尚杂志都包含以下几点：一是市场的广泛参与。在市场经济的运作下，杂志已不仅仅是茶余饭后的消遣，它还意味着消费，发行量成为杂志最好的导向。市场、读者、编者形成互相关涉的群体，这一群体最终生产了女性时尚杂志的意义。二是大众文化的广泛参与，致使女性杂志或多或少地带有大众文化的特征，如虚幻性、快感文化、类型化等。在市场利益的诱导下，文化走下了高高的殿堂，走向了更加广泛、多元的社会，文化的此种变迁在给大众带来文化享受的同时，也在不可遏止地颠覆着自身。大众文化参与着对女性时尚杂志的构建。三是性别歧视的存在，表现为女性形象的固定化、扭曲化、女性气质的标准化，男女两性的不均衡发展等方面。

结　语

基于对《瘦佳人》中封面图像以及文本内容的分析，女性时尚类杂志在新的形势下面临着新的挑战。传统社会文化中男性话语权的普遍存在，当下大众文化中性别意识的缺失等问题仍需重新审视女性时尚杂志繁荣背后的"危机"。

虽然相对于意识形态话语下男女平等话语对男女差异的忽视和女性的雄性化，时尚杂志的出现体现了女性性别意识的重新觉醒。但是这样一种觉醒是在社会的男权话语下的产物，女性主体性的投入并没有被重视。从福柯的话语/权力理论以及性别理论来看，女性时尚杂志作为一种男权文化的产物，背后的男性视角不可忽视。由于长期形成的男性话语主导权，使女性自觉不自觉地认同男性的审美标准以及男性对女性的建构，并内化为女性心理的一部分。时尚杂志的关注点基本上是集中在女性的被看的角度上。虽然时尚杂志的受众主要是一些年轻女性，但无论从其中的图像还是文本来看，这些内容主要都指向女性的社会性别方面。但不是对社会性别的批判，而是对女性被男性话语构造下的性别特征的认可。而受众对这些杂志的阅读的目的也集中在如何使自己更好地适应被男性看的地位，所谓的"女为悦己者容"的心态没有多大变化。所以说，时尚杂志缺少女性真正意义上的主体性介入，背后的男权意识不可忽视。这一点被市场经济的运作推向了一个极致。当今社会的市场化使大众文化中的女性性别意识被有意地忽视了。在这里，为了迎合市场消费需要，女性的身体被商品化。对于女性来说，无论是从时尚杂志的内容还是形式来看，它都是迎合大众文化消费的需求。这样一种消费是建立在男性对女性身体的欲望基础之上的。而女性也在无意中迎合了这种作为欲望客体的地位。

总之，时尚杂志作为大众文化繁荣的标志之一，是一种"媚俗"的体现，女性作为其中的"显在主体"和主要受众是男权社会文化建构的产物。

第四章

中国新时期儿童畅销书
对两性角色的塑造

第一节　中国儿童文学现状

一　儿童文学与儿童文学研究

一般认为，世界上儿童文学较为发达的地区——欧美——把儿童当作"值得加以特别考虑的个人和值得加以考虑的观念始于 18 世纪下半叶"①。同时，伴随着"儿童的发现"，真正意义上的儿童文学才开始发展起来。

在中国，对于"儿童"这一概念的提出要晚了整整一个世纪。五四时期，周作人在《新青年》上发表《儿童的文学》，提出具有影响深远的"儿童本位观"，成为中国儿童文学界的通行观。继承并发扬这一观点，鲁兵在 1982 年 9 月出版的《教育儿童的文学》一书中提出"儿童文学是教育儿童的文学"的文学观念并不科学，从而引起学界的一片争议。与此不同的是，1987 年 6 月 4 日，陈伯吹在《解放日报》上发表《卫护儿童文学的纯洁性》一文，文章主要论述儿童文学的教育性。在中国儿童文学研究的历史进程中，就儿童

---

① 王泉根：《现代中国儿童文学主潮》，重庆出版社 2000 年版，第 7 页。

文学到底是儿童的还是教育的这一问题，不同的学者有不同的看法。在这一过程中，持不同观点的学者在争论中也将儿童文学的研究理论往前推动。而现在，学术界普遍提倡将儿童文学引入教学，作为一种有效的、合理的教育资源与教育手段。因此，研究儿童文学教育性的作品已经相当庞杂，这一理论也已渐趋完善。

国际上目前的儿童文学研究主要有以下几种方法：

一是儿童哲学的研究方法，通过研究儿童文学建立自身的哲学思想。其代表作主要有美国当代哲学家马修斯的《哲学与幼童》《与小孩对谈》《童年哲学》等；运用儿童哲学研究方法研究儿童文学的典范有丽利安·史密斯的《欢欣岁月》，波尔·阿扎尔的《书·儿童·成人》等。

二是心理学的研究方法。其代表著作主要有精神分析学派弗洛伊德的《来源于童话的梦的素材》《三个匣子的主题思想》《列奥纳多·达·芬奇和他童年的一个回忆》《歌德在其著作〈诗与真〉里对童年的回忆》等；格式塔学派荣格的《童话中的精神现象学》《集体无意识的原型》《儿童原型心理学》等；此外还有《童话世界与童心世界》（贝特尔海姆）、《巫婆一定得死——童话如何重塑我们的性格》（雪登·凯许登）、《秋空爽朗——童话故事与人的后半生》（艾伦·奇南）等。在西方，自从弗洛伊德、荣格运用心理学研究儿童文学之后，学术界深层心理学的研究方法逐渐完善，研究儿童文学及民间童话的成果也十分丰富。

三是文化人类学的研究方法。在西方历史上运用文化人类学研究儿童文学的理论也相当成熟。具体到中国则到了 20 世纪初，当时文化人类学理论刚从西方传入，周作人便自觉运用文化人类学的相关理论和方法研究儿童和儿童文学，其研究著作为《童话略论》。

四是童年历史学的研究方法。这一研究方法主要从历史的维度对儿童概念做出诠释。其主要著作有法国历史学家菲力浦·阿利斯的《"儿童"的诞生》（1960 年）；美国学者尼尔·鲍斯曼的《儿童的消逝——对教育和文化的警告》（1982 年）。这两部著作是十分重要的童年历史学研究成果，对西方一些国家的儿童文学研究有十分直接的影响。

上述几种研究方法也是目前国内外研究儿童文学的主要方法。

目前，关于儿童文学研究的著作或论文主要集中在以下几个方面：

首先是概论式教材。例如 1982 年蒋风先生出版个人撰写的《儿童文学概论》；陈辉的《通向儿童文学之路》（融合儿童文学与儿童阅读、语文教育）；黄云生的《幼儿文学原理》；张美妮、巢扬合著的《幼儿文学概论》；班马的《中国儿童文学理论：批评与构想》（1990 年）、《游戏精神与文化基因》（1994 年）、《前艺术思想》（1996 年）；近年来，方卫平、王昆建主编《儿童文学教程》、王泉根的《儿童文学教程》（2009 年）、《现代中国儿童文学主潮》（2000 年）；刘绪源的《儿童文学的三大母题》（2009 年）、《中国儿童文学史略（一九一六——一九七七）》（2013 年）等。

这些著作的研究普遍集中于以下几个方面：儿童文学原理（儿童文学本质论、发生原理论、读者论、作家论、研究方法论）与儿童文学文体论。由此可见，教材类著作着重于儿童文学的基本理论、文体（体裁）、发展史、重要作家作品的研究和概述。

其次是作家作品研究。例如吴其南的《当代少儿文学作家作品研究》，研究近现代的儿童文学作家及其作品。这类的作品相对较少，并且主要集中在较为优秀的作家作品上。

最后是论文的研究。关于儿童文学的论文涉及范围比较广泛，从文学原理到作家作品以及作品中的人物形象分析成果都较为丰富。例如研究文学原理的《论儿童文学的基本美学特征》（王泉根）；研究儿童文学与教育的《实现儿童文学的小学语文教育价值实践研究》（李惠芳）；研究作家作品的《冰心儿童文学研究》（李真善）；研究儿童形象的《“童心”：拒绝成长与被成长——关于中国儿童形象的变化》（甘静），等等。

从相关的著作、论文等文献看，西方轰动已久的女性主义批评方法并没有充分运用到儿童文学研究当中来。由于儿童年龄较小，性别意识发展并不明显，在成人眼里并未经过性的启蒙，因此大部分学者认为儿童文学中涉及性别的因素非常少，进而忽略了对儿童文学中性别因素的分析。然而，只要有两性存在，性别就是一个不可忽略的问题。从0—18岁，儿童在从幼年、童年到少年、青年的成长过程中，其性心理的发展是相当迅速的。儿童畅销书在很大程度上符合了儿童的性启蒙过程，在文学上完成了对儿童的两性形象塑造。同时，创作儿童文学的大部分都是成人作家，他们在现实中的性别意识肯定会在其创作的文学作品中流露出来。因此，儿童文学中的性别建构是一个值得深究的问题。

二 中国儿童文学的边缘性/特殊性

纵观整个儿童文学发展史不难发现：儿童是一个被发现的"他者"。伴随着"儿童的发现"，真正意义上的儿童文学才开始发展起来。

国际上儿童文学研究方法主要有以下几种：一是儿童哲学的研究方法，二是心理学的研究方法，三是文化人类学的研究方法，四是童年历史学的研究方法。虽然可以从大量国内外学者的论述中看到儿童文学的重要性，但是在当今社会的许多人眼中，儿童文学依然只是"小儿科"，它们仅仅是供儿童娱乐消遣的玩物。另外，受市场经济的影响，中国的儿童文学商品化色彩强烈，许多作家片面追求作品的畅销而忽视了作品的文学性，使得其作品套路化、简单化，忽略了文学作品应有的真善美，更使成人读者觉得儿童文学没有审美价值。因此，批评当今儿童畅销书的这种现象具有一定的价值和意义。

三　读者年龄阶段划分

关于儿童读者年龄阶段的划分是一个非常重要的问题，这是由于儿童的身心发展在短期内会有较大的差异。在《发生认识论原理》一书中，皮亚杰把个体认知发展分为四个阶段：第一个阶段是感知运动阶段（0—2 岁），第二个阶段是前运算阶段（2—7 岁），第三个阶段是具体运算阶段（7—11 岁），第四个阶段为形式运算阶段（11 岁以后）。而在这四个阶段中，儿童的成长涉及了全部阶段。显而易见，儿童的成长过程呈现复杂性与阶段性的特点，其成长过程不仅表现在扩充知识理论、发展理性认知等方面，同时也体现在他们的情感发展、想象力发展与阅读能力的发展等方面。

不同年龄阶段的儿童对于文学的接受程度是不同的，关于儿童读者年龄阶段的划分是每位研究儿童文学的学者所不能绕过的问题，因此在国内外出现了较多不同或者类似的分期，比较有代表性的是尼克拉斯·塔卡、周作人、王泉根等人的分期。

而出版社根据儿童的年龄阶段，将畅销书分为以下几种：适合0—2 岁儿童阅读的书、适合 3—6 岁儿童阅读的书、适合 7—10 岁儿童阅读的书、适合 11—14 岁儿童阅读的书。这种划分方法完全是根据读者的年龄阶段划分，在某种程度上关注了儿童在一个年龄阶段与另一个年龄阶段的互异性与儿童在同一个年龄阶段的相似性。

从对儿童读者年龄阶段的划分来看，学者的分期越来越接近学校教育的分期，出版社的分期在某种程度上符合塔卡"同一性"的分期。而这种不同的分期恰恰说明了儿童发展阶段的模糊性与不可分割性。我们根据儿童年龄阶段的差异，将畅销书划分为以下几种类型：0—6 岁为幼年畅销书，其中包括 0—3 岁与 4—6 岁的畅销书；7—12 岁为童年畅销书；13—15 岁为少年畅销书；16—18 岁为青少年畅销书。

四 畅销书样本选择

分析、研究文学作品,其作品取样就显得极为重要。我们选择儿童畅销书作为研究对象,主要有以下两个原因:其一,通常学者们否定的是在探究儿童文学的艺术本质、文体特征等理论性问题时以二流、三流作品为样本。本章研究的是儿童文学作品中的性别建构问题,因此,选择大多数儿童愿意接受的畅销作品进行研究会更加具有代表性。其二,什么是经典的,什么是末流的,各位学者观点不一。同时,中国自新时期以来,儿童文学中的经典作品相对较少,也并没有得到时间的检验与验证。同时,销量不应该是评定作品好坏的标准,经典作品必然是一些经过时间检验的,获得广大读者、学者好评的,现在流传、将来也将流传的作品。当然,经典作品中的部分作品也是畅销的,畅销书中有些作品也是经典的。由于学者普遍认为只有那些经典的、一流的儿童作品才能称得上是儿童文学,因此我们在这里并不用儿童文学这一概念,而用儿童畅销书这一概念。

在关于儿童文学创作与作品的研究过程中不能忽略这一事实:儿童畅销书作为儿童生活的一部分对儿童的影响普遍较大,甚至比经典作品的影响还要大。

第二节 幼年畅销书:儿歌和儿童故事书中的儿童性别形象塑造

幼年畅销书是为零到六七岁的婴幼儿服务的图书,也可以称为婴幼儿畅销书。由于其所面对的读者年龄较低、知识贫乏,因此在内容上相对简单,文体上多涉及韵语儿童文学、童话与故事、图画书等,创作手法多以浪漫主义为主,人物形象类型化突出。

儿歌即"儿童歌谣",是供婴幼儿、低年级儿童吟唱的歌谣,也

是儿童文学中最基本、影响最广泛的一种文体形式。作为韵语儿童
文学的体裁之一（另一种体裁是儿童诗），儿歌因其具有明显的韵
律、节奏、运动特点以及趣味性、浅易性的艺术特质得到大部分婴
幼儿的喜爱，也在思想上给儿童传递了不少人生必需的价值观念。

图画书是一种新式儿童读物，并不是传统意义上的插画书，与
插画书在"文与画"之间的关系上有本质差别。传统插画书的图画
只是文章的补充，而图画书的文与画相辅相成，表现同一个主题，
用通俗的语言说就是文字与图画都在说话。

一　母亲与安全感·母亲的形象塑造

母亲与子女进行亲子活动的儿歌多集中在两种题材中，一是
"找妈妈"的题材，二是"藏进妈妈的怀抱"的题材。

首先是永远不过时的"找妈妈"。阅读过大量的儿童歌谣后，不
难发现"找妈妈"是儿歌中一个永远不过时的母题。例如《婴儿画
报精品儿歌书．苹果绿》中的《蝌蚪找妈妈》："小蝌蚪，找妈妈，
找到一只/大青蛙"[①]；又如《小鸭》："小鸭，小鸭，叫'嘎嘎'，东
游，西游，找妈妈"[②]。这种现象在故事书中也层出不穷，例如还有
舒杭丽著、吴带生绘的《找妈妈》。

中国儿童文学中"找妈妈"的体裁可以追溯到方慧珍与盛璐德
创作的童话《小蝌蚪找妈妈》。这则童话一经问世就获得了第二次全
国少年儿童文艺创作一等奖，并被改编选入现行人教版"义务教育
课程标准试验教科书"语文一年级下册，为广大儿童所熟知，也成
了家喻户晓、脍炙人口的优秀童话故事。自此之后，"找妈妈"的儿
歌、故事便层出不穷，主人公也从小蝌蚪扩展到了小鸭子、小鸡等。

其次体现在儿童与母亲的亲子互动中，即"藏进妈妈的怀抱"。

---

① 郑春华等著，程思新等绘：《婴儿画报精品儿歌书·苹果绿》，中国少年儿童出版
社 2011 年版，第 13 页。

② 同上书，第 40 页。

在儿歌中有大量描写婴幼儿与父母间"亲子互动"的作品，而这些作品中以儿童与母亲之间的亲子互动数量更为繁多、内容更为丰富，从而也最为重要。

先看儿歌中的例子：

> 袋鼠妈妈，有个袋袋，里面藏着，宝贝乖乖。①

> 大萝卜，圆脸庞，大地妈妈怀里藏。喝雨水，晒太阳，长得圆圆又胖胖！②

> 小气球，轻飘飘，吹一吹，摇一摇。小气球呀要去哪儿？要往妈妈（宝宝）怀里跑。③

> 黑葡萄，白云朵，一圈睫毛多又多。瞧——我的眼里有妈妈，妈妈眼里有个我。④

> 夜风吹，"哗啦啦"，宝宝半夜叫妈妈。妈妈问："干啥呀？"宝宝答："有尿啦！"乐弯了月牙牙！⑤

> 月亮出来了，宝宝要睡觉。小猫不要吵，小狗不要闹。妈妈摇一摇，宝宝睡着了。⑥

再看故事书中的例子：

> 蓝蓝的天上有一朵小白云在飘动，金黄的沙滩上躺着一个彩色的大海螺。

> 一个小女孩光着小脚丫，在沙滩上奔跑。

---

① 刘丙钧等著，徐开云等绘：《婴儿画报精品故事书》，中国少年儿童出版社 2011 年版，第 8 页。

② 同上书，第 27 页。

③ 同上书，第 146 页。

④ 同上书，第 32 页。

⑤ 同上书，第 116 页。

⑥ 同上书，第 120 页。

"啊，多漂亮的大海螺啊！"

小女孩对妈妈说："妈妈，妈妈，你来听，大海螺在对我说话呢！"

妈妈笑着问："你觉得他在说什么？"小女孩认真地想了想，说："他说，他要回大海的家，去找大海妈妈。"

小女孩捧着大海螺，轻轻地把他放进了大海，说："回家吧，快去找你的妈妈……"

妈妈向小女孩张开双臂，小女孩扑进妈妈的怀里，撒娇地说："妈妈，妈妈，我要我的妈妈！"①

这类亲子互动的儿歌一部分以动物、植物的形象出现，例如《袋鼠妈妈》中的袋鼠妈妈与袋鼠宝宝，《大萝卜》中的大地妈妈与萝卜宝宝；另一部分以现实中的母子形象出现，例如《吹气球》《眼睛》等儿歌中的妈妈与宝宝形象。不论是在以动物形象出现的亲子儿歌，还是以现实形象出现的亲子儿歌中，母亲与子女的亲子互动都是非常甜蜜、温馨的，是只有母亲与幼儿之间才会有的亲密互动。

综合文本中大量的"找妈妈"与"藏进妈妈的怀抱"的实例，可以看出畅销书作者非常重视母亲的形象塑造以及母亲与儿童之间亲子关系的描绘。前文已经提到，亲子互动是个体出生后的第一种人际关系，对儿童后期的身心发展起着至关重要的作用。埃里克森的人格发展阶段理论研究也证明婴幼儿的心理发展过程需要融洽的亲子关系的培养。儿童自出生以来便生活在家庭中，与父母朝夕相处，同时，由于儿童的认知能力和体力发展并不完善，父母在抚育儿童的过程中又付出了关心、爱护和赞扬，因此儿童会对父母产生

___

① 刘丙钧等著，徐开云等绘：《婴儿画报精品故事书》，中国少年儿童出版社 2011 年版，第 85—97 页。

强烈的依赖心理。

　　既然儿童会对父母产生强烈的依赖心理，需要父母在其成长过程中营造温馨的亲子关系，为什么社会中、畅销书中强调的大部分都是母亲与子女之间的亲子互动？同时，与畅销书相同，大部分心理学学者也强调儿童对母亲的情感依赖："在整个儿童早期，母亲继续对他们产生强烈的影响。对儿童来说，母亲至少可以在他们产生紧张时给予安慰，而且她常常是女孩子的角色榜样。""母亲的早期教养对儿童的人格形成具有重要的影响。研究表明，儿童从最初的三年中从母亲那里学到的被动的或攻击的倾向，对成年期的行为的预测要高于儿童早期或中期从同伴和教师那里学到的行为。另外一些研究指出，母亲的教养的质量也具有重要影响。研究中发现，在成年人中，凡是有较强自信心和自尊心并能出色完成任务的那些人，他们的母亲都曾在其婴儿期和童年早期，对他们独立地完成任务给予温暖、支持和鼓励的反应。"[①]

　　为什么母亲与子女之间的亲子关系被设定为温馨的、温情的、温柔的、感性的？是因为母亲的形象本来如此还是有更为深层的原因？

　　既然父母的角色都是不可替代的，为什么母亲与子女的亲子互动要比父亲与子女的亲子互动更频繁、更温馨同时也更值得称赞？一种解释是母亲诞生下婴儿，与婴儿有着最直接的联系，她是唯一与子女在相当长一段时期内共为一体的人，与孩子的联系也最早、最紧密，孩子自然便会首先对母亲产生强烈的依赖性。同时，在日常生活中，母亲与婴儿的关系最为密切，互动最为频繁，所以，母亲能够给婴儿最大的安全感，其形象是不可替代的。

　　然而事情远远不是这么简单，母亲成为女性社会形象的基本原

---

① 李幼穗：《儿童社会性发展及其培养》，华东师范大学出版社 2004 年版，第 100 页。

型是社会建构的产物，这一形象是被塑造出来的。婴幼儿的成长缓慢而复杂，需要有人承担感性的角色对其呵护备至，解决其成长过程中众多琐碎的事情。而母亲由于孕期与产后不便劳作的生理原因自然而然地承担了这一角色。在此过程中，社会将母亲的形象加以定型，便塑造了女性群体的"母性"神话。在社会发展中，"母性"时刻与女性联系在一起，被认为是女人生活的中心、身份的象征，是女人与生俱来的本能，是不可改变的天赋。同时，在塑造女人"母性"的过程中，也改变了女性的经济能力和家庭地位，男人理所应当地承担起家庭的经济重任，也顺理成章地成为家庭、社会的权力中心。在此发展过程中，女人已经不被认为是独立的个体、独立的人，而是作为丈夫的附属品、子女的附属品而存在，离开了他们，女人的价值就不能够实现。

这一建构过程也是将女性符号化的过程，母性是一个巨大的能指，在这个能指下，它将所有的女人指称为：耐心的、细心的、温情的、感性的、热情的、善于照顾人的、为了家庭、丈夫、孩子牺牲自己的女人形象。她们不是独立的个体，她们的价值也不是通过学习、工作、社会价值来体现，而是通过家庭价值来体现。作为女人，最终能够让她们感到成功、感到满足，同时也让社会认可她的是她的"母性"价值。对于所有女人来说，这些都是自然而然所必须重视的、努力的，为之应付出一切、放弃一切的——天职。同时，社会建构出母亲的形象，却将这一形象伪装成社会自然而然产生的现象，消逝了其中文化的、人为的力量。

因此，社会建构了母亲的形象，将母性内化为一种制度，就像习俗传统、宗教信仰、态度价值、规则法律一样，成为强大的社会符号。在这样的符号下，母亲成为女性的基本原型，母性成为女性的价值标准。在母性的建构过程中，母亲形象的塑造与婴幼儿心理发展的阶段相契合，婴幼儿的心理发展需要建构了母亲的形象。同样，母亲的形象也在儿童的发展过程中提供了母亲、女性的角色扮演，强化了男女两性儿童的性别意识。

二 父亲与责任感·父亲形象的塑造

与母亲在儿童畅销书中的出现次数相比，父亲的出现次数非常少，但这并不能掩盖父亲的重要作用。与母亲温柔、体贴、贤惠的形象不同，父亲的出现往往是责任、力量的代表，或者充满游戏性与娱乐性。

例如《婴儿画报精品儿歌书·苹果绿》中对父亲的塑造：

小树苗，风里摇，爸爸快点来，扶它站站牢。①

值得注意的是，这则儿歌的配图是男孩。在儿歌里，小男孩脱离了母亲的家庭小世界，进入到父亲的社会大世界，看到父亲有力地扶稳被大风吹得摇摇晃晃的小树。或许这里小树苗指的是小男孩，他在社会的大环境里站不稳脚跟，他需要他人的庇护，那么这个负责任的有力量的庇护者便是父亲。父亲永远是力量的代表，而母亲只属于她安稳的家庭生活，母亲做的事情是让家里井井有条、一天三顿吃上可口的饭菜。

父亲的形象也可以是这样的：

老公公，头光光。小淘气，大声嚷："阿公白头发，为啥长在下巴上？"②
我学小鸡/"唧唧唧"，爸爸跟着/"喔喔"啼。③

---

① 郑春华等著，程思新等绘：《婴儿画报精品儿歌书·苹果绿》，中国少年儿童出版社 2011 年版，第 79 页。
② 同上书，第 58 页。
③ 同上书，第 62 页。

这两则儿歌的配图依旧是男孩。综合而言，渲染母亲与子女互动的儿歌中，女孩的配图形象较为多见，而描写父亲与子女互动的儿歌中，男孩形象较为多见。这就明显将男孩女孩按照父亲母亲的性别进行了清晰的界定，让男孩以父亲为榜样，女孩以母亲为榜样。在此类文本中，与女孩乖巧懂事的行为不同，男孩的行为出现了戏耍性，塑造了顽皮的男孩形象：小男孩跟爷爷淘气，问爷爷稀奇古怪的问题；小男孩与父亲游戏，扮演小鸡与公鸡。同时，这里出现了爷爷的形象，由于爷爷与父亲都是父性的体现，因此笔者将爷爷与父亲形象归为一类，奶奶与母亲形象归为另一类。

再看另一则图画故事：

> 妈妈出差了，宝宝和爸爸在家里乐开了花。
> 星期一，他们把一只小狗抱回了家。
> 星期二，他们又带回两只小兔子。
> 星期三，他们买来三只小乌龟。
> 星期四，他们让四条小金鱼在鱼缸里住下了。
> 星期五，他们带回了五只小鸟。小鸟叫，叽叽叽，喳喳喳。
> 星期六，他们捉来了六只蟋蟀，蟋蟀唱着歌：瞿瞿瞿！瞿瞿瞿！
> 星期天，妈妈回来了。妈妈说："天啊，这里到底发生了什么？难道变成了动物之家？"[1]

这则图画故事塑造了气质截然相反的两性父母形象。母亲是传统的、守旧的、以家庭为中心的女性形象，喜欢将家里布置得井井有条；而父亲是现代的、创新的、富有创造性的男性形象。因此，

---

① 刘丙钧等著，徐开云等绘：《婴儿画报精品故事书》，中国少年儿童出版社2011年版，第178页。

在妈妈出差后，宝宝和爸爸挣脱了传统女性的"束缚"，可以在家里"为所欲为"，他们十分开心，甚至把家变成了"动物园"。这里的父亲与因循守旧的母亲不同，他在儿童教育上更具创造性、探索性、趣味性，也因此开阔了儿童的视野，满足了儿童的好奇心。

传统观念认为母亲对婴幼儿的影响是巨大的，而父亲的作用则并不明显或者难以体现。随着心理学的发展，研究者们逐渐发现了父亲这一角色在儿童发展过程中的重要性，认为儿童在越小的时候得不到父爱或者失去父亲，其所受的负面影响就会越严重。研究发现："父亲对自己的婴儿越是关心，更多地参与照顾，那么婴儿在以后就可能越聪明、机灵、好奇、愉快，其智商往往也比较高。父亲有较为丰富的知识面、较强的动手操作能力、深刻的理解与判断能力以及敢于探索的精神，对开阔儿童的视野、发展其认知能力、创造能力无疑能起到独特的作用。"[1]

研究者还认为父亲对儿童的塑造作用更为明显："面对家庭中不同性别的儿童，母亲的态度与行为方式相差不大；而父亲通常倾向于鼓励男孩玩一些探索性、竞争性、活动量大的游戏，鼓励女孩玩一些平和的、家庭式的游戏，因此可以看出，父亲在子女性别角色培养方面比母亲所起的作用更大。在西方国家，越来越多的儿童生活在只有母亲但没有父亲的单亲家庭里。调查研究显示，缺乏父爱会使儿童出现诸如烦躁不安、害羞胆怯、自暴自弃、沉默寡言、缺乏自信、感情冷漠、游离集体、抑郁、易怒等父爱缺乏综合征的典型症状。"[2] "父亲对于儿童性别同一性的发展也有帮助。有些研究表明，失去父亲的男童在童年早期常常会变得女性化（被动和依赖），而到青年期却又变得过度男性化（过度的攻击和恃强欺弱），这可能是对缺乏男子气质的一种防御。而失去父亲对于女孩的影响

---

[1] 李幼穗：《儿童社会性发展及其培养》，华东师范大学出版社2004年版，第100页。

[2] 同上书，第100、101页。

要小些。一些研究表明，失去父亲的女孩在青春期表现出较少的女孩特点，同时对女性的自我概念的了解也较少。但在一项对大都市长大的女学生的研究中发现，儿童早期失去父亲对成人早期的女性特点和自我概念并不一定产生消极影响。这些研究结果的不同，不仅由于所研究的女孩来自不同的地域（农村或城市），还可能由于其他因素的影响如父亲疏忽或不关心女性形象和性别特点有关。"[①]

父亲无疑在儿童的早期教育方面承担着重要的责任，他们的积极参与能够丰富儿童的世界，增长他们的见识。然而，学者强调父亲与母亲相比具有更为丰富的知识面以及较强的动手能力、理解与判断能力；儿童畅销书的作者在创作文本时也会夸大父亲的这一气质特点。这一现象恰恰隐晦地体现了社会所建构起来的传统的性别意识：男性较之女性具有更为丰富的知识面、更强的动手能力、更为深刻的理解判断能力及探索精神，这是由于在长期男主外女主内的父权文化中，男性占据了更为丰富和优越的社会资源，从而使得他们的各种相关能力得到更好的培养。由此可见，无论是研究者本身还是创作者，都认为男人的整体素质要优于女人。

畅销书中的父亲与心理学家理论中的父亲形象完全一致，这些形象都是传统父权制下的父亲形象。这样的父亲关心孩子，对儿童的心理健康发展提供了较好的基础，然而他们也对儿童的性别作出更高的要求：男孩要像男孩，女孩要像女孩。

三　模仿与认同

模仿是动物的共同特征，对于人类而言，模仿是个体社会化进程中不可或缺的重要内容。榜样的力量是无穷的，父母的形象对孩子的影响更是不可替代，儿童对父母行为的模仿是其走向社会化的

[①]　李幼穗：《儿童社会性发展及其培养》，华东师范大学出版社2004年版，第101—102页。

首要方式。这一理论在班杜拉的社会学习理论中得到了很好的诠释。班杜拉提出"观察学习"的理论,这一理论用来解释儿童的模仿过程。他认为儿童社会化的过程就是模仿的过程,儿童能够通过观察别人的行为获得并仿造出类似的行为,并通过观察他人的行为结果得到"替代性强化"。

"有一个实验让三组儿童分别观察成人对中性物体(如苹果和香蕉)的偏爱:第一组儿童看见四个男人选择一组物体,四个女人选择另一组物体;第二组儿童看到三个男人和一个女人选择 A,三个女人和一个男人选择 B;第三组儿童看到两个男人和两个女人选择 A,两个女人和两个男人选择 B。然后,让儿童自己选择 A 或 B。实验结果显示,第一组儿童的选择与同性别范型高度一致;第三组儿童的选择与同性别范型一致性很低。"①

关于模仿的例子在儿童文学作品中也有很多,例如朱庆坪著、安宏绘的《南瓜娃》:

> 我做爸爸,你做妈妈,没有娃娃,抱个南瓜。②

这则儿歌说明儿童在很小的时候就已经学会了模仿父亲、母亲的行为与动作,并开始无意识地模仿两性形象的行为。男孩学做爸爸,女孩学做妈妈,在简单的游戏中对传统的两性角色进行模仿和扮演,从而潜移默化地塑造着两性儿童的性别角色与行为。

人类社会化进程的另外一种重要的理论便是认同理论。在弗洛伊德的"俄狄浦斯情结"理论中,如果男孩的愿望受到其父亲的压抑,便会对父亲与父亲的地位产生嫉妒,进而开始模仿父亲的行为、

---

① 李幼穗:《儿童社会性发展及其培养》,华东师范大学出版社 2004 年版,第 98 页。

② 郑春华等著,程思新等绘:《婴儿画报精品儿歌书·苹果绿》,中国少年儿童出版社 2011 年版,第 64 页。

认同父亲的权力。经过这样的认同之后，儿童自身的性别意识与性别角色才会最终形成，从而实现自身的性别化发展。

卡根把认同看作"获得性认知反应"，他认为认同是认同主体具备认同客体的相似性之后的意向。首先，认同主体（儿童）希望拥有认同客体（榜样）所具备的状态，从而产生具有认同客体状态的愿望，这种愿望使儿童希望具备榜样的特征。

科尔伯格更加强调儿童的认同作用。他的理论认为儿童首先建立自身与环境的同一性，然后区分与自己相似与不似的人，从而模仿相似的人。

可以分析儿童图画书中的这一则实例：

> 这是爷爷的右手。（配图是爷爷拿着铁锹与水壶在花园中劳动）
>
> 这是奶奶的左手。（配图是奶奶在厨房中做饭）
>
> 这是爸爸的左手，这是爸爸的右手。（配图是爸爸在书房中给宝宝修理玩具汽车）
>
> 这是妈妈的左手，这是妈妈的右手。（配图是妈妈在卧室中扫地）①

这则图画故事出现了四个成年人形象，分别是：爷爷、奶奶、爸爸、妈妈，对他们的形象进行分类则是男性形象——爷爷和爸爸以及女性形象——奶奶和妈妈。首先研究这些形象出现的地点：爷爷出现在花园中，爸爸出现在书房里；奶奶出现在厨房中，妈妈出现在卧室中。这些地点都是家庭生活中普通而又常见的地点，貌似并没有太大的区分，但是花园是开放性的，它其实是家庭与社会的

① 刘丙钧等著，徐开云等绘：《婴儿画报精品故事书》，中国少年儿童出版社2011年版，第160—163页。

交汇点，是家庭与自然的交汇点；书房虽然也在室内，但它是一个学习的场所、工作的场所，在精神上是开放性的，在这个空间里可以创造无限的可能；而奶奶和妈妈出现的场所是厨房和卧室，这是非常生活化的场所，并没有什么开创性、技术性、价值性的劳作。再来研究这些形象所做的工作：爷爷拿着铁锹、水壶在劳动，这是传统男性形象所做的力气活；爸爸在给宝宝修理玩具汽车，这也是传统男性形象才会有的技术型工作；奶奶在做饭、妈妈在扫地，这就是传统女性形象中的家务劳作，琐碎而又普通，具有重复性，不具有生产性、创造性。

再看这个宝宝，由于是个男孩，因此他的玩具是汽车，这与女孩所玩的布娃娃是相对立的，代表着不同的性别形象。

因此，这则图画其实性格鲜明地塑造了两类人——男人和女人。男人就是要做力气性的或者技术性的工作，而女人的工作则是安排家务，将房子收拾得井井有条、按时做好美味可口的饭菜。同时，儿童能够在日常生活中对父母的性别行为做出一定的模仿，因此，男孩在生活中会学习爷爷和爸爸这类传统的男性形象；而女孩则会学习奶奶和妈妈这类传统的女性形象。性别塑造便潜移默化地展开了。

正如波伏娃所说："女人不是天生的，而是后天形成的。"[①] 传统的男性女性形象是后天形成的，是社会建构出来的结果。虽然在幼儿畅销书中母亲的出现次数远远高于父亲的出现次数，但父权制下的性别建构依然进行得十分顺畅。畅销书中的文本对父亲气质与母亲气质的两极塑造无疑不利于儿童的性别社会化发展，会给儿童形成刻板印象。在这一过程中，男孩逐渐认识到自己与父亲的性别一致，因此便模仿父亲，向着父亲的角色气质靠拢，而女孩则会模仿母亲，向着母亲的角色气质靠拢，由此便会塑造出传统的男性气

① ［法］西蒙娜·德·波伏瓦：《第二性Ⅱ》，郑克鲁译，上海译文出版社 2011 年版，第 9 页。

质和女性气质。

第三节　童年畅销书：校园小说中
儿童性别形象塑造

童年畅销书是以 6 岁至 12 岁儿童为阅读对象创作的畅销书。由于这一阶段的儿童读者较之婴幼儿时期有了一定的阅读理解能力，因此这一时期的畅销书在内容上变得丰富多彩，主题也涉及方方面面，人物的塑造与描写有了初步的性格刻画。

杨红樱是中国最畅销的儿童文学作家之一，其作品在儿童畅销书市场是有着难以逾越的地位，有着广泛的读者，对儿童的发展起到了非常重要的影响。最为畅销的书有"杨红樱校园小说系列""杨红樱童话系列""淘气包马小跳系列""笑猫日记系列"。

一　性别成见——杨红樱小说对性别成见的强化

心理学研究发现，儿童在幼儿期就已经具有了初步的性别成见，进入学龄期后，就会扩大、强化他们在幼儿期已经获得的性别成见。"许多国家的研究揭示，对男女人格特质的成见稳步增加，在 11 岁左右接近于成人（Best，2001；Heyman & Legare，2004）。"[①] 在这一时期，他们能够较为清楚地认识到男性气质与女性气质的不同，对两性气质进行较为清楚的划分："例如，儿童把'粗暴'、'攻击'、'理性'和'支配'看作是男性特征，而'温柔'、'同情'和'依赖'看作是女性特征（Serbin，Powlishta & Gulko，1993）。"[②]

儿童是怎样获得性别成见的？儿童的性别成见也是从社会中习得的，他们能够通过观察社会中两性性别行为的差异获得初步的性

---

① ［美］劳拉·E. 伯克：《伯克毕生发展心理学》，陈会昌等译，中国人民大学出版社 2013 年版，第 366 页。

② 同上。

别成见信息，然后通过成人对于自身性别的不同对待巩固这些差异，从而在这一过程中实现对于性别行为的模仿和认同。在这一时期，家长与教师的影响力是无穷的。研究发现，家长普遍对男孩的要求较高，希望他能够有较强的独立性、较强的处事能力，而对女孩的要求相对较低。"在帮助儿童做一件事时，家长（尤其是父亲）会以掌握一定向的方式对待儿子，设置较高的标准，解释概念并且指出任务的重要特征，特别是在性别分化的活动中，比如科学活动（Tenenbaum & Leaper，2003；Tenenbaum et al.，2005）。"[1] 在日常的学习生活中，家长与教师经常表扬男孩聪明、有能力、有知识、有成就，而表扬女孩听话、懂事、善良、乖巧。同时男孩受到的批评也要比女孩多得多。

儿童获得性别成见后的具体表现也是值得研究的。他们对于性别成见的习得与成人相一致，因此对于性别的认同、评价也是一致的。儿童进入小学以后，随着年龄的增长与学科科目的增加，家长、教师普遍认为女孩子听话、懂事、安静，喜欢学习但是头脑不够灵活，认为她们擅长语文、英语等文学科目；而普遍认为男孩调皮好动、贪玩，不爱读书但是头脑聪明，擅长数学、科学等课程。"与成人的成见相一致，小学生会快速指出哪些学科和技能是男性的，哪些是女性的。他们常常认为阅读、拼写、美术和音乐更适合女孩，而数学、体育和机械技能更适合男孩（Eccles，Jacobs & Harold，1990；Jocobbs & Weisz，1994）。这些态度影响了儿童对特定学科的兴趣和能力感。例如，男孩对数学和科学感觉比女孩更强，而女孩在语言艺术方面感觉比男孩更强，即使是将技能水平相同的儿童进行比较也是如此（Andre et al.，1999；Freedman-Doan et al.，2000；Hong，Veach & Lawrenz，2003）。"[2]

---

① ［美］劳拉·E. 伯克：《伯克毕生发展心理学》，陈会昌等译，中国人民大学出版社 2013 年版，第 366 页。
② 同上。

因此，儿童的性别成见是社会对其性别初步建构的结果，儿童已经在这一过程中形成了自己的性别观念。在此基础上，儿童畅销书在一定程度上强化了这种性别成见：作者在作品中塑造的两性儿童形象完全符合传统的两性形象，甚至更为刻板地对两性儿童进行了塑造。在这些作品中，作者对社会规范、角色以及制约的描述会内化为儿童的社会期待，影响儿童的性别行为，最终影响儿童性别认识和观念的形成。

以杨红樱的作品为例，她的作品表面新潮，塑造了种种不同的人物形象：淘气包马小跳、假小子戴安、智慧男孩吴缅、乖巧女生冉冬阳等，但深入挖掘其作品，仍能发现作者受传统社会文化影响，塑造了男孩女孩的行为榜样——父母的形象；同时也塑造了一批父权制下的男孩与女孩形象：

在《男生日记》里，作者对主人公吴缅的父母分别是这样塑造的：

吴缅的父亲是"搞摄影的，整日背着照相机和一堆长长短短的镜头，满世界乱转"[1]。这一职业的选择将男性与外部世界、勇气、能力、智慧等关键词联系在一起。同时，作者对其外貌描写更是体现了明显的性别成见："一阵羊膻味儿扑面而来，老爸混在一群剽悍的藏族汉子中出来了。他的头发长得已垂到了肩膀上，胡子也好久没有刮了，方方的脸膛又红又黑，一看就知道被高原紫外线烤的。他背着一个已经看不出颜色的羊皮行囊，肩上挎一个像炸药包似的摄影包，脚蹬一双大头皮鞋，大有'好男儿走四方'的英雄气概。"[2]

而吴缅的妈妈"虽然已经三十几岁了，可仍然像个永远长不大的小女孩"[3]。她称呼吴缅的爸爸和吴缅为"两个男人"，吴缅要去

---

① 杨红樱：《男生日记》，作家出版社 2009 年版，第 2 页。

② 同上书，第 4 页。

③ 同上书，第 58 页。

机场接爸爸，问妈妈去不去，她回答："我还是不去吧，你们两个男人在一起，一定有许多话要说。"① 从吴缅爸爸对他与妈妈离婚原因的解释来看："那时候，你妈又天真又单纯，一心想找个成熟的男人做老公。其实，你妈妈和我结婚以后，她就发现我并不是她需要的那种可以把她照顾得很好的男人，因为我干的这一行决定了我这一生将浪迹天涯，一年 365 天，有 300 天都不在家……"② "你妈妈是属于那种长到 70 岁、80 岁也一样天真、一样任性的女人，一辈子都需要别人的迁就和照顾。"③ 这里塑造了一个传统的、天真单纯的、依赖性很强的女性形象。

在这部作品里，作者的性别成见十分明显，她在塑造父母形象的时候，将粗犷、豪放、智慧、成熟、冒险、勇敢等特征赋予了男性，而将婉约、天真、单纯、居家、稳定、小鸟依人等特征赋予了女性，两性的刻板塑造特点非常明显。

作者对于男孩的形象塑造主要通过吴缅体现出来：

吴缅是一个小男子汉的形象，他具有较强的独立处事能力，从来没有去机场接人便可以自己乘民航班车去接爸爸，自己去购置旅途上的食物，能够代替经常不在家的爸爸照顾妈妈；他具有强烈的冒险精神，放弃乘飞机飞往西藏的方案，决定跟着部队的军车冒险；他还自己决定去哪所中学读书，帮助班里的同学复习奥数题，一个人去学校面试，为班里的贫困生解决资金困难……总之，杨红樱将吴缅塑造成一个有担当的小男子汉形象。

作者对于女孩的形象塑造主要通过女孩们做饭的故事情节体现出来：

在《男生日记》里，作者在两处写到了三个女孩做饭的情节。首先是冉冬阳厨房小露身手做"扬州炒饭"，吴缅、精豆豆、古龙飞

---

① 杨红樱：《男生日记》，作家出版社 2009 年版，第 2 页。
② 同上。
③ 同上书，第 187 页。

打下手：

> 当我们三个"小工"把备料的活儿都做好之后，大师傅冉冬阳系上我妈的围裙，闪亮登场了。她在热锅里倒上色拉油，把我调好的蛋往锅里倒了三分之二，剩下三分之一在碗里。等蛋浆在油锅里爆出一团蓬松的黄拉力，再倒下米饭、火腿丁和一筒罐头青豆，很快地翻炒，在起锅的时候，撒上葱花，分盛在 4 个盘里。①

还有小魔女、莫欣儿做饭才艺大比拼。她们要在 20 元内做出三菜一汤，菜品中必须有鸡鸭鱼肉：

> 小魔女报出她的第一道菜是"凤爪踏青"。十来只泡鸡爪放在几片蚝油生菜上，半斤鸡爪 3 元，半斤生菜 0.8 元，这道有鸡的菜一共是 3.8 元；第二道菜是"碧野黄花"，咸蛋黄炒豌豆荚，咸蛋是鸭子生的蛋，这道菜算是有鸭的菜，两个咸蛋 1.6 元，半斤豌豆荚 1 元，这道菜一共是 2.6 元；第三道菜是"鱼池藏玉"，其实就是鱼头豆腐汤，一个鱼头 3.8 元，一块豆腐 0.6 元，这道有鱼的菜一共是 4.4 元；第四道菜是"蚂蚁上树"，就是烂肉炒粉丝，二两牛肉 1.3 元，四两干粉丝 1.8 元，这道有肉的菜一共是 3.1 元。小魔女做的"鸡鸭鱼肉" 4 个菜总费用是 13.9 元。
>
> （莫欣儿）第一道菜是"迎风展翅"，一盘黄瓜片整齐地向一个方向倒去，就像风吹倒似的，上面摆着两排卤鸡翅膀，半斤鸡翅 3 元，1 斤黄瓜 0.5 元，这道有鸡的菜一共是 3.5 元；第二道是"八鸟闹春"，青辣椒、红辣椒炒鸭舌，半斤青椒红椒 1

---

① 杨红樱：《男生日记》，作家出版社 2009 年版，第 97 页。

元，八根鸭舌头2.6元，这道有鸭的菜一共是3.6元；第三道菜是"银装素裹"，白油熘鱼片，半斤鱼肉2.4元，这道有鱼的菜一共是2.4元；第四道菜是"翡翠龙眼"，这是一道汤菜，丝瓜段中间掏空了，塞上肉馅，就成了龙眼，把碧绿清澈的汤比喻成翡翠，也是说得过去。1斤丝瓜1元，二两猪肉馅1元，这道有肉的菜一共是2元。莫欣儿做的"鸡鸭鱼肉"4个菜，总费用是11.5元。①

从这些情节中不难发现，作者对女孩的塑造与男孩的塑造是截然不同的，男孩有外面的世界，他们到外面的世界探险，扩展自己的视野、发展自己的智商、提升自身的能力；而女孩则在家庭中发展情商、练习厨艺，并以此为荣。

由此可见，杨红樱的作品不仅顺应了社会的这一性别成见，还对此成见进行了强化，其作品中多处涉及两性儿童的描写中加固了儿童形成的性别成见。

儿童对性别角色的理解在小学时期越来越广泛而深入，他们对性别角色的认同（认为自己比较男性化或女性化）也发生着变化。然而值得注意的是，这个时期的儿童虽然具有一定的性别成见，但这一成见并没有根深蒂固，此时他们对男性与女性行为还持有一种比较开放的观点，将性别角色看作一种社会规范或社会习俗，并且不认为跨越性别的行为是对社会标准的侵犯，可以在一定程度上做出跨越性别的行为。因此，在这一时期里，男孩女孩都会做出一些跨越性别成见的行为。例如，一个男孩可能还会玩布娃娃、喜欢"过家家"的游戏；女孩会留短发，穿男孩的衣服，甚至打架等。在这一时期里，如果这一行为不被父母认可，儿童就会否定这一行为，从而摒弃这一行为，逐渐向自身性别的社会角色靠拢。在这一时期

---

① 杨红樱：《男生日记》，作家出版社2009年版，第123—125页。

的性别发展里，男孩与女孩并不一样，在跨性别行为的选择上，男孩比女孩有着更少的灵活性。同时，文化差异也较为显著，如果某一社会文化中的男女性别角色差异相当显著，那么儿童对于跨性别的行为就会少一些，如果某一社会文化中的性别差异并不十分显著，儿童的自由性就会相应增大。"与种族成见一样，正确分类的能力是性别成见产生的基础。小学生认识到，一个人可以分属不止一种社会类别，例如，是一个'男孩'，但是'喜欢过家家'（Bigler，1995）。不过必须承认，人们可以跨越性别界限并不意味着儿童总会赞成这样做。儿童对特定的违反常理的行为具有粗浅的认识——男孩玩娃娃、穿女孩的衣服，女孩行为吵闹、粗野。当男孩做出这些'跨性别'的事情时尤其不能被容许，儿童认为这些行为与违反道德一样糟（Blakemore，2003；Levy，Taylor & Gelman，1995）。这些发现反映了男孩和男人遵守性别成见的社会压力更大。"[1] 而这一时期的女孩形象更为复杂，她们正处于一种"U"形性别发展阶段。关于女孩的"U"形性别发展，将在本章的后半部分中详细论述。

二　性别偏爱：对男性的性别偏爱，女孩对男孩的羡慕

性别偏爱是指个体对男性角色或女性角色的倾向，个体更认同哪种性别角色。一般认为儿童经常偏爱同性玩伴或同性活动，但并不总是如此。在一些研究中发现，与女孩相比，男孩更容易偏爱自己的性别，更加喜欢男子气的活动；而女孩的性别偏爱却是阶段性的，例如在婴幼儿时期较为偏爱女子气的活动，而在小学时期偏爱男子气的活动，对男子的个性较为感兴趣等。"在这一时期，儿童已经出现了明显的'性别偏爱'，即男孩更加喜欢男子气的活动并对这类活动感兴趣，但女孩不一定喜欢或对所谓女子气的活动感兴趣。

---

[1]　［美］劳拉·E. 伯克：《伯克毕生发展心理学》，陈会昌等译，中国人民大学出版社 2013 年版，第 366 页。

女孩往往转向偏爱男子气的活动，接受男子气的个性特征……有人认为这可能与社会上男子更受尊重有关。不少女孩子把自己看成是顽皮的女孩，喜欢男子的游戏和活动，在小学期间尤其如此，我们常常把她们称作'假小子'。"①

这一研究结果在杨红樱的校园小说中表现得淋漓尽致。杨红樱塑造的女孩形象对男孩的性别表现出较为明显的偏爱，一方面，她们羡慕男孩；另一方面，她们对自己的女性身份质疑。

首先是冉冬阳对吴缅的羡慕：

　　吴缅说这话的语气，就好似股市里的常胜将军，我们明天就能从股市里赚回大把大把的钱。但我对吴缅的话没有产生丝毫怀疑，因为在我的心目中，吴缅总是有力量、有办法的，所以我常常求助于他。②

　　后来，终于有一个有创意的建议出台了：在班上搞一个玩具拍卖会，筹来的资金用来建立困难基金会，班上有困难的同学都可以得到资助。

　　我有一种感觉，这个点子一定是吴缅想出来的，除了他，谁能想出来？

　　去问莫欣儿，果然如此。这也许就是吴缅吸引我的原因，他的脑袋里好像有无穷多的鬼点子，永远给人一种新鲜的感觉。③

在这些描述里，冉冬阳对吴缅的聪明、智慧、处事能力更给予了极大的肯定和钦佩。吴缅是一个积极的、勇敢的、智慧的、能够

---

① 刘金花：《儿童发展心理学》，华东师范大学出版社 2006 年版，第 227 页。
② 杨红樱：《女生日记》，作家出版社 2009 年版，第 26 页。
③ 同上书，第 195 页。

有效地、创造性地解决问题的形象，这一形象已经不是普通的男孩形象，他已经上升到男性形象的层面之上。因此，吴缅在冉冬阳的心目中是有力量、有办法的，是自身遇到困难时的求助对象。

其次表现为冉冬阳对自身的质疑：

> 过了一个暑假，我又长高了许多。白衬衣又短又小，箍在身上紧绷绷的，蓝色的百褶裙也已经短到大腿上了。挺难为情的，鼓了几次勇气，才走出家门。①

> 我最关注的是我的乳房，仍是疼，像两个莹莹的小桃子。大腿长粗了，小腿鼓鼓的，腰似乎比以前细了一些。总之，身体胀胀的已有了曲线，再也不是那种没发育的平直的小女孩身材了。
> 我是不是太胖了？
> 我前后左右地照着镜子，反反复复地问自己。
> "不，我不可以这么胖。"我自己对自己说，"从明天起，开始减肥。"②

在上述例子中，冉冬阳被作者塑造成一个温柔的、感性的、关注外貌的女孩形象。虽然在故事里，她和吴缅一样照顾同班同学马加的弟弟，帮助贫困朋友梅小雅上学，但是她要比男生更加关注自己的外貌、发型、穿着、身体等诸多琐碎的事情，也比吴缅更为经常地做家务，并称自己为"家里的小主妇"③。杨红樱的《女生日记》是一部以女孩冉冬阳为主角的故事书，然而她仍然被塑造成为一个从属性的角色，她是一个智商不够高的、依赖性强的、常常与

---

① 杨红樱：《女生日记》，作家出版社 2009 年版，第 1 页。
② 同上书，第 187 页。
③ 同上书，第 78 页。

家庭内部事务相联系的女孩形象。与之相反，杨红樱作品中的男孩表现出来的自信、担当都表明他们对自己的性别非常满意。例如前面所提到的吴缅与父亲去西藏探险、自己决定未来读书的学校等。

从文学作品中可以发现社会对性别的建构是非常有力的、潜移默化的、不可抗拒的。然而，作为一种社会现象，"假小子"的出现有其合理的因素。或许这与社会上男子更受尊重有一部分联系，但还有一点也是可能的：或许这些个性特征本来就不应该是男子所独有的，并不能够被刻板地定义为"男子气"的，这些特征是两性儿童的共性，是人类一出生所共同具备的个性特征。只是由于社会上片面强调男性气质与女性气质，女孩才在慢慢成长、慢慢适应社会的过程中顺从了这一区分，接受了社会所赋予自己的"女子气"。此外，这里再提出一种较为大胆的假设："男孩玩具""女孩玩具"是成人对儿童性别期待产生的结果，并不是女孩自身所主动选择的，而是被建构出来的。女孩倾向于男孩，偏爱男子气，或许并不仅仅因为男性受尊重，而是因为在生活中男孩子所受到的限制要比女孩少得多。

因此，小学时期是真正能够体现一个人气质倾向的时期，一个男孩可以表现女孩气，一个女孩可以表现男孩气，然而可以发现，社会首先给女孩气的男孩设置了阻碍，形成了他们的"性别同一性"（社会建构下的同一性）；其次，对于男子气的女孩，只要让她们在成长中对自身产生质疑就可以了。

第四节　青少年畅销书：性别建构的初步形成

青少年畅销书是指为十一二岁至十六七岁的青少年创作的作品，这个时期的读者较为复杂，他们正经历由幼稚到成熟的发展阶段，心理发展并不健全，最为突出的特点是性生理与性心理的逐步成熟。与"少年文学必须重视美育与引导，帮助少年健康地走向青年，走向人生……在强调正面教育的同时，应注意描写生活的真实，帮助少年正确把握和评价社会生活的各个方面"① 不同，青少年畅销书以畅销为目的，内容大多涉及青少年成长过程中的苦恼、迷茫与情感问题。

　　青少年畅销书的创作者中，知名度最高的当属"80 后"作家。在"80 后"作家中，韩寒与郭敬明最具代表性，同时也最具争议性，本节便以他们的作品为切入点进行细致分析。

一　同一性与心理断乳期

（一）同一性

　　"二战"期间，在齐昂山退伍军人健康诊所，一批病人出现了一种前所未见的心理疾病：他们不是故意装病，但却失去了个人的同一性和对历史的延续性，即失去了对自己中枢系统的控制。针对这一问题，埃里克森最先提出"自我同一性"这一概念。之后，同一性的意义被不同的人以不同的形式解释为"自身""自我概念""自我系统""自我经验"等。"同一性的建构包括明确你是谁、你的价值和你选择的未来生活方向。一位学者这样形容同一性，它是一个作为理性行为者的人关于自己的明确理论，使人的所作所为有明确理由，对自己的行为负责，并对其做出解释（Moshman，1999）。"②

　　在埃里克森的理论中，青少年时期人格发展的主要成果之一便是同一性的形成，这是一个人拥有"健康的"人格、拥有创造性的能力、最终成为一个幸福的成年人的重要前提。健康人格是心理学上的一个普通概念，认为一个拥有健康人格的人能够正确感知自己、感知世界，能够表现出社会认可的"人格同一性"，同时也能够主动、正确地支配他的生存环境。这种正确的、对于自身的探索的进

---

　　① 王泉根：《现代中国儿童文学主潮》，重庆出版社 2000 年版，第 488 页。

　　② ［美］劳拉·E. 伯克：《伯克毕生发展心理学》，陈会昌等译，中国人民大学出版社 2013 年版，第 430 页。

程，能够推动青少年的成熟，推动他们形成人际关系、性别取向、道德、政治、宗教理想，甚至有助于职业、社会参与等方面。在埃里克森的理论中，健康的"同一性"表现为个人在身体、心理与人际关系等方面的幸福感，自我能够清晰、舒适地感知自己，对即将到来的认识有预期的内部确认感。

　　然而，伴随着同一性的形成，在埃里克森的人格发展阶段中，每一个阶段都可能遭遇其所产生的危机，具体到青少年阶段，则是青少年的同一性对同一性混乱。埃里克森认识到："同样的中枢失调，在具有严重冲突的年轻人身上，其混乱感主要是由于他们自己的内心冲突；而在混乱的反抗者和具有破坏性的少年犯罪者身上，则是与社会发生冲突。因此，在所有这些情况下，'同一性混乱'一词具有某种诊断的重要意义，对这类失调的评价和治疗都应该有所影响。青少年患者既可能表现为凶猛或抑郁，也可能表现为犯罪或畏缩，但都是一种急性的并可能度过的危机，而不是一种可以导致对病人做出致命性诊断的恶性崩溃。在精神分析精神病学上常有这样的情况，最初常被认为是一组严重障碍的（如20世纪开始时的癔症）模型，后来本身却表明是'属于'个人发展某一特殊阶段的一种规范性危机的病情恶化的不正当延长或倒退。我们因此才知道把一种规范性的'同一性危机'归属于青年期和年轻成人期的这一年龄。"① 青少年时期的这一心理冲突被埃里克森称作"同一性对角色混乱"。获得同一性的青少年能够较为容易地获得健全的人格、正确地发展自己的社会性，而角色混乱的青少年则要痛苦得多：在这一发展过程中缺失了信任感，青少年很难找到坚持的信念；缺乏主动性则会导致他们在作出选择时不能进行积极的探索；缺乏勤奋感则会使他们难以找到适合自己兴趣与能力的职业。

----

① ［美］埃里克·H. 埃里克森：《同一性：青少年与危机》，孙名之译，浙江教育出版社1998年版，第3页。

　　然而，在复杂的社会中，经历"同一性危机"是青少年形成自身价值观的重要尝试，是青少年确立正确目标之前的痛苦经历。在这个阶段中，青少年对自身价值观、人生观、世界观进行探索是获得同一性的必经之路。只有通过这段时期的努力与尝试、探索与行动，他们才能够形成有组织的、系统的自我结构。他们需要重新审视童年时期所形成的自我，将这一自我与青少年阶段新获得的特点、能力相结合，将这一切塑造成一个完整的、牢固的整体，因此能够在以后的日常生活中无论担任什么样的角色都能够拥有自我连续感，也就是自我同一性。避免在未来经历不可预见事件的时候，像"二战"期间齐昂山退伍军人健康诊所中的病人一样，失去个人的同一性和对历史的延续性，失去对自己中枢系统的控制。

　　自我的早期发展阶段会为青少年时期"同一性对角色混乱"的积极解决打下基础，并且能够为"同一性"的形成创造条件，然而这一过程毕竟不是一蹴而就的，直到青少年晚期以及成年初期，一个个体的自我"同一性"才能够逐渐形成。同时，这一阶段与青少年的"心理断乳期"息息相关。

　　（二）心理断乳期

　　心理断乳期指向的阶段与埃里克森所提出的"同一性对角色混乱"阶段基本吻合，都指青少年阶段。这一阶段是儿童从幼稚走向成熟的关键时期、转折时期，也是青少年社会化过程中出现的最为重要的生命现象之一。在这个过程中，儿童逐渐拥有了自己的意识，不再像婴幼儿、童年期那样依附于父母、教师，变得独立、反叛——"断乳"也是部分青少年遭遇"同一性对角色混乱"危机的缘由。

　　在婴幼儿时期与童年时期，个体是作为"客体的自我"而存在的，这一自我是"作为被知觉者的我"，是被知觉、被认识的对象，是客观性的自己。而个体成长到青少年阶段，接触的社会面日渐宽泛，伴随着自身知识的增长、视野的开阔、交际范围的扩大与现代文化、媒体的影响，兴趣会变得多种多样，身心也会出现急剧的变化与发展。在这样的发展过程中，青少年逐渐要求作为独立的"人"而出现，这样的意识便产生了"主体的自我"，即"作为知觉者的我"，这是一个新的"自我"觉醒的时刻。由此，个体发展到青少年阶段已经拥有了两个"自我"，即"主体的自我"与"客体的自我"。

心理断乳期在新时期的中国有一个极为典型的例子，这个例子便是韩寒。作为中国新时期青春文学的开创者，不仅仅是他的作品，连作者本身都备受争议。他以一个"坏学生"的典型形象出现：作为高中生的他七门功课全部红灯高挂并选择退学；小说《三重门》抨击应试教育，表现出对学校、社会的不满；在《新民晚报》上发表《穿着棉袄洗澡》，讽刺中国应试教育下只出"人才"不出"全才"。

以韩寒为代表的青少年群体正逐步向成人发展，独立意识大大增强，"主我"已经认为自己获得了与成人无异的心理素质与处事能力。然而社会并没有认可他们的成熟，仍将他们当作"孩子"，同时由于应试教育，学校、老师、家长都希望他们能够做"听话的好孩子"。在这样的状态下，青少年会感受到前所未有的压力与束缚，他们以前所依赖、崇拜的父母与老师，现在像绳索一样束缚着他们的成长，从而出现"主我"与"他人"分化。他们显示出各种各样的反抗情绪，不再通过家长与老师对自己的态度（爱抚或是责备）、评价（表扬或是批评）而规范自身的行为、指导自身的行动。他们变得叛逆，爱发表自己的见解，听不进他人的劝诫，爱与家长"抬杠"，不再对老师的指令言听计从，并逐渐显示出种种对他人的反抗情绪。因此常常造成自身与父母、教师、朋友、同学之间的种种冲突，即"错位性冲突"。这一"主我"与"他人"的分化现象一般从12岁左右（初中阶段）开始，在15岁左右（高中阶段）尤为明显。

　　具体到"主我"与自身的关系上，青少年出现了"主我"与"客我"的分化。在这一阶段之前，个体只是主观地感受自己的存在状态，而发展至青少年阶段，"主我"开始试图观察"客我"，即个体试图客观观察和认识自己的行为，自我开始批评、反思自身的某些特点、行为，并试图将这一切融入自身发展过程中，以完成对自身的统一。

　　心理断乳期是青少年发展、成熟过程中不可避免的环节之一，这一过程处理得当，青少年便会较为容易、快速地实现自身的社会化；如果这一过程中的冲突没有得到较好的解决便会出现青少年发展过程中的消极结果——角色混乱。角色混乱的青少年会在社会生活中漫无目的，做事会浅尝辄止，对来自各方面的挑战缺乏适当的准备。在这个过程中，男孩的叛逆心理更为普遍，他们否定家长、否定学校、否定社会。韩寒与他的《三重门》中的林雨翔是青少年"心理断乳期"诸多表现的最为熟知的例子。

　　林雨翔是一个普通中学生的形象：作为家中独子面临中考压力，他感觉生活压抑，偶然认识同校美丽的 Susan，便对其一见倾心。中考 Susan 发挥失常与市重点中学失之交臂；林雨翔通过关系被以体育特长生的名义送入了市南三中。进入高中后他更加颓废，得知 Susan 与他人恋爱后，便一蹶不振，走出校园散心错过了回校的时间。逃夜被人告发，将要面临学校的处分。Susan 得知其逃夜后告诉林雨翔未考入市重点是为了能够与他同在一所学校故意空了几道题目，与"理科尖子"恋爱的事情也是假的，一气之下要与林雨翔断绝联系。此时的林雨翔茫然不知所措，只能一个人落寞地走在街头上。

　　林雨翔的形象代表了以韩寒为首的大多数叛逆青少年的形象，他们在"心理断乳期"这一过程中难以完成对自身的统一，出现了埃里克森理论中的"角色混乱"，成长过程中面临着"同一性危机"，他们怀疑家长、怀疑同学、怀疑老师、怀疑学校应试教育，找不到一种方式去宣泄矛盾的青春。

我们在这里耗费大量笔墨叙述青少年的"同一性"与"心理断乳期",看似与青少年时期的性别塑造问题毫无瓜葛,因为在对这些理论进行叙述与阐释的时候并没有涉及性别问题。然而,就是因为青少年时期的主要矛盾不在性别上,才更加值得研究者们深思:为什么他们并没有出现或者很少出现"性别同一性危机"?或许答案很简单,因为他们已经在这里形成了较为成熟的性别观念。

其一,中国新时期的青少年虽然面临"同一性危机",然而并没有面临"性别同一性危机",他们虽然对生活中所发生的一切事物保持着深切的怀疑态度,然而在性别观念上却与成人无异,是传统两性观的忠实拥护者,认同传统的两性气质。作为青少年,他们的性别观念与传统的性别观点如出一辙。具体到韩寒的《三重门》中,就有性别方面的体现:

> 书就好比女人,一个人拿到一本新书,翻阅时自会有见到一个处女一样怜香惜玉的好感,因为至少这本书里的内容他是第一个读到的;反之,旧书在手,就像娶个再婚女人,春色半老红颜半损,翻了也没兴趣,因为他所读的内容别人早已读过好多遍,断无新鲜可言。①

这一观点把书与女人作对比,并没有将女性看作独立的人,新书像处女,旧书就像再婚的女人,在这里,女性已被当作传统意识中物化的存在,其新旧决定于是否处女。此外,韩寒作品中的主人公多为青春期男孩,他们大都是带有大男子主义的"痞子"形象,对社会中所经历的一切满不在乎、玩世不恭,流露出随处漂泊的流浪之情,例如《一座城池》《光荣日》等作品中的主人公,他们漂泊流浪,难以找到灵魂中的理想之地。

---

① 韩寒:《三重门》,万卷出版公司 2008 年版,第 3—4 页。

其二，"同一性"中的"性别同一性"的形成也是青少年发展过程中的一个重要因素。与此同时，性心理的发展与对于恋爱的憧憬也是青少年成长过程中不可回避的问题。此二者对青少年性别意识的形成起着重要的推动作用。

二　性别同一性与性心理的成熟

（一）性别同一性

"性别同一性"由埃里克森的"同一性"发展而来，是一个心理学概念，指个体对于自身性心理的认同，即对自身的性心理、性情感与性行为的认识。人在成长的过程中需要对自身性别加以认识、理解，从而对自己的性别进行确认和理解，使生理性别与心理性别向着社会所认可的方向发展，只有这样，社会才会对其性别进行认可。例如，一个人的生理性别为男（染色体为 XY），他的性别意识与性别行为也应朝着社会上的男性气质发展，如有力量、有责任感、心胸开阔、富于冒险精神等，这样社会才认可其男性身份。相反，如果他的性别意识与行为朝着女性气质发展，社会则会认为他不伦不类。

具体到中国新时期青少年而言，较之"同一性"，青少年对于"性别同一性"的获得较早。早在儿童期，男孩就已经较快地获得了自己的性别偏爱与初期的性别同一性，因此在青少年期在性别方面也就自然而然地获得了与之相对应的同一性。而儿童期的女孩处于性别偏爱"U"形发展的过程中，她们可能会对男孩的性别产生偏爱，继而做出模仿男孩的行为。然而在青少年期，当性心理觉醒、对异性产生朦胧的好感之后，女孩便开始较快地获得自身的性别同一性。总之，如果说在儿童期，女孩与男孩相比不太容易获得性别同一性，那么在青少年时期，无论男孩女孩，关于性别同一性已经不存在问题。儿童期性别的"U"形发展阶段可以视为一次小小的"性别同一性危机"，然而这一危机的解决并不算棘手。

由此可见，社会以其强劲的建构力量塑造着每一个个体的性别气质与性别行为，而青少年畅销书则有意地扩大了这种塑造，起着强有力的推波助澜的作用。

在青少年畅销书中，青少年形象的性别意识已经与成人无异，男孩在这一时期的男性意识以韩寒与其塑造的形象为典型。由于心理断乳期的叛逆心理，他们更容易对自身性别的力量、能力、气质无意识地扩大，男权意识流露明显。韩寒作品中的男孩虽然对社会产生疑问，尚未获得同一性，因此出现种种"青少年危机"，然而他对于自身性别的认同、对异性性别的评价，以及他所获得的性别成见与刻板印象都是相当成熟的。

> 这世上最可畏的男人是自称不近女色的，他们只是未遇到理想中的女色罢了，一旦遇上，凭着中国汉字的博大精深，"不近女色"马上会变成"不禁女色"，所以，历史学科无须再追究汉字是不是仓颉所创，总之，汉字定是男人造的，而且是风流男人造的。①

戏谑中其实充满着男性自豪感与男权意识，这是《三重门》的作者韩寒的性别意识，也是千千万万与韩寒类似的"林雨翔们"的性别意识。

青春期的女孩形象也已经具备了较为成熟的性别意识，她们更容易依赖、依附于男性，在男性的怀抱里寻求安慰。郭敬明的作品多以青春期女孩为主角，尤其是《小时代》中塑造了众多的女性形象。顾里被作者塑造成一个"镇定的，冷静的，处变不惊的，有计划的，有规划的，有原则的，一个女人（小时代·折纸时代）"，甚至"有些时候可以用冷漠的，世俗的，刻薄的，丝毫不同情弱者的，

---

① 韩寒：《三重门》，万卷出版公司 2008 年版，第 25 页。

拜金主义的，手腕强硬的，来形容（小时代·折纸时代）"。然而就是这样一个能干的、冷静的女人，却依然是一个"充满浪漫情怀的少女……女人，我们都希望自己的男朋友送给自己新鲜的玫瑰，甜蜜的巧克力，包装精美的绝版图书，哈里·波特的首映场电影票……（小时代·折纸时代）"。而且在男朋友顾源与宫洺（M. E. 执行总编）唇枪舌剑的过程中，"对顾源深深地爱意像是被飓风卷起来，劈头盖脸的将她包围了，她……甘心地退到顾源身后做一个小女生，她拿起 Hermes 的茶壶，帮他们两个的茶杯里添满了茶。她那个时候，变成了一张柔软的布，甘愿擦拭着顾源这把锋利的宝剑（小时代 2 青铜时代）"。且不论故事中其他那些愿意依附于男生的小女生（林萧、南湘等人），顾里作为一个独立专断的、手腕强硬的女强人形象出现，然而在骨子里，在内心深处最为薄弱的地方仍然愿意成为依附于男生的小女孩。作者对女性的依附心理的塑造可见一斑。

（二）性心理的成熟

青春期是一个人成长过程中的重要阶段，这个时间段里的青少年，感情生活更加丰富多彩，对未来的憧憬也会更加理想、浪漫。在这个阶段里，他们对两性问题的关注较以往更为复杂。他们已经不在处于幼儿期的社会性别图式建构中，也不像儿童期较为关注两性的性别行为，对自身的性别产生性别偏爱或者对异性的性别产生偏见，而是以一种更为成熟的眼光审视两性关系。伴随着身体上的性成熟（男孩第一次遗精、女孩第一次初潮），其性心理也逐渐趋于成熟，对异性、对爱情的憧憬越来越强烈。同时，恋爱也是叛逆期的一种"叛逆行为"，是儿童心理断乳期的重要体现之一。谈及青少年恋爱时，埃里克森认为："在这个阶段，甚至'恋爱'也完全或基本上不是一个性的问题。在很大程度上，青年恋爱不过是企图明确自己的同一性，把一个人分散的自我意象投射到另一个人身上，再看得到什么反应，而后逐步地予以澄清。这就是为什么许多青年人恋爱只是限于谈心了。"① 因此，青少年时期的这种对于爱情的憧憬是一种朦胧的、暧昧的情感体验，伴随着身体本能的兴奋与焦躁，而且多为精神层面上的，与肉体上的性行为关系不大，多为"柏拉图式"的精神之恋。

在中国新时期的大环境中，学校、教师、家长依然不赞同青少年在校期间将时间与精力花费在两性情感过程中，他们否定"早恋"，并认为这是不务正业的表现。这一做法是精神分析学派创始人弗洛伊德早就批判过的行为，"诚然，如果教育者的目的是尽早地抑制儿童的独立思考能力，以便产生非常高价的'好的行为'。那么，只有在性的问题上欺骗他们"②。依赖感较强、性格较弱的青少年可能会受社会观念的影响压抑自己的性心理与对爱情的憧憬，而性格较强的青少年会反叛学校、教师、家长的诸种权威，对此进行些许尝试。

虽然社会、学校、教师、家长一致反对青少年在初高中期间"早恋"，然而青春期恋爱是正常的、有利于青少年人格成长的重要情感经历。日本心理学家依田新指出："当意识到异性美之时，人就得到了新生。"③ 青少年的性成熟，尤其是身体与心理上的双重性成熟是青少年个体走向社会化的重要阶段。性心理是青少年儿童发展到一定年龄阶段的本能产物，这段时期内的情感经历、感情变化会对青少年人格的发展，世界观、人生观、价值观的形成产生一定影响，同时也会影响青少年性别气质的塑造。

具体到文学作品中，关于青春期青少年的爱情描写是常见的主题，许多青少年文学与畅销书作品中都会大量地涉及青春期男女的情感描写。

在传统的青少年文学作品中，关于少男少女思春期描写的作品

---

① ［美］埃里克·H.埃里克森：《同一性：青少年与危机》，孙名之译，浙江教育出版社1998年版，第132—133页。

② 王泉根：《现代中国儿童文学主潮》，重庆出版社2000年版，第528页。

③ 转引自王泉根《现代中国儿童文学主潮》，重庆出版社2000年版，第530页。

并不少。这些作品中，处于相思期、恋爱期的少男少女会本能地产生焦躁、兴奋的心理与对异性的憧憬。女生会关注自己的长相（如倪祅《我不美丽》中的少女）与穿着打扮（如铁凝《今年流行黄裙子》中的芳芳）；男生会想到"应该多看些文学方面的书：诗、小说、散文"①。这些作家创作的作品中的两性情感多为真挚的向往之情，是一种升华了的爱，一种朦胧的、纯洁的、高尚的、"柏拉图式"的爱情。同时，在传统的爱情描绘中，男性气质与女性气质表露无遗，女孩会关注外在的特点，例如长相与打扮，而男生则更为关注内在的气质，关注自身的内在涵养与能力。由此可以看出，虽然传统文学的作家在对两性之爱的塑造上人为升华，停留于精神之爱，没有体现出成人社会的精神与肉体双重之爱，但这并不妨碍作者们已经在这些作品中完成了两性形象的基本塑造。

与传统青少年文学羞涩的性心理的描写不同，在青少年畅销书中，虽然两性情感依旧朦胧、微妙，但性已经变得不再神秘。创作者们已经不再性羞涩，他们关注到青少年洞察两性的好奇心，并对此在一定范围内进行描写与叙述，尤其在郭敬明的很多作品中，主人公（例如《悲伤逆流成河》中的易遥、《小时代》中的南湘等）高中时期做爱、怀孕、打胎是常有的事情。

在郭敬明的作品中，当涉及青春期性萌动，所有的女孩都会强化自己的女性气质。就连《小时代》中的"假小子"——体育生唐宛如也会像其他小女生一样温柔地望着自己暗恋的对象，为他做好吃的饭团，为他穿上不常穿的裙子。而男生则会进行体育锻炼以使自己的肌肉线条更加健美（例如《小时代》中的顾源和简溪）。

因此，不论传统的青少年文学中羞涩的性描写与青少年畅销书中从容的性描写孰对孰错，也不论在青少年畅销书中展开两性性行为的叙述是否有利于青少年的性心理发展，传统与畅销的青少年文

① 王泉根：《现代中国儿童文学主潮》，重庆出版社 2000 年版，第 531 页。

学作品中都存在同样的两性气质塑造。

青春期的性萌动经常被称为人的"第二次诞生",是个体在人格结构的发展中极为重要的重组。这是一个过渡阶段,即儿童从幼稚逐渐走向成熟的过程,伴随着这个过程,儿童逐渐从关注自我变为关心他人,逐渐获得注意别人、关心别人的能力;也逐渐从关注同性变得关注异性、憧憬爱情,渐渐获得爱的能力。这无疑是个体在发展过程中对于自身生命发展的重要补充。同时,在青少年畅销书的影响下,青少年也在这一过程中完成了对传统两性关系的效仿,形成了较为成熟的两性气质。

青少年早期是性别分化的关键时期。在这一阶段中,青少年的外貌伴随着性成熟的发展有了与以往相比较更为明显的差异,加之性心理的成熟与对异性的憧憬,他们开始花费更多的时间审视自己的性别,试图以符合自己性别的方式进行思考与行动,尽量使得自己的行为举止符合传统意义上的"性别同一性"。在这一阶段中,两性青少年都会对自身的性别进行审视,但女孩的性别分化程度更为明显。她们比男孩更少地拥有性别选择的能动性,与童年期的"U"型发展阶段相比,她们尝试做异性活动的自由度大大降低了。她们开始关注传统的女性气质,注意自身的外貌,花费更多的时间研究穿着打扮,并时刻注意让自己的走路、说话、吃饭等生活中琐碎的行为符合自身的性别角色。具体到学习中,她们更看重传统的女性科目,比如说文学、音乐、艺术等科目。同时,她们的父母也会更加鼓励她们做出"符合性别"的行为。因此,在青少年时期,两性儿童已经形成了传统的两性观念。

在青少年时期,不论"同一性"还是"性别同一性"都是青少年社会化过程中必不可少的过程。在这一过程中性别塑造的形成看似是水到渠成的:要想实现社会化,青少年就必须按照社会中的男性气质与女性气质的方向发展。我们并不是否认性别社会化的过程,而是否定传统的两性气质,即性别的刻板印象。由于性别刻板印象的存在，儿童在成长过程中受其影响会自然而然地形成这样的刻板印象。因此，想要改变这一现状，需要探究改变儿童在"性别同一性"过程中的"榜样"。

第五节　儿童畅销书性别建构原因初探

一　儿童自身发展的社会化进程与性别社会化

儿童从出生开始便生活在社会之中，生长与发展都离不开社会的作用，只有在与社会群体的相互作用与影响中，个体才能成为负责任的、拥有独立行为的社会成员，才可以积极主动地掌握社会经验、形成自身的社会关系系统。因此，儿童的发展过程也是其社会化的过程。

在社会中，人经常被分为不同的类别，贴上各种各样的标签：男人、女人，母亲、父亲，成年人、未成年人，欧洲人、亚洲人，穷人、富人……不同类别的人拥有不同的身份，身份与行为相关联。一般而言，在社会类别的区分之下，人的行为具有多重界限。例如达到一定年龄标准的成年人可以结婚生子，而未成年人在法律上没有这样的资格。因此，社会将人类别化有利于社会规范人的一些行为。在种种分类中，社会性别是一种最为重要的社会分类方式。它规定了男性气质与女性气质，规定了"男人做的事"和"女人做的事"，规定了男孩朝着男性气质的方向发展，女孩向着女性气质的方向发展。社会分类的强大之处在于，所有的人在性别建构的过程中无意识地充当着建构者或被建构者的角色。

二　商品经济下的性别建构

20 世纪 80 年代以来，伴随着中国的市场经济的发展、西方大量思潮的涌入，消费主义随即冲击着人们的价值观念。尤其是发展到90 年代，消费主义文化全面兴起："90 年代，中国的消费文化基本发展成型。'大众文化'成为人们主要的文化需求，并基本上已形成了一套工业形态的运作方式。"①

伴随着商品经济的发展，文化进入工业生产的流程与商品交换的领域，成为一种新的社会现象：大众文化。大众文化由现代化的传媒技术以及信息技术塑造、传播，成为一种新的文化形态。在这样的消费洪流中，儿童文学这块"净土"也逐渐被占领。同时，中国儿童文学起步较晚，因此创作理念、创作经验并不完善，加之市场经济大潮中涌现了一大批青年作家，因此导致了中国儿童作品的创作受到商品经济的极大影响，出现了大量符合消费语境的产物——儿童畅销书。

在商品经济的影响下，儿童畅销书出现了几个比较重要的现象：出版社日益成熟的盈利机制，创作的"泛作家化"，儿童文学创作论的"儿童本位论"，文学作品的"距离感的消失"，儿童读者"童年的消逝"，性别分类的二元对立等。这些现象利于出版社的盈利最大化，但对于儿童的成长与发展来说是弊大于利的，尤其是在儿童性别建构的过程中经常会将性别二元对立，夸大两性之间的差别，对两性气质进行错误的导向。

---

① 洪子诚：《中国当代文学史》，北京大学出版社 1999 年版，第 390 页。

第 五 章

越界与规范——当代中国的
"中性风尚"

第一节 "中性风格"与酷儿理论

一 关于"酷儿"一词

"酷儿"是英语"queer"的汉语音译。"queer"一词有形容词、名词、及物动词三种词性。用作形容词,意思为"奇异的、古怪的";用作及物动词则是"把……弄糟、使陷于不利地位";在名词中可以理解为"同性恋"。目前意指"同性恋"的词语主要有三个:homosexua、gay/lesbian、queer。它们虽然都蕴含"同性恋"的意思,但是使用背景有所不同。

"homosexual"一词是匈牙利人卡罗里·玛利亚·科特伯尼于1869年创造的,这个词流传于医学界,而医学界使用这个词仅仅是为了确定他们对同性性行为的客观看法和科学研究,但它的普及却使同性恋者加快了对自身身份的确认并进一步把自己纳入科学研究的范围内。

英语中,"gay"一直作为形容词存在,第一层意思是"愉快的、欢快的",第二层意思是"轻率的、放荡的"。在19世纪时该词一度用于指称品行不端的女性。到20世纪60年代以后,第三层意思才逐渐形成，意为"同性恋的"。"gay"和"lesbian"与医学话语中的"Homosexual"相比，最大的区别是同性恋有了为自己命名的可能性，这表明同性恋者不再作为消极的知识研究对象存在，他们可以自由地选择词语来为自己命名，这种做法也表明同性恋者向将边缘群体置于劣势、次要地位的主导性建构发出挑战。

"queer"一词意指"同性恋"的年代比"gay/lesbian"更久远，它在20世纪60年代之前一直作为对"同性恋者"的贬义性话语而存在。"queer"这一感情色彩的转变有其历史文化背景。20世纪50年代至60年代，随着同性恋社区的发展、同性恋酒吧的普及、同性恋身份认同的加深，同性恋者开始对他们作为社会"流浪者"和"犯罪者"的地位日益不满。以1969年的"石墙暴动"为起点，同性恋群体开始建立自己的"解放阵线"，在经历了各种带有强烈政治色彩的游行示威之后，同性恋作为一个族群得到了主流的认可。在被认可的同时，同性恋群体开始积极塑造自己的"正面形象"以期更好地融入异性恋文化中，而这种正面形象意味着白人、中产阶级、男性。所以，如果一个人没有"积极的、正面的"形象及生活方式，他就要永远待在主流社会为边缘群体制造的密柜中。这种刻意的集体认同让越来越多的越轨者感到不舒服，酷儿在这种环境中悄然兴起。在西方性政治运动的背景下，"queer"这个词成为一种标志，代表那些在主流同性恋运动团体的言论、思想以及生活方式中无法存在，并受其压迫和文化同化的人群。

二 "中性风格"与酷儿理论

从20世纪80年代开始，西方大多数国家为了扭转低迷的经济状态开始大规模削减税率，促进商业发展。商家为了寻找新的市场，越来越注意发掘独特的品位和另类的、可以流行于大众的时尚产品。他们把注意力转向了反叛的群体，经历了解放运动洗礼的同性恋群体在这时进入了时尚的视野。在时尚界，带有同性恋者标记的外形

（突出男性的女性气质和女性的男性气质）一经表现，就吸引了大众的眼光。在音乐圈，男艺人的着装和表演更倾向于妖艳、妩媚，凸显一种被夸大的女性气质。所以弗兰克·莫特说："这一时期同性恋市场日益活跃，对主流社会男性形象的界定发起冲突。"①

在理论界，酷儿理论更注重扮装、易装等亚文化。朱迪斯·巴特勒在其著作《性别麻烦》《消解性别》和《身体之重》中通过研究"扮装表演"和女同性恋男角（Tomboy），提出了这样的观点：戏仿、扮装通过模仿社会性别"透露了社会性别本身的模仿性结构——以及它的历史偶然性"②。伊芙·赛芝维克在《如何将孩子教养成同性恋：为娘娘腔男孩而战》一文中抗议异性恋社会对娘娘腔男性的病理化。娘娘腔，是指男性在心理或者行为上呈现出女性特征，它既包括具有阴柔气质的男性，也包括易装的男性。一直以来，娘娘腔被当作男同性恋者最典型的形象。尤其要指出，在异性恋社会的刻板印象中，娘娘腔等于男同性恋者中扮演女性角色的一方。无论是在异性恋还是在同性恋中，娘娘腔因为处于弱势地位而往往成为被歧视的对象。异性恋社会更是对娘娘腔进行病理研究，将其归入不正常、变态的一类。伊芙·赛芝维克认为只要不为娘娘腔男孩正名，同性恋就会永远处于被病理化的阴影之下。

酷儿理论所研究的性别形象（易装、扮装、娘娘腔、女同性恋男角）和酷儿们提倡的"雌雄同体"理念密切相关：这些性别形象的许多元素被实践中的"雌雄同体"借鉴引用。而在现实中，"雌雄同体"与消费社会发生了剧烈碰撞，"中性风格"正好产生于此。"中性风格"有其积极性：淡化了二元对立的性别气质界限。但是，

---

① ［英］弗兰克·莫特：《消费文化：20 世纪后期英国男性气质和社会空间》，余宁平译，南京大学出版社 2001 年版，第 10 页。

② Judith Butler: Gender Trouble: Feminism and the Subversion of Identity. London: Routledge, 1999, p. 175.

由于"中性风格"源自消费社会，自然而然会接受商业的包装和重塑。应当质疑：消费社会的重塑是否减弱了"中性风格"对性/性别的积极影响？

第二节　越界——消费文化中的"中性"形象建构

一　"中性"形象在选秀节目中的爆红

（一）主流的梦魇：李宇春的颠覆形象

在 2005 年，湖南卫视第二届"超级女声"选秀节目中涌现出了多位着装举止独特的选手。她们虽为女儿身，可因为身着男性化服饰、嗓音偏低加上硬朗帅气的外形，深得年轻观众的喜欢。因此，"中性风格"伴随着这档节目的走红而成为当年脍炙人口的词语。尤其让那些遵从性别刻板印象的保守人士惊讶：在这档以投票率为评选主要参考依据的选秀节目中，打扮颇为中性的李宇春以 3528308 票赢得冠军，而亚军也被另外一位中性风格选手周笔畅以 3270840 票获得。两位"中性风格"选手最后在众多入选中脱颖而出，正好说明了年轻受众对这种风格的喜爱。

首先，"超级女声"发扬了国外真人秀节目的规则：以纪录片（VCR）的方式跟踪拍摄参赛者的日常生活，如此，她们日常的喜好和性格就会展现出来。这样做一方面使选秀节目满足了观众对他人隐私的窥视欲，另一方面也缝合了舞台表演和现实生活的裂缝，节目主办方通过镜头追踪告诉观众参赛者在台上的一举一动都是真实的，观众所看见的台上的选手就是她生活中的样子——它消除了现实与理想之间的巨大鸿沟。因此在每一场比赛中，我们都会看到台上的大屏幕播放选手们生活中的故事，关于李宇春性格气质的叙述也源源不断地从那里流出：李宇春在生活中就有点男孩子气、爱玩男孩子的游戏、不喜欢穿裙子，等等。可见，2005 年的"超女"选秀不仅没有压抑李宇春身上的男性气质，反而通过与生活接轨将其无限放大。

其次，节目组在十强争霸赛中制造了一个封闭的训练空间，并且以镜头追踪的方式让这个空间公之于众。因此，在台前所展示的选手们在参赛期间的日常生活不是真实世界中由男/女性别所组成的，而是一个彻底的"女儿国"。摄像机捕捉到的一切都是关于女人的：女人的忧愁、女人的快乐、女人与女人之间的情谊。如果用镜头拼接起来的叙事仅仅停留于此，那么对于观众来说，在一个以娱乐性为主的节目中便没有了看点。因此，摄制组对"超女"们生活的展现是筛选的结果，镜头展示并夸大李宇春的男性气质，于是，这样一个故事被虚构出来：在这个"女儿国"里，李宇春扮演了一个混合角色——她可以像男人一样去保护、安慰和关怀其他女人，她也可以像女人一样和其他女人一起嬉戏玩耍，她与其他女性之间的感情成为讲述的重点。看客则通过虚构的故事享受着意淫选手之间暧昧关系的快乐。

最后，代表天娱传媒和湖南卫视立场的话语是最重要的力量，话语的传达是由幕后制作团队和主持人、赛事评委共同完成的。李宇春第一次出场是在成都赛区海选。那时的她已然是个假小子：身穿黑衬衣牛仔裤，瘦削而高挑，声线粗犷外加舞蹈动作潇洒。总之，她缺少传统意义上的女性气质。但是，当评委以一句"有走音但很有个性"来总结时，也预示了李宇春不以音乐和长相而以另类取胜的结局，评委的话不仅暗示了李宇春身上时隐时现的男性气质，也暗示了女性身上体现出男性气质是富有个性的，因此，李宇春引起了观众的注意。纵观全部比赛，代表天娱传媒和湖南卫视发声的主持人和评委一直重复这样的话语：李宇春的外表很帅气，她的演唱和表演太酷了。"帅气、酷"等被性别化了的词语，应该用于指称男性。这种用于指称男性的词语用在李宇春身上显然不是要夸耀其外形有多漂亮，而是吸引人们注意：生理性别是女性的李宇春很好地把男性气质表现了出来。因此，在进入决赛之后，李宇春通过肢体动作更加大胆自信地表演出男性气质：在十强入围赛之前的 MTV 中冷峻的表情以及入围赛中像绅士一样伸出手拉住张靓颖为她助阵；在唱歌时被舞女包围犹如翩翩美少年般奔放、活力四射。她的男性气质越突出，评委和主持人所使用的话语越要强调其性别的暧昧不明，观众也就越喜爱李宇春。一个持有双重气质、雌雄同体的美少年通过话语包装被完整地推向了大众。

正如前面所说，"超女"栏目组一方面通过商业包装凸显了李宇春的男性气质，另一方面做足了把舞台与生活缝合起来的把戏，制造出一个李宇春的神话，这就让电视机前的观众难以分清李到底是出于娱乐性质反串了一把男性，还是她在生活中就"持有"男性气质，若是在生活中就如此，又何来表演一说？因此，"超女"虚构出的"男性化李宇春"一方面影射了一批人，这些人默默无闻并且一度沉没于历史的汪洋中，她们是那些无法展露于舞台但与故事中的李宇春一样持有男性气质的"假小子、男人婆"，而她们对性别身份的连续性破坏揭示了主体身份的虚妄，正因如此她们必须沉默；另一方面，"男性化李宇春"与其他女选手和女观众之间暧昧不明的情感关系，这种在不经意间流露出来的情感关系暗示了一种不容于规范的性趣味，总之，它不是异性恋的。所以"超女"突出了李宇春在舞台上和生活中一以贯之的男性气质虽然是出于单纯的娱乐性质，但是也在无意中逾越了规范的边界，因此才有了李宇春成名后主流话语对其女性身份的归复性叙事。

在这样一档被商业、消费、娱乐包围的选秀节目中出现了李宇春——唱功不是最好、长相也不是最好但是人气却如日中天，这让更多人把目光投射到了消费社会的造星机制——男性化的李宇春显然是被打造出来的。尤其是《成都日报》采访李宇春家人之后，人们更加坚信这一点。需要注意现代传媒最重要的一个游戏规则——最大限度地发掘隐私。发掘隐私把舞台延伸到现实生活，带有"去伪"的作用。假小子李宇春在被"去伪"之后得到了彻底的归复：
她其实很传统。

（二）受众分析：女性远大于男性

如前面所说，"中性风格"如此流行，与 2005 年"超女"播出
期间庞大的受众群有关。具体说来就是，绝大多数女性受众都为外
表中性的李宇春、周笔畅投上了一张赞成票。我们不妨看看喜欢李
宇春、周笔畅的受众的性别比例。

李宇春：总共 2403 人投票①

受众性别	人数	占总人数的比例
女性	1752 人	72.9%
男性	651 人	27.1%

周笔畅：总共 1146 人投票②

受众性别	人数	占总人数比例
女性	982 人	85.6%
男性	164 人	14.4%

数据证明：在两位外表中性的歌手的受众群中，女性远远多于
男性。为什么女性观众会比男性更加喜爱这种风格？

其一，对"中性"外表的追求，反映出女性对自身形态重塑的
愿望（通过"男性化"来表达女性在社会中的境遇与需求），力图
突破传统的女性气质。在新浪网伊人风采"中性化女孩你喜欢吗？"
的网友调查中，61.5% 的女性认为当男性特质和女性特质在一个女

---

① 《玉米性别大调查》，2009 年 1 月 17 日，百度贴吧（http：//tieba. baidu. com/p/
524454482）。

② 《男亲女亲比例小调查》，2009 年 2 月 7 日，百度贴吧（http：//tieba. baidu. com/
p/532982448）。

人身上都得到体现时，会为这个女人的魅力加分。此外，46.4%的女性认为李宇春等中性气质偶像走红代表了新时代女性对独立、坚强、个性化的追求。不得不说，这种观念既是对女权主义一些理念的继承又反映出女性主体在男权社会中生存的无奈与困惑。西方女权主义运动的基调是要消除两性的不平等，并要求社会各个领域对女性开放。比如成立于 1966 年的美国全国女性组织（National Organization for Women）就是如此，它的宗旨是："献身于这样一种信念，即女性首先是人，是个像我们社会中的其他人一样的人，女性必须有机会发展她们作为人的潜能；立即行动起来，使女性充分参与到美国社会的主流当中去，享有真正平等伙伴关系的一切特权和责任。"[①] 这种理念延续了波伏娃在《第二性》中所持有的建构论思想，即"女人并不是生就的，而宁可说是逐渐形成的"[②]。就怎样做才能让女人恢复其主体地位，有些女权主义者提出要按照新的性别理念重塑男性/女性气质。那么女性通过喜爱并且实践"中性风格"来重塑自身显然是受到这种观念的影响。她们渴望通过重构自身形态改变女人在社会中的弱势地位，并锻炼出像男人一样的独立性、斗争性和攻击性。所以通过着装打扮来凸显女人对传统性角色、性地位的反叛，乃是当今大多数喜爱"中性风格"女性最基本的理由。但是，女性通过着装的"男性化"来使自己独立坚强，既是承认了男性在社会中的优越性，又是变相地否定女性气质并认可"女性是劣等的"这一男权思维，这种做法本身就证实了社会中两性远未达到平等，同时我们很难预见发轫于男权社会中的"中性"装扮是否会变成又一种束缚女性身体的工具。

　　通过"看"来发泄自己隐性的欲望，是女人喜爱李宇春这种中性打扮的第二个原因。

---

　　① 李银河：《女性主义》，山东人民出版社 2005 年版，第 31 页。

　　② ［法］西蒙娜·德·波伏娃：《第二性》，陶铁柱译，中国书籍出版社 1998 年版，第 309 页。

　　女性受众在看的过程中向李宇春投射了一种暧昧的欲望。这种欲望可能是指向男性的，因为"超女"栏目组制造了一个关于"男性李宇春"的幻象。但也绝不能否认女性投射向李宇春的爱情就是完全异性恋化的。因为李宇春身上被刻意凸显出来的男性气质，很容易被处于异性恋体系之内的人看作对原初男性性别的模仿，所以一些评论者征用劳拉·穆尔维关于影像中看与被看的论述来说明李宇春热潮：看李宇春是一种"女看男色"模式，即看李宇春满足了女人看帅男的欲望。很多受父权制文化影响的人（尤其是男性）执意把李宇春与女人的关系恢复到异性恋的位置。在《2005 文化中国》一书中，评论者徐欢就持有这种观念：女人追逐李宇春的热潮是"一场声势浩大的集体'思春'"①。而这种"思春"是指向男性的。但问题是：若如此，人们应该怎样解释女同性恋中的 T/P②角色扮演问题，这种关系难道也是异性恋的翻版吗？

　　首先，受传统性别观念影响，他们错误地把李宇春看作了一个仿品，如果李宇春是仿品，那么她是对真品——男人的模仿，在这里我们看到一种给定的、原初的性别认同：男人和女人。我们的社会性别规范正是建立在这种先在的认同之上。按照父权制的性别规范，一个人要成为主体首先要有确定的性别身份：男人或者女人，也就是说一个人必须非男即女。而至于那些不能用性别来言说的人，例如双性人、变性人、人妖往往被排除到人的范畴之外。社会性别首先要靠生理因素来维系，比如婴儿出生时人们通过辨别生殖器来赋予其性别。同时，生理性别通过不断地社会化而得到巩固，比如

---

①　张柠主编：《2005 文化中国》，花城出版社 2006 年版，第 82 页。

②　T/P 都属于女同性恋中的种类。T 即为女同性恋当中充当男性角色的人，就是"老公"。它是 tomboy 的缩写，tomboy 的原意其实是指男孩子气的女生，但是这个词最先是被台湾的女同性恋者用来指代那些男性化的，或者扮演男性角色的女同志，后来延伸到整个中国。P 和 T 相对，是女同性恋当中充当老婆的那个人，或者说 T 喜欢的那个女孩子。这个字母也是发源于台湾，台湾女同性恋者之前称这类人为"婆"，后来就演变为 P。也有说法是"pretty girl"的缩写。

学习认同自己的性别身份、习得符合自身性别的行为规范、穿着符合自身性别的服饰并且拥有恰当的性取向。从生理性别出发，李宇春被定义为女性。但是在社会中她并没有遵循自己的性别，而是部分习得了男性的行为方式，受性别钳制的人们认为她对男性行为的学习等于认同男性身份。但是性别作为社会化的产物，是在不断重复操演之后被确定下来的，因此性别的"原初论"无法成立，其目的也不过是维护异性恋父权制社会的繁衍。而李宇春的男性化行为方式不过是对人为制造出来的性别的再模仿，也就是说，李宇春是"仿品"，所谓的真正的男性其实也是"仿品"。

其次，在父权制社会中，女人是"他者"，是外在于男性身体的阳具，而只有当男人拥有女人，拥有阳具时，才会成为真正的男人，得到"父亲"的认可，他在社会中才有了被命名的权利，也就是说男性只有依靠女人才能成为"男人"。而今李宇春赢得了女孩子的芳心，因此，所有男人脑海会出现一个词——篡位，她是对男人位置和权力的篡夺，这种篡位让男性们有一种危机感——"男性化"的女人使男人处于被阉割的危险境地，如果女人都成为李宇春，那么男性将无法再得到阳具，男性最终成为"阉人"。于是只有把她变成赝品，只有把她与女孩的关系恢复到异性恋时才能被社会符码所解读。然而，性别本身就是虚构的，"它不是身体的简单事实或静态状态，而是一个过程，经由这个过程，管制规范对'性别'加以物质化，并通过这些规范的强制性复现完成这种物质化"①，所以，既然性别本身就没有真实可言，又何来同性恋与异性恋的区分，因为李宇春的身体打破了异性恋一致性的管控性虚构，才对异性恋的表达模式构成了威胁，所以，异性恋也只有依靠其话语霸权才能把人们对李宇春身体的思考拉回到二元的性别框架之内，才能来言说女性

---

① ［美］朱迪斯·巴特勒：《身体之重：论性别的"话语"界限》，李钧鹏译，上海三联书店 2011 年版，第 2 页。

受众对李宇春的爱慕之情。

最后，女人在喜欢和爱慕李宇春的过程中，有了改造和重塑男人的机会——她们希望自己身边的男性也能带有几分温柔和体贴，也能像女孩一样去理解和爱护她们——尽管这种改造会在潜意识中进行。这种行动既是对男性"中性风格"的鼓励，也是对康奈尔所说的"支配性男性气质"① 的解构。

"中性风格"及其引起的一系列越界行为在彰显另类魅力时，自身也为了适应和融入社会主流而不断接受改造。下面我们通过分析当代中国媒体中的"中性风格"所包含的六种典型形象来说明这个问题。

二　"中性"形象在时尚界中的流行

（一）女性"男性化"装扮

1. 女性易男装

在漫长的人类历史中，服装作为人类性别身份区别最基本的标志，体现了社会中的性别权力分配和等级秩序，因此，易装也会被看作大逆不道。这种观念无论在中国还是西方都有根深蒂固的传统。比如在中国的《礼记·内则》中就有教导男女衣服不能混穿的话语。在西方，视易装为危害的观念则更加盛行，《圣经·旧约》中提出"妇女不可穿戴男子所穿戴的，男子也不可穿妇女的衣服，因为这样行都是耶和华神所憎恶的"②。现代的医学话语形成之后，除去舞台表演中的反串之外，生活中的易装行为被当作病态来看待，称为

---

① 在《男性气质》一书中，康奈尔将男性气质分成了四种：支配性、从属性、共谋性、边缘性。其中，"支配性"的概念源自安东尼奥·葛兰西，是指"那种文化动力，凭借着这种动力，一个集团声称和拥有在社会生活中的领导地位"。康奈尔指出："在任一给定的时间内，总有一种男性气质为文化所称颂。可以把支配性男性气质定义为性别实践的形构，这种形构就是目前被广为接受的男权制合法化的具体表现，男权制保证着男性的统治地位和女性的从属地位。"

② 《圣经·申命记》，第 22 章第 5 节。

"易装癖"（英文为 transvestism 或 cross-dress）。但是，现代医学话语中的"易装癖"更多是指男性的易装行为，并不强调女性易装行为是变态。在男女性别秩序划分严格的父权社会中，男人不仅是性别的一种，还是大写的"人"，他涵盖了女人，这就意味着，男人处于性别等级的最高层，而女人在性别等级中次于男性，如果男性向女性学习，着女装、涂脂抹粉，就是占优势的社会等级屈服于劣势等级，长此以往，男性的社会特权就会受到威胁，这在以男性为中心的社会中是不能被接受的。同时，对男性易女装的反感也反映了男性对自身的阉割恐惧。而女性易男装意味着劣势等级向优势等级学习，这种学习使她们获得一种社会权力——可以走出家庭，从事一定社会职业。戴锦华曾指出，在中国女性文学叙事中最典型的例子就是"花木兰"叙事，即"一个化装为男人的、以男性身份成为英雄的女人，则成为主流文化中、女性的最为重要的镜象"①。这种在父权主义话语下发展成熟的女性"易装"叙事遵循了这样的逻辑：着男装＝走出去，脱掉男装＝回归家庭。类似的现实事例也数不胜数：法国作家乔治·桑、西班牙修女上尉卡特琳娜、中国鉴湖女侠秋瑾。因此，女性易装在严苛的性别禁忌中意外地成为世界服饰文化中的一道风景。

以当今世界最时尚的歌星 Lady Gaga 为例，在 2011 年 8 月 28 日的洛杉矶第 28 届 MTV 颁奖典礼上，Lady Gaga 身着男士西装出场，她留着猫王的经典发型，手中拿着香烟还不时爆几句粗口，一派拉丁裔小混混的作风，为了在行为上更接近男性，Lady Gaga 不断搞怪，先是强吻了布兰妮，后来又被爆料当晚去男厕所解手。这种易装行为形成了一种文化并且在女同性恋酒吧里很火爆，目的是通过表演上接近男性气质而制造出一种新的"性别美学"。

————————

① 戴锦华：《不可见的女性：当代中国电影中的女性与女性电影》，《电影电视艺术研究》1994 年第 6 期。

随着信息传播的全球化，Lady Gaga 的易装造型很快得到了中国时尚界响应，范冰冰在其为诺基亚手机代言的微电影中也上演了一场易装戏——条纹西装、黑色领带、三七分的短发以及不时用手抚摸下巴（以表示刮干净的胡须）都展现出了中产阶级的做派。总而言之，中国女性易男装的表演并不如西方那么强劲到位，大多数女演员在易男装时选择了民国时期的中产阶级男性服装。这一方面说明现代以来中国社会中男性气质的单一匮乏以及主流对不同民族男性气质差异的忽视，另一方面显示出当代中国建立起的一套类似于西方白人中产阶级的支配性男性气质标准：多金、绅士、优雅等。而当代社会中，中产阶级男性正好是维护父权制的主力军。这也象征了中国社会的经济体制由计划经济向市场经济转型后男性形象由工农向中产阶级绅士的转变。

2. 职场"女强人"装扮

自从人类历史上父权取代母权以来，一种观念深得人心：女人和男人天生是不一样的，女人的生育和哺乳等自然要素说明她们的职责是在家中操持家务、照顾子女，这也造成了长期以来的"男主外、女主内"的性别角色劳动分工。直到女权主义第一次浪潮，英国女权主义先驱玛丽·沃斯通克拉夫特才在《为女权辩护》中提出女性需要和男人一样拥有政治权力。受到女权主义影响，19 世纪的欧洲时装界出现了关于女性服装的改革，最大的特点是为了让女性更好地工作而把裙装改为裤装。这种服装改革也成为无性别的中性服装发展的先兆。随着越来越多的女性走出家庭进入社会，服装的改革也迫在眉睫，因此事业女性的着装也变得繁复多样，如工装裤、风衣、运动衣等。由裙装到裤装的转变推动了一种观念：通过改变外表来改变思维方式。但这是指"通过像男人一样着装形成像男人一样的思维方式"，可见，女权主义在力图颠覆由父权创造的女性气质的同时，也跌入了父权的陷阱：她们无意中把男性气质及其生活方式不加修正地当作了学习的榜样，再一次加强了男强/女弱的二元对立结构。

此外，改革开放后，中国很多女性走出家庭或者国有单位，下海经商。但是，这些"女强人"在主流话语中也徘徊于妖魔化和理想化之间：若是她们不顾全家庭，就会被妖魔化：追求权力、心狠手辣、抛夫弃子、性冷淡、无法获得爱情；若是能够兼顾家庭和事业才会被他人羡慕，成为理想女性。因此，我们在时尚杂志和广告中也会看到这两种形象交替出现：其一，理想化的职业女性被定格在服务行业之内，她们身着黑色西服并且特别突出女性性征：高挺的胸部和翘起的后臀，她们时刻保持着微笑姿态，等待着为男性客户服务。其二，妖魔化的职业女性成了蛊惑男性的异类。这种职业女杀手的形象在电影银幕中不时出现，比如电影《勇敢的人》中的艾瑞卡、《夕阳天使》中的两位女主角、《色戒》中的王佳芝都是职业女杀手的身份，而且这些人的装扮和举止都含有较强的性意味，结局也不得善终。更进一步，如果这些职业女杀手将自己的感情给予同性，则必须受到惩罚，比如 1991 年由米高梅公司出品的电影《末路狂花》和 2003 年上映的电影《女魔头》。这两部电影在叙事中都暗含这样的逻辑：一个女人为了另一个女人变成杀人狂。如果说异性恋女杀手还有被征服的可能，那么同性恋的女杀手则使男人绝望：男人无论如何都会命丧黄泉。因此，为了男人的生，同性恋女杀手必须死。媒体中出现的职业女性形象不仅没有消解性别还加重了女性作为"他者"的观念：她们要么服从要么死亡。

3. 假小子式装扮——演绎正太气质

近年来，时尚界流行假小子的造型。这种造型不是单纯的男性化，而是在制造无明显性征的美，其特点是：胸小、有女性洁白柔软的肌肤、可爱的举止表情。这些特点都源于日本动漫中一种被称为"正太"的形象，假小子是"正太"在现实中的演绎，并且成为目前中国"中性装扮"的主力军。

"正太"名称来源于日本某杂志制作的"Lolicon"女性版企画。

"Lolicon"的中文名为"萝莉控"，是指有"洛丽塔情结"的成熟男人。这个词最早出自弗拉基米尔·纳博科夫的小说《洛丽塔》，主角亨伯特有"恋童癖"并爱上了自己的继女洛丽塔，洛丽塔是还未发育成熟的女孩，其特点是胸小或者无胸。后来，洛丽塔形象被日本动漫界改造，变成带有强烈性色彩的童颜巨乳形象，日语叫作"萝莉"，深得男性喜爱。"正太"则有反萝莉的倾向，它是无性征的，与最初未发育的洛丽塔形象接近，只不过被塑造为男性形象。鉴于动漫善于展现"正太"形象的外表之美和他们祛除肉体的极度浪漫化、理想化的精神爱情，因此深得女性喜爱。"正太"形象在近年来常出现于耽美动漫中，常常扮演"受"的角色（相当于虐恋中的受虐角色）。因此，当前动漫中的"正太"形象已经深深扎根于表现同性间浪漫式的爱情关系中，这是受腐女文化影响的结果。腐女文化最重要之处就是颠覆了以往父权叙事中男性看—女性被看的模式，这使女性有机会重塑男性身体，她们心中理想的男性具有"雌雄同体"之美，并且这种美可以提升到色情意味，以供给女人来享受。而"正太"这种年幼的男孩形象处于未发育期：他们没有强壮的肌肉，而白皙的皮肤和充满稚气的脸庞类似于女人柔软的肉体；但是从性征来说，他们又具有男性的生殖器，因此是男性气质和女性气质的完美结合。

在动漫制作中，"配音"具有重要位置。因为虚构的动漫形象没有真人表现得到位，只有通过动漫人物发出的"声音"，我们才能体味他们的内在精神世界——这是"声优"被提拔到动漫王国中最重要位置的原因，而为"正太"形象配音的"声优"十之八九是女性，这说明了在"正太"身上要表现出超乎寻常的女性特质。"正太"在声音及外表上的"女性化"导致在动漫真人秀（cosplay）中，男性cosplayer无法准确表演"正太"气质，因此，对"正太"气质的演绎多由女性cosplayer完成。游戏式的"反串"最终被时尚界吸收为女装的要素并突出了"正太"

身上的"纯、萌"等特点，也就是说，通过衣着、装束来表现一种幼稚、粉嫩的气质，因此，正太式的"假小子"形象并没有增加她们的独立和勇敢，反而突出了她们的幼稚、弱小和对他人的依赖。不得不说，父权制控制下的时尚再一次翻转了腐女文化中旨在重塑男性的正太形象，用正太形象来重塑女性外貌，并夸大女性气质中的幼稚和软弱。

（二）男性"女性化"装扮

1. "花样美男式"装扮——凸显绅士风度

中国最早被称为"花样美男"的，是2002年台湾偶像剧《流星花园》中的四位男主角。《流星花园》是以日本漫画《花样男子》为原型改编的电视剧，这部偶像剧一经播出便轰动了亚洲，后来被不断改编翻拍。

这部电视剧的主要情节为：平民女孩遇到了四个有家世、有背景的花样美男并与其中之一相爱，他们历经千辛万苦终于进入婚姻的殿堂。四位男主角有以下特点：第一，出身名门望族，属于中上产阶级并有自己的人际关系圈；第二，有地位、有权势，都是玩世不恭的"坏小子"；第三，受到周围女孩的追捧；第四，性格暴力、血腥。后面几部翻拍作品又添加了一个特点：男主角的着装倾向于英伦风格——修身西服、典型的苏格兰格子装饰、前胸的标志性徽章。英伦风格服饰的特点就是体现出皇室的含蓄、优雅、高贵，这种高贵、含蓄、优雅正好是西方父权制中的支配性男性气质的一部分。花样美男们不仅在外形上体现出支配性男性气质，他们的行动也是如此：对女性的态度傲慢无礼，性格中有很强的暴力成分，把"争夺"看作体现自己价值的主要方式。在此我们要指出，当代资本主义社会中经过重组的"贵族男性气质"既保存了封建时代贵族崇尚斗争和热血的暴力因素又吸收了启蒙运动之后倡导的现代理性。康奈尔在《男性气质》一书中认为18世纪城市文化的一个重要角色是世袭地主贵族阶级，因此"基于土地所有权，贵族男性气质卷入资本主义经济关系（为市场生产，提取租金）"①。这就意味着新兴贵族男性不仅是冷酷暴力的，还是理性文雅的。

一方面，新兴贵族继承和发扬了传统封建贵族所注重的家族荣耀，而赢得家族荣誉需要热血与暴力。最重要的是，贵族男性气质注重培养男性的权威力量，这就使女性处于弱势地位。从台湾的《流星花园》到大陆湖南卫视翻拍的《一起去看流星雨》都是这种叙事模式：女主角与男主角在一系列征服与被征服的斗争之后，无一例外以女性主动与男性重归于好来结束斗争。因此，这些电视剧的情节由男性和女性之间的斗争推进，最终的结局是女主角被征服，幸福地与男主角走入婚姻殿堂。

另一方面，新兴贵族是在全球加速的资本运营中产生的。在当代资本主义社会，知识、理性比暴力、征服更重要。这种特点使支配性男性气质不再靠肌肉的强健和暴力来凸显，而是依赖外表的温顺和理性。因此，对男性外表的关注和美化不仅不会被西方主流社会拒斥，反而成为大力宣扬的典范，越发达的城市和地区越需要这种外表的精致与内心的理性，这是当代资本主义男权文化的新特点。他们不再像阔少那样任性和暴力，他们自持自重充满理性而不乏柔情。在类似剧集中，男主角和女主角形成了上下级的对立关系（要么是职位，要么是智力），而女配角们则被打上了慕男狂的标志，成为男主角的崇拜者。在这一点上，康奈尔明确指出："男性对于女性的支配是被技术的生产组织合法化的，而非来自宗教或者强加的武力。"②

外表阴柔美丽的花样美男们，不过是资本主义男权文化的产物，这些表面上由女性一手创造出的花样美男所具有的性别气质并不是女权主义力图重组的男性气质，而是将父权内化到自己人格中的女

---

① ［美］R. W. 康奈尔：《男性气质》，柳莉等译，社会科学文献出版社 2003 年版，第 266 页。

② 同上书，第 233 页。

性依据资本主义男权标准虚构出的一种在真实中无法被企及的"理想"男性。为什么时尚界不遗余力地打造这种实则无法实现的"都市美型男"？打造这些有点自恋的、注重时尚的花样美男不得不说是消费主义的策略：一方面为女性打造出虚假的"理想"男性，另一方面不断召唤男性花钱来装饰自己以博得异性的好感。既然是父权社会的理想型男性，既然是消费主义的策略，那么这些花样美男也就不具有性别反叛的资质和条件。

2. "怪异式"装扮——展现另类风采

这里的"怪异式"装扮发源于在性解放运动中兴起的摇滚乐，它吸收了朋克、嬉皮士风格中的部分元素，以另类著称。只要论及性解放，摇滚乐是个绕不开的话题，因为这种音乐在造型及演唱方式上都带有强烈的性意味，它与波普艺术、避孕药以及逐渐开放的法律共同绘制了20世纪60年代西方繁华的性景观。而作为性解放的重要组成部分，同性恋解放运动在摇滚乐中也得到了充分表现，摇滚乐手在着装打扮上自然会指向边缘群体。按理说摇滚乐及其精神的发展与中国大陆没有什么关系，但是随着近年"90后"人群中"非主流"势力的增长，我们可以看到他们的"中性"形象是摇滚朋克风格和嬉皮士装扮的混合。

当前中国大陆流行的"非主流"在外表上保持了嬉皮士、朋克的特点。"非主流"人群的年龄主要集中在20岁左右，在他们自己看来，这种发源于摇滚和革命的装扮及举止动作表现出年轻人对代表理性、知识的成人世界的反叛和抗议。实际上，在20世纪70年代嬉皮士和朋克摇滚全面衰落之后，这种代表革命和反抗的装束已经成为消费文化的一种新形式，外表的标新立异被用于服装工业和大众音乐工业之中，但是其自觉与主流社会保持距离的精神早已被摒弃，这些在消费社会中不断被复制的纯粹物质性事物也就是我们现在所说的"伪嬉皮士""伪朋克摇滚"。因此很难预测，在"90后"中流行的"非主流"是否能够扬弃嬉皮士及朋克摇滚中那些极度男权的因素（对无产阶级男性气质全盘端式的学习，使这个群体增加了更多血腥、暴力的成分，这使更多女性成为家暴的受害者；此外性解放中男女性关系也是不平等的）并成为打破二分性别体系的领头军。但可以肯定，"非主流"已经成为时尚的代言词，它使更多年轻人沉湎于消费而不自知。当"非主流"的装束成为一种潮流时，就足够证明它已经成功进入了主流，既然被主流接受，那么我们只能为它所谓的反叛力量画一个问号。

3. 男性"女性化"的极致——"伪娘"

"伪娘"一词由中国动漫界发明，指动漫中一切自然或通过人为手段达到被他人误认为是女性的男性人物，即生理性别为男性，但是社会性别是女性。"伪娘"与泰国"人妖"和"变性者"有本质的区别。人妖和变性者是通过药物手段或手术方式改变其生理性别，而"伪娘"的生理性别并没有改变，只是通过着装和行为使自己在形态上像女人。最初的真人"伪娘"只存在于动漫真人秀（cosplay）中，即男性临时易女装表演。动漫中"伪娘"形象的流行，使越来越多的年轻男子开始喜好着女装，因此，"伪娘"一词的含义逐渐包括了现实中的男性易女装。这些着女装的男性并不想通过手术或激素治疗的方式改变其生理性别，只是因为某些原因喜好打扮成女性模样而已。

在中国，"伪娘"文化传播很快。为此，人们越来越担忧，"男性女性化"倾向会导致"男性危机"，它的极致就是"伪娘"泛滥、"伪娘"当道。由动漫产业带动起来，通过各种商业传播而流行起来的"伪娘"文化有"灭绝男性"之势，这种思维本来就是父权制的。

其一，"女性化"趋势之男性灭绝论植根于生殖中心主义。异性恋生殖中心主义的思维是：男性的"女性化"使更多的男性形成女性化的思维习惯和生活方式，进而导致其错误地认同于女性身份，这致使他们去爱慕比较阳刚的男性，形成性倒错（同性恋），直接造成他们不愿意与女性谈恋爱、结婚，因此危及人类的繁衍。在中国，持有传统家族观念的人们是生殖中心主义忠实的维护者，他们认为"伪娘"是"中性风格"发展的极限，如果不加以遏制，人类的性别规范将会被颠覆，这种做法导致的后果便是无人传宗接代，家族、民族乃至人类将有灭亡的危险。保守势力认为，维持清晰的性别界限，强调生育的重要性是反抗"伪娘"的重要手段。

其二，"女性化"趋势之男性灭绝论植根于男强/女弱的二元对立观念。如前所说，在父权制的传统里，可以容忍女性易男装，而不允许男性易女装（除去反串），当反串作为一种生活方式被男性不加限制地运用，父权制就会认为"女性化"（尤其是易装）会导致男性无法"雄起"，而这种无法"雄起"意味着"阉割"，这个世界将被女人占据，在中国人的思维中，男性的女性化和力量上的弱化被冠以"阴阳不调、阴盛阳衰"等具有贬义性的词语。因此，"男性灭绝论"让我们看到了阳具逻各斯中心主义。

上述的六种典型形象，是近年来中国"中性风格"的主力军，但是主流并没有对这些形象全盘否定或接受。就受国家意识形态管控最多的电视媒体来说，对易装形象的呈现明显少于其他"中性"形象，因为易装形象可以通过行为动作来颠覆性/性别的二元对立，而其他形象只是流于形式，在行为动作上依然维护父权制。这些"中性"形象以"怪异、另类"之名披上了消解性别的外衣，并颠覆了性别刻板印象。但是从深层次来说，一方面消费主义本身就是在异性恋父权制的土壤中成长起来的文化，当代"中性"形象因为发源和臣服于消费主义，自然而然会受制于异性恋父权制；另一方面国家意识形态在努力地遏制"中性风格"中那些反叛的力量。因此，当代中国的父权制不过是在同性别激进主义周旋的同时，有选择性地展示"中性风格"。当"中性风格"成为一种固定的模式、固定的装扮，成为一种时尚追求，并不加思考地、无限制地被父权制复制和改造，它将是虚伪的性别反抗行为。

三　"中性风格"作为一种消费文化

（一）开拓新的身体美学标准

李宇春等人呈现的"中性"形象及其引发的同性暧昧让中国人隐隐约约看到一个"同性恋"的影子，这个"影子"从来都是异性恋思维模式中的"同性恋"。主流异性恋群体往往认为，女同性恋者必定是"男性化"的，她们引诱并追求那些具有强烈女性气质的女人。因此，人们开始把李宇春的"中性"形象等同于女同性恋男角，此外李宇春与其他女性的关系影射了女同性恋男角和女同性恋女角之间的关系。这种刻意把"中性"形象等同于女同性恋男角的思维其实是对性别身份差异的维护。笔者在本章第一节中论述过这样一个问题：主流社会通过让李宇春变成男性的仿制品而把女受众对她的爱慕之情安置在异性恋的框架之内。那么主流社会如何把更多的女同性恋者和男同性恋者的情感与性关系也安置在异性恋的框架之内呢？唯一的办法是扩大女同性恋男角（男同性恋女角）与女同性恋女角（男同性恋男角）之间的性别气质差异。那么，发扬以及加剧"中性风格"就成为父权社会的手段。因此，父权制是"中性风格"这种另类审美风格最大的受益者，它借助消费来实现。

以李宇春为例。在"超女"中胜出之后，被无限夸大的除了李宇春那独特的气质之外还有她的身体——她那 175cm 的身高，不足 100 斤的体重以及扁平的胸部。这种外形成为媒体和商业宣传的主要形象，在世界知名的模特比赛中，设计师越来越刻意地挑选那些外形高挑骨感的女模特，她们的面部轮廓清晰，几乎没有明显的女性特征，着装从材料的质地到风格式样都缺乏传统的女性特质。而"娱乐世界造星运动最终要达到的目标是，把生活中最强有力、最难以达至的躯体的能力和最帅、最酷、最靓、最……的躯体的行动及绯闻轶事制作成为表达公众对健康、力量、运动、帅和潇洒人生的种种生活情绪的一系列符号和文本"①，媒体对"中性风格"的推崇往往与更高的社会阶层、更美好的生活相联系，这样就让人们产生幻觉：我如果有这样的打扮，我将获得更高的社会地位。于是，新的性别美学逐渐被大众接受，这种风尚也被同性恋群体所追捧。由北京女同小组"同语"支持出版的杂志《les +》致力于女同性恋公益事业，但是杂志中选用的女模特很耐人寻味：瘦高、平胸、皮肤白皙——力求突出女同性恋男角的帅气阳光。不难发现，她们循着"中性风格"的路线，试图制造"美少年"：单纯、瘦削、干净、拥有忧郁的气质。这样一个几乎不可实现的目标，只存在于幻影中的目标，却被无数的"Tomboy"（女同性恋男角，后面简称为"T"）梦想着、实践着。按照父权制的目标，"T"们的身体被打造成了男性，而"P"们的身体被打造成了女性。以李宇春为榜样的"中性"形象的流行，让那些根本无法达到的女同性恋者苦恼，而这也带动了看似是为她们解决烦恼的一系列美容整容、服装、化妆品产业兴起。比如，为了解决大胸"T"们的烦恼，束胸、裹胸在近年来成为畅销产品。如果说，传统异性恋观念中的女人为了吸引男性让自己的乳房增大而不惜花钱去买文胸或者做整容手术让自己的胸围增大，那么当代的"T"们为了获取"P"们的认可和爱慕，不惜花钱去买束胸、裹胸勒紧自己的乳房，更有甚者去做缩乳手术或直接变性为男人。

父权制社会利用"中性风格"让女同性恋男角更加艰辛地生活，她们为自己的身体而烦恼，因为她们不是"真正的男性"，只有通过手术，以极其残忍的方式伤害自己的身体才能让她们梦想成真——变为男性成为女同性恋者的最高目标，这种结局并不是消费社会所阻止的而是它最乐意看到的事实。揭穿这个表面，我们可以看到建立在残害之上的"身体美学"不仅不是消解性别，它是向异性恋霸

---

① 张柠主编：《2005 文化中国》，花城出版社 2006 年版，第 81 页。

权的投降与屈服。

同时，借着"中性风格"之名树立新的美学标准，使全民投入到新的消费浪潮中。新的美学标准时刻提醒着公民，"中性美"是一种时尚。而在由消费造成的等级社会中，外表的时尚意味着你进入了较高的阶层或等级，这种外表的时尚常被冠以"个性"之名，所以，"中性美"不仅改变了同性恋群体，也在重塑着整个异性恋社会。从最细微的鞋子和发式入手，身体的每个部位都被囊括在需要修饰的范围内。这说明，异性恋社会重组的"中性美"不需要偏离正常轨道的另类性别气质，只要能够颠覆传统淑女装扮的"外表"就可以了。于是，注重"外化"形成了精致而严格的标准：剪怎样的头发、穿什么衣服和鞋子、戴什么饰品、化什么妆。这种精致是以"个性"为前提的，但是"消费社会中个体的自恋并不是对独特性的享受，而是集体特征的折射"①。当女性个体通过"中性"装扮褪去了淑女装变为"真正的自己"的时候，她实际又听从了集体的命令。这个集体的发声者还是父权制。

（二）最大限度的身体消费

如果说过去资本主义通过塑造"女性神话"来控制女性身体，那么现在，消费的最大化把所有性别、所有性向的身体全部囊括进来。当代，无论是男性范例还是女性范例都促使人进行自恋式的自我取悦。

最值一提的是对男性身体的消费，分为两方面。其一，男性为改造自己的身体进行的消费。改造男性身体，"新男性"是一道绕不过的坎。"新男性"被认为是20世纪70年代妇女解放运动的产物，它代表这样一些男性，他们意识到性别不平等的存在，愿意参加社会活动宣扬女性权利并且要求改变男性身上暴力、冷酷、无情的气

---

① ［法］让·鲍德里亚：《消费社会》，刘成富、全志钢译，南京大学出版社2001年版，第65页。

质特点，乐意回到家庭帮助妻子，具有温柔、细致、体贴的特质。但是，"新男性"很快遭到传统男性的唾弃，保守势力刻意将"新男性"描述为是"女性化"的。而媒体则借此机会大力宣传"新男性"并将其表面化，其后的潜台词是这样的："想要成为'新男性'吗？那么就从外表开始吧，精致的外表能让你的性格更加温柔、体贴，你的太太一定会喜欢你的新打扮。"因此，"新男性"的出现，不仅没有促使男性帮助女性走出父权制的藩篱，还加速使男性形象进入消费体系。在女权主义者眼里，"新男性"已然成为消费主义的走狗。所以，女权主义批评家朱迪思·威廉森在 1986 年秋的《新政治家》中说："男人们是本年度最具市场价值的一族。"① 这暗示了虚假的"新男性"变成了一种时尚。事实上，"新男性"已被塑造成父权制的挡箭牌，这正是女权主义不买账的原因：一方面外表的女性化不代表根除了传统的男性气质，如前面所讲到的"花样美男"，另一方面对传统女性气质不加扬弃的演绎，加重了性别上的二元对立。

其二，女性为观看男性身体进行的消费。消费社会不仅需要"新男性"想方设法改造自己的身体，也将女性作为"新男性"的观赏者纳入了消费的行列。近年流行起来的腐女文化就是如此。"腐女"是喜欢爱好动漫中着重描述男男关系的女性受众。这种动漫作品被称为"耽美动漫"。但是，从女权主义的立场来看，腐女文化并没有为女性争得自主权，相反，男性塑造了"男性美"，并用它来吸引女性，这使多数女性变成"慕男狂"，是男强—女弱的"一体两面"性。男性掌控着"美"，他们创造出美的标准，让女性为其埋单。男性不仅在政治和经济等诸多方面具有绝对优势，在爱与被爱的关系中，男性由于外表美也成为女性无法企及的理想。媒体中被虚构出来的美男子让女性形成了错误的认识：女性只有通过对自身

---

① P. Bourdieu: Homo Academicus, Cambridge: Polity Press, 1988, p.174.

进行加倍消费和改造,只有让自己变得更美,才能获得"美型男"们的垂青。因此,腐女文化虽然打破了传统的男性看—女性被看的格局,是女性地位相对提高的结果,但是也不能不反思这种把美色拔到最高地位的观赏是否会受到消费主义的利用而对性别解放和同性恋解放运动起到反作用。

所以,很多人并不希冀在新兴的美型男身上看到性别解放。女权主义也对这种"新男性"持怀疑态度。贝尔·胡克斯颇有见地地说:"常常,女权主义运动或男性运动提供的唯一的另一种男性气质就是使男性变得更'女性气质'。这种女性气质产生于性别主义的思想方式,并不代表另一种可以代替的品质。"① 基于性别主义而产生的"女性化"男性受到消费主义的控制。它既不是消解性别,也不代表女权主义顺利改变了传统的男性气质。

因此,当"中性风格"融入主流并成为衡量美丑的标准时,就会带来过度的身体消费。

第三节 规范——作为权力场域的 "中性"身体

一 "中性风格"对主流的二重颠覆

（一）"中性风格"对性别刻板印象的颠覆

刻板的性别印象是人们对男性或女性的性别气质和角色持有的固定印象。它包括刻板的性别外形、行为动作和性格等。在按照男性中心原则组织起来的社会中,存在一套男强/女弱的性别体系。但是性别气质作为父权制巩固性别的策略,是被人为地建构的。由于不断地重复和演绎,这种原本按照人类思维模式被划分的性别气质

---

① ［美］贝尔·胡克斯:《激情的政治:人人都能读懂的女权主义》,沈睿译,金城出版社 2008 年版,第 71 页。

被"自然化"。从固定的性别气质来说，一个男性应当是强健的、攻击性的、高大的，而一个女性应当与男性标准相反，即温柔、娇小、感性、富于同情心。

男性和女性被定型的性别角色也是性别刻板印象的重要组成部分。父权社会人为地制造出不同的性别气质，女性因其外形和气质中娇小、温柔、服从等因素被认为更适合待在家中，而男性气质中强壮、高大、威猛的性格因素则成为他走向社会的外在条件。因此，根据性别气质特征而形成的性别角色把男性定义为家长、丈夫、父亲、创业者，而把女性定义为辅佐者、妻子、母亲、受保护者。在传统的中国社会中，这种性别角色一直被维持着。同时，刻板的性别气质和性别角色延伸到性行为中：男性处于主动地位而女性处于被动地位。这样，男强/女弱的二元性别体系便形成了，男性在性别中处于优势地位，而女性则处于劣势地位。这个性别体系反过来又巩固了父权制的夫妻家庭体系——二元的性别气质和角色是为男性、女性组成家庭繁殖后代服务的，男强/女弱的性别体系要运转，必须以家庭为基础：男性充当家长，并为家庭提供主要的经济收入；而女性则充当被管制者，并在家庭内赡养老人照顾孩子，这就是中国人常说的"男主外、女主内"。

"中性风格"通过反叛的着装打扮和举止颠覆了传统性别气质规范，造成了对规范的逾越，女性在外形、行为动作、性格上趋向于男性，而男性则趋向于女性。这种颠覆行为不仅破坏了被自然化的性别气质，也破坏了传统的性别角色定位。对性别气质的破坏，正好说明女性也可以具有独立、攻击、果断的性格，她在外表上也可以强壮、高大，这些都保证她能够适应高强度、高挑战的社会生活。

所以，"中性风格"受到女性受众的欢迎，因为它颠覆了性别刻板印象。从某种程度上说，它一方面把女性身体从传统的审美标准中解放出来，即女性不必为了取悦男性而留长发、穿裙子，也不必在举止行为上受到"三从四德"等行为规范的束缚，可以以更加大胆和豪放的方式表现自我；另一方面又通过重塑一种男性审美标准而使男性自觉地习得女性化的行为举止和性格，这样也就缩小了男女之间的差距。

（二）对政治话语下建设者形象的颠覆

建设者形象与家国天下等国家意识形态联系在一起。其源头是新中国成立前左翼电影中代表无产阶级力量的工农形象。在这些影像所展示的无产阶级形象中，男性和女性都"高大、威猛、强壮"。这种无产阶级女性形象突破了传统女性的淑女气质。比如电影《三个摩登女性》中的无产阶级女性周淑贞、《新女性》中的女工人阿英。尤其是在共产党领导的革命根据地，女性建设者形象得到了大力宣传。国家为什么会重塑女性形象？无产阶级女性形象是否意味着女性获得了解放？

在人力、物力都相当匮乏的战争及战后时代，为了革命和解放事业，男性已经奔赴战场或者生产前线。而在后方，女性作为一种劳动力开始受到国家和政府的重视，在国难当头的时刻女性被赋予了承担社会责任的历史使命，因此把女性从家庭中解放出来并纳入到社会建设体系中成为当务之急。这种做法就像"二战"时期的美国：为了国家利益，男性必须奔赴前线，而国家和社会的建设只能由女性来承担，正是国家经济的需要让妇女有机会走出家庭。

要把女性从贤妻良母改造成听党指挥的女工人、女干部、女战士，必须从形象上开始。在抗战时期的政治话语中，女性往往被描述成巾帼英雄。在新中国成立之后，国家处在百废待兴的关键时刻，女性依然要在社会建设中贡献自己的力量，因此关于女性形象的政治话语源源不断地产生，在这种政治话语中，女性被塑造成"半边天、铁姑娘"形象，这种女性建设者形象是对战争时期"巾帼英雄"形象的延续。

新中国成立之后，毛泽东说过一句著名的话："时代不同了，男

女都一样，男同志能办到的事情，女同志也能办得到"①，这句话是
对"半边天、铁姑娘"最好的诠释。社会是以男性的标准来塑造女
性、评价女性的，这也造成了女性外表上的"男性化"：在"十七
年"的电影中，女性形象多以工装裤、健壮的身体、英勇无畏的表
情示人。在"文化大革命"中，关于女性的"半边天"话语被无限
扩大，这就要求女性像男性一样。以男性为标准，实际上是要求女
性在外表上拥有与男性一样的体魄，以承担高强度的体力劳动；在
性格上要独立、勇敢、机智、沉稳，能够承担国家交付的任务和职
责。而在传统的父权制观念中，这些外形特征和性格要素都是男性
才会拥有的。所以，在战争时期以及新中国成立后的很长时间里，
男性气质得到发扬，而女性气质（尤其是那些喜欢整洁、干净、爱
打扮的气质特征）受到前所未有的压抑。因此，男性气质被当作一
种标准过度宣传，如果爱打扮、喜好时髦或者显示哪怕一点点温柔
和娇小之气都会以走资产阶级道路之名受到批判。为了国家利益、
集体利益，代表国家意识形态的主流话语有意识地把男性和女性的
性别气质上升到政治的高度，将男性气质变成所有无产阶级劳动者
应该具有的气质，而将女性气质贬低为资本主义的产物。

　　同样属于另类的性别气质，女性的"中性风格"与"半边天"
们有什么区别？新中国成立之初无性征的女性"半边天"形象不仅
不是"中性风格"，它还在社会主义性别意识形态的支撑下与当代的
"中性风格"相抵触。改革开放之后，大陆的性别形象受港台等地影
响，出现"奶油小生"式的男性和"邓丽君"式的淑女。但是主流
社会一直在倡导"半边天"形象，因为在一个不再以战争为中心的
社会主义国家，无产阶级劳动者应该通过勤劳工作来忠于无产阶级
政权。那些过分装饰外表的行为会转移劳动者的注意力，让他们把

---

　　① 这是毛泽东在十三陵水库游泳时同青年谈话的一部分，载通讯《毛主席刘主席畅
游十三陵水库》，《人民日报》1965 年 5 月 27 日。

更多的时间花费在修饰自己这些无益于国家发展的事情上。从近年来看，兴起了一股把老电影翻拍成电视剧的热潮，从《敌后武工队》到《洪湖赤卫队》再到《野火春风斗古城》，革命者兼建设者"高大全"的形象和甘于为革命事业献身的叙事不断被重复，这使无性别建设者的形象再次得到宣传。虽然翻拍老电影显示了诸多缺点：对历史的歪曲、对革命历史事实的娱乐化，但是因为符合国家利益的主流形象得到了宣传，所以官方并未禁止。

　　"中性风格"受到后现代主义影响，不是单纯的"男性化"或者"女性化"而是"雌雄同体"，即抹去男性和女性之间的明显界限，这就要求"中性"形象是男中见女、女中有男的。李宇春不是纯粹"男性化"的李宇春，她有白皙的皮肤、羞涩的笑容，她会注重自己的外形，她遇到伤心事会流泪。女生喜欢的也绝不是男人般的李宇春，她们心中的李宇春影射了一个男性的影子，这个男人也不是纯粹的男人，他需要有白皙的皮肤、羞涩的笑容，他需要注重自己的外形，他需要柔情似水。这个形象也许是师洋、也许是向鼎，总之他是"女性化"的。在这里，有女性对男权的反抗：她们有了表达自己喜好的权利，这种喜好在改变着男人——男人要赢得女人只有为自己"去势"。这也说明了为什么伪娘刘著可以赢得女人的芳心却很难被男人接受。也就是说，"中性风格"让男性与女性之间的界限趋于模糊。但是，国家意识形态创造出"半边天"不是为了消解性别而是消除女性性征，它要求女性通过改变外表而像男性一样强壮，但是保留那些由父权制建构出来的有益于维护国家和家庭利益的女性气质，比如坚贞、贤惠、对男性、对国家（国家的统治者永远是父亲）的忠诚。

　　"中性风格"是对社会主义性别意识形态下的"半边天"形象的颠覆。从外表看，"半边天"形象追求的是纯粹男性化，"中性风格"追求男女同有的"雌雄同体"，二者虽然都属于对传统性别刻板印象的颠覆，但是社会主义的女性"半边天"形象单方面强调对男性的学习，这也是"一种强势性别对弱势性别的霸权"[①]，在女性解放话语的背后潜藏着父权制的思维。在此意义上，"中性"形象有拨乱反正之用，它改变了新中国成立之后为了建设需要而对男性气质过分强调的局面，同时也让个体有了多元发展的可能。

二 主流与消费文化的权力对抗：抵制"中性"身体

（一）官方意识形态话语

首先是具有文化审查权的广电总局。国家广电总局具有对电影、电视剧和娱乐节目进行审查的权力和作用。2005 年，"超女"选秀节目播出后坊间就曾有国家广电总局限娱的传闻。限娱是针对"超女"等娱乐节目本身所具有的商业性质而言，比如以观众短信投票为最终标准带动起的全民娱乐浪潮、以选手另类形象为噱头吸引大众观众从而拉动收视率等。

"超女"栏目为了商业利益而打造出"中性风格"，而"中性风格"对刻板性别气质和建设者形象的颠覆显然不符合国家的性别意识形态。随着"中性"选手李宇春的迅速走红，湖南卫视创造了一个神话，一方面她为当年的湖南卫视带来了巨大收入，另一方面成为符号的李宇春让更多人看到希望，她们希望在来年以"中性风格"加入到轰轰烈烈的娱乐选秀大潮中并能够像李宇春一样成功，而各地卫视也将会因此获得更加丰厚的收入。

在 2007 年广电总局回复湖南卫视举办《快乐男声》选秀节目的申请时规定了这样几条内容：

> 六、举办活动要制定选手参赛标准，参赛选手年龄必须在18 周岁以上，参赛选手的台风、语言、发型、饰品、服装要符

---

① 屈雅君：《论"十七年"中国大陆电影的"半边天"叙事》，《南开学报》（哲学社会科学版）2012 年第 2 期。

合大众审美观念，不能低级媚俗，不能追求怪异、另类。

八、节目主持人要积极引导选手健康高雅地参与歌唱表演。节目主持人的着装、发型、语言以及整体风格都要符合大众的欣赏习惯和审美情趣。主持人要明确自己的身份定位，不能喧宾夺主。要注意引导选手、嘉宾、观众情绪，多讲选手的奋斗与努力。

十一、不得邀请海外华人和港澳台选手参赛或邀请境外人士担任嘉宾。①

从这几条规定中可以看出广电总局延续了 2005 年、2006 年的思路对另类形象严加杜绝，它一方面要求选手的语言着装符合大众审美观念，另一方面要求主持人正确引导选手和观众，此外还附加了一个要求：不能有海外选手。这种对着装和行为举止的规定表明国家的态度：这些怪异形象正是从港澳台及海外传播进来的，而且与大陆现行的性别意识形态相抵触。

大陆的官方对"中性风格"的限制有三重，其一，抵制娱乐节目过分商业化，体现出意识形态的对抗；其二，禁止不合性别规范的身体；其三，抵制不合规范的性。禁止不合性别规范的身体是为了禁止不合规范的性。为什么国家会禁止不合父权制性规范的行为？

从本质上说，无论是资本主义国家还是社会主义国家都需要对性做出区分：什么属于对人口调控有利的性行为，什么属于对人口调控有害的性行为。在区分的过程中，各种非婚的、非异性的、非一夫一妻的性行为被命名和固定下来。这些性行为在话语的轰炸下变成了非法的、不合规范的。

那么，中国是如何利用话语将这些性行为从"正常"里抽离出

---

① 《广电总局同意湖南电视台举办〈快乐男声〉批复》，2001 年 4 月 6 日，中国政府网（http://www.gov.cn/gzdt/2007-04/06/content_573621.htm）。

来的？

查阅资料可以看到，广电总局曾在其《电影审查标准》中规定电影应该删除"夹杂淫秽色情和庸俗低级内容，展现淫乱、强奸、卖淫、嫖娼、性行为、性变态、同性恋、自慰等情节及男女性器官等其他隐秘部位；夹杂肮脏低俗的台词、歌曲、背景音乐及声音效果等"①。

这说明，在社会主义国家，性是不可言说的，性一旦被言说和展示就变成了不合法的。这套话语隐含了一种观念：只有在资本主义国家，只有在将性当作商品来出售买卖并用金钱交易的国家，性才是公开的，而隐藏在不合法的性行为的背后是犯罪的深渊：关于贩毒、吸毒、虐杀、肮脏的金钱交易等话语源源不断地通过检举强奸、卖淫、嫖娼流露出来。有趣的是，在麦卡锡时代美国右翼意识形态也把所有非婚的、非异性的、非一夫一妻制的性行为同共产主义及其政治联系在一起。所以，无论是左翼还是右翼的意识形态都会以非法的性行为作为政治软肋来攻击敌对势力。在这些非法的性行为中，同性性行为更容易被上升到政治的高度。例如，国际上一度流传：布尔什维克解放了苏联的同性恋，因此共产主义是同性恋的支持者。苏联为了抵制流言于1933年颁布法律制裁同性性行为，高尔基本人也在《真理报》和《消息报》上发表声明说这是无产阶级人道主义的伟大胜利，而同性恋合法化是德国法西斯主义的普遍现象。但是德国法西斯对共产党的迫害，又是借着"同性恋"之名展开的。不难理解，在电影审查制度中，同性恋会与低俗色情行为一起被禁止，这一方面说明"同性恋是淫乱"的思维一直存在于中国社会，另一方面是重申"同性恋"这种淫乱行为只能够在资本主义社会中存在。

---

① 《广电总局：夹杂色情暴力恐怖等内容的影片须删剪》，2008 年 3 月 7 日，中国政府网（http://www.gov.cn/2008lh/content_913239.htm）。

将不合法的性行为与资本主义意识形态联系起来，并通过设立相关法律来保证其不再扩散。比如 1991 年，一个以健康研究为名的搜捕行动在北京同性恋圈中展开，执行者是北京东交民巷派出所的警察。50 多名同性恋者被捉拿，审问，采血，问卷调查。在对"同性恋"实行打压的过程中，那些"女性化"的男人和"男性化"的女人往往成为被集中搜查的对象。导演张元正是以此事为原型拍摄了电影《东宫西宫》。

其次是学校和教育者。青少年教育研究专家指出，"中性风格"的女孩希望通过抽烟、爆粗口、打群架等方式变得和男孩一样强势。[①] 对"中性身体"的质疑离不开心理学话语，关于它所导致的一系列后果也从心理学中找到了依据：暴力、同性恋、没有良好的世界观人生观、无法适应社会，等等。就怎样能抵制"中性风格"，心理学话语指出，应该归咎于偏离者从小所受到的异于常人的家庭和学校教育：比如父亲角色的缺失，学校没有制定合理的性别教育课程。家庭和学校因此加入了这场社会保卫战。目前，已经有学校明文规定要把培养符合男孩和女孩性别角色当作教育重点。学校作为教育的意识形态国家机器，在这里起到了召唤的作用，被召唤的学生变成了被规训的主体，这些主体在日后一方面要严格地遵守性/性别规范，另一方面成为异性恋家庭的维护者和监督者。

（二）代表父权制的个人话语

2006 年东方卫视《加油！好男儿》的选手向鼎，因为外貌行为极其女性化而受到很大争议。被称为"男版李宇春"的向鼎在晋级全国十强之后，东方卫视接到了一位南京老年观众的电话，他对《加油！好男儿》栏目淘汰江洋等阳刚型选手而让过分女性化的向鼎晋级的做法表示愤怒。这个观众作为个体，代表了中国成千上万的

---

① 《国内女学生暴力事件趋升：或与"中性化"有关》，2007 年 5 月 5 日，深圳新闻网（http://www.sznews.com/news/content/2007-05/05/content_1097737.htm）。

经过现代父权制重新建构的主体，他们是性别规范忠诚的维护者，也是异性性规范坚定的支持者。

对于中国而言，"中性风尚"并不是新现象。中国古代有很多文学著作都从侧面描述和反映过这种现象。《战国策》的作者借魏王之口展示了龙阳君的阴柔之美，《魏略》中描写了何晏的女性化仪态。即便是曹雪芹也不忘在《红楼梦》中表现公子哥的阴柔妩媚。为什么古代文人会不断书写这些"中性"人物，并赋予他们之间一种另类的性关系？

古人对同性性关系（鸡奸）并不绝对排斥。考察中国古代法律，除了明清时代有明确的法律规定禁止鸡奸，其他时代对鸡奸的压制来自道德。道德为什么会谴责鸡奸？鸡奸作为多余的"欲望"象征着"无节制"，而"无节制"会阻碍君子修为。所以，道德谴责鸡奸，是因为它处于适度的性之外，象征"无节制的性"。同时，古代中国也是父权制社会，但是它并不要求严格遵守一夫一妻制，也就是说男性在结发妻之外可以与其他人有性关系，这种性关系不仅可以是男性与女性之间的，也可以是男人与男人之间的。因此，多重性关系的存在并不影响传宗接代这个任务。同时，中国古代的男性性关系是对男女性关系的移置，也就是说男男之间的关系有强弱、阴阳、上下的等级，君王与臣子、士大夫与优伶之间的关系都是如此，君王、士大夫是男性的、阳刚的、阳性的，有地位身份的，而臣子、优伶是女性的、阴柔的、阴性的、没有身份地位的。那么，在古代父权制的中国，个体可以接纳"中性风格"，为什么在现代的社会，被父权制建构的个体就不能接受"中性风格"？

现代中国建立了一套新的性观念、性标准，而这套标准是在西方世界的价值体系基础上发展起来的。"五四新文化运动"积极引进支持和倡导西方理念，并由争论妇女和婚姻问题过渡到性，进一步创造了一批关于性的新语汇，因此形成了新的关于性的词汇和观念标准，这种观念以反封建之名持续到今天。在这套新的性词汇里出现了三个字——"同性恋"。在之前,中国从来都视同性性行为为一种性爱方式,它不是一种主体身份,也不需要认同。就如福柯所说:"过去鸡奸者只是个别的异端,而现在同性恋者则成了一个种类。"①需要指出,"五四"开启的性观念是以19世纪后半期西方"维多利亚时代"的性文化为基础的。福柯认为,"维多利亚时代"不是对性进行压制,而是鼓励谈性、说性的。性与现代科学话语紧密相连,科学话语促使人们坦白自己的行为并对什么是正确的性什么是错误的性做出界定,在这里现代科学继承了基督教的坦白机制,在坦白过程中,不正常的事物被区分出来,"性倒错"作为新语汇产生,而"性倒错的增长不是困扰着谨小慎微的维多利亚时代的人的一个道德主题,而是一种权力形式干预身体及其快感的真实结果"②。因此,在中国,从"五四"开始,中国人就已经遵从了"维多利亚"的性观念。

这种性观念在共和国前35年被推行到极致,甚至形成了一种"禁欲主义",同性恋更是严加禁止,虽然没有法律上的明文规定,但是由于新的性观念深入人心,对同性恋的禁忌几乎是被主体内化了。

由于将同性性行为主体化,并将其定义为非法的性,那么那些在性别上有颠倒行为的人都被纳入了怀疑的范围,他们因为在性别上不符合大众的要求和规范而在性上遭受质疑。对于被现代父权制建构起来的主体来说,中性风格是违反性别规范的,那么也就是说其背后很可能是性倒错——同性恋,它不仅不符合规范的生活方式,违背了父权制的性/性别规范,也与社会主义的意识形态相抵触。因此,在当代中国,父权制作为基础并未受到撼动,它只是以另一种方式进行运作。

---

① [法]米歇尔·福柯:《性经验史》,佘碧平译,上海世纪出版集团2005年版,第29页。

② 同上书,第32页。

（三）规范的目的

前文所分析，"中性风格"最重要的意义是触动了异性性规范。异性性规范既是父权制的关键与核心，也是社会主义社会维持和谐的重要手段。从社会主义对"半边天"形象推崇，可以看到，社会主义对性别的革命始终停留在形象上，它可以通过宣传一种新的性别形象为无产阶级利益服务，但是社会主义在性上不仅不具有革命性反而发展出各种"性禁忌"。改革开放的春风为大陆送来了"中性风格"，"中性风格"的外在形象显然不是"半边天"。如果说社会主义可以妥协，那么这个妥协只能停留在性别形象上，也就是说，它和父权制一样，只能接受性别形象越界而不能接受性越界。因此，"规范"最终成为主流对待"中性风格"的手段。

"规范"的目的在于区分，区分出什么样的"中性风格"是合法的，什么样的"中性风格"是不合法的。显然，"规范"最终落在了"性"这个核心问题上。桑德拉·本姆的"性别角色'双性化'理论"为规范"中性风格"提供了理论支持。于是，符合性规范的"中性风格"，被称为"双性身体"或者"雌雄同体"；而不合性规范的"中性风格"，就是不正常的、颠倒的、变态的。

对"中性风格"的区分，也让那些有同性恋倾向的人更喜欢"双性恋者"这个称呼。在中国，"双性恋"仿佛天平上的一个刻度，它是向"异性恋"倾斜的预兆，意味着一个有同性恋倾向的人可以通过改造和治疗恢复"正常"，意味着他/她有结婚生子的可能性。与中国相反，西方世界的"双性恋者"是最不受欢迎的，作为弱势群体，他们受到的排斥既来自异性恋群体也来自同性恋群体。因此，中国的同性恋者更喜欢自称为"双性恋者"，这种现象的实质是妥协与退让。

第六章

从现代流行女装看女性的现代性

　　一提起"现代",人们的脑海中马上会浮现这样一串概念:现代就是新事物、高科技、前卫的、超前的、优越于过去的生活样态。其实在公元494—495年,基拉西厄斯教皇一世已经最先使用了"现代"一词,当时他是为了区分自己的时代不同于先前教皇的时代而使用的,所以,并没有现在优越于过去的意思。后来当哥特人征服罗马帝国后,新建立的帝国在人们的眼中才呈现了一种根本性的分界,即新对旧的再造,"现代"这一术语才形成了其特定的意义,而且成为"现代性"的重要特质,"创新"一直沿用至今。直到16世纪的文艺复兴,人类心性气质开始摆脱至高无上的王权和神权的束缚,为赢得自己思考自己的权利,进行不屈不挠的斗争。从路德的宗教改革,18世纪的启蒙运动,到进入现代以来,"现代性"终于以一种独立的姿态存在于人们的生活和思维当中,成为现代社会整个人类的总体心性结构。随着"现代性"的进程和发展,女性服饰也渐渐从实用、御寒、遮羞的原始形态中淡化了出来,走向以拓展人们整体审美视野,创造多元文化,提升人类情操,营造主体与世界和谐气氛为主的现代之路。女性服饰给大众文化带来的变化,不仅影响了人们的审美趋向,而且对于女性的主体价值观确立、自我认同感及审美品位等各个方面都有提升，也促使女性以一种积极的心态和形象参与到了现代文明的建设当中，和男性共同完成现代性"未竟的事业"（哈贝马斯语）。特别是从文艺复兴、启蒙运动走过来的女性也开始逐渐意识到运用理性思考自身主体性的问题。进入 19 世纪，对现代化和现代主义的种种感受使她们经历了和以前不一样的生活世界。理性带来的智慧和创造的新奇世界，使得女性在现代社会中呈现着不同的精神面貌，其突出的表现就在服饰上，在摆脱了沉重的裙撑，扔掉了先前象征严格等级和王权标志的烦琐装饰，脱掉了束缚女性肉体的"三寸金莲"之后，女性开始主持自己身体的生杀大权。女性的现代性也向着多元化转型，以自由、开放、个性化的姿态进入大众的文化领域。色彩绚丽的对比搭配，让宗教禁欲主义的传统服饰及"文化大革命"等特殊时期的黑、白、灰暗色调成为现代性进程中的垫脚石。女性在服饰上的投入不仅仅是炫耀、满足的情感，更有对自身特点、性格、品质、心态等的客观性把握。如：时尚的流行可以穿出青春的气息，洁白的婚纱展示自主的爱情，高洁的正装凸显女性的大方和典雅，俏皮的装饰和配件可以炫出个性化的审美风格，具有传统民族特色的服饰展示了丰富多彩的民族文化和女性灵秀、纯真的内心世界，等等。这也正是 20 世纪 30 年代活跃于现代时装界的设计师可可·香奈儿所期许的一种服饰境界，她说："时髦不仅仅停留在衣服上，时髦是空气中的。更是思想方式，我们的生活方式，是我们周围发生的事物。"[①] 可以说，现代性的一次次发展，服饰的一步步推进都是女性生命自觉的潜在流动。

---

① 王受之：《世界时装史》，北京中国青年出版社 2012 年版，第 16 页。

第一节　女性服饰的现代性转换

一　除魔过程——理性与皇权的"祛魅"

20世纪初，封建帝制的解体改变了女性服饰几千年来作为贵族和王权象征的符号化命运，取消了服饰严格的等级制的划分，女性也不再献祭式地把个体自我让渡给社会秩序，而是开始从套子里走出来以对自己负责的姿态去感受生活。女性身体作为客观存在受到了尊重和爱戴，个人对自我的感官感受开始有了认识，表现在服饰上就是对裙撑、束胸、小鞋的抛弃，完成了女性历史上具有开拓意义的"除魔"运动。

"除魔"运动开始于20世纪初，又称"祛魅"，源于韦伯，是他在加尔文教中发现的一种理性化过程。"除魔"过程完成了启蒙运动的初步计划，也为资本主义合理化创造了条件。资本取代了上帝的位置，理性剥夺了朝圣者对上帝的信仰，一种新的诅咒扑面而来。伴随现代社会的制度化进程，女性也实现了自身肉体的"祛魅"过程，开始以"人"的意念祛除身上有形的枷锁，把目光转向了自身及周围的人和事。特别是一大批女性主义者的推动更起到了催化剂的作用。这一过程是人类历史进步的阶段，它不仅去除女性身上有形的枷锁，也为她们对自身认识的进一步发展扫除了一道障碍。对于女性来说，裙撑和三寸金莲服装样式的消失完成的是社会的一次革新过程，当然，在资本主义精神大行其道的社会里，女性群体被主流社会主导的命运并没有改变，改变的只是一种生活方式。被祛除"魔法"的女性身体成了服装意义象征的新载体。

"女为悦己者容"这句古语虽然带着封建的习性，却从潜意识里渗透了女性对美好感情的渴望，对自我情感的认同和努力。对服装的挑剔和精心搭配，是女性对投射到异性眼中的自己的一种诠释和认可。例如古代妇女，她们不得不被束缚在家庭的小圈子里从事家务劳作等活动，以维持家庭生活。她们默默无闻地穿梭于织布机旁，用一块块布、一件件衣服见证她们的青春年华和对生活的期许和努力，用服装上偶尔点缀的精美图案和刺绣去展示女性美丽、精彩的内心世界。经过动荡的 20 世纪前半段，服装已经成功地实现了与教权皇权的脱离，开始随着社会转型时期人们的叛逆心态呈现不一样的表现形态。如：女权主义运动在经历了 60、70 年代的风波之后也呈现了独特的叛逆风味，许多女孩故意在牛仔裤的敏感部位剪个窟窿，显示对规则形服饰的调侃，也是对以前将妇女绑的像个囚徒一样的衣装的告别。她们开始通过自身的展现来呼吸一种新鲜空气，以独立的姿态享受社会同等的待遇。20 世纪 30 年代，现代主义运动中的"装饰艺术"的革命带来了服饰文化的春天，这场从服饰入手的对传统意识的革命为服装增添了革命性、民族性、主观性的现代动感，尽管工业化的操作方式产生了大量的雷同服饰，但女性个体生命的活力迸发将服饰的个性特色在这时完美展现。超现实主义的服饰理念（如未来主义、达达主义、嬉皮士等）为女性服饰的现代性视角增添了不同的气质。

女性现代性的进程不是急先锋，却在他者的位置上实现了与主流的相得益彰，女性服饰的发展走向在与主流的融合中实现了自身的发展和突破，像"三寸金莲"虽然是中华民国成立后一项政治上强制取消的封建桎梏，但从另一个角度看也是女性对社会不合理因素的有力抗争和反省赢得的成果。女装从生活中走到了市场上，又从市场上走到了大众文化的前台。以服装为主题的时装秀、服装展示会、流行趋势发布会都是围绕女性服装进行的规模性的活动，这里汇集了商业理性、艺术观念、服装价值、女性风采等多种因素，是现代性的一个竞技场，按西美尔所言，现代性是无本质的"一切皆流"，女性服饰所展示的女性自然身体和人的科技理性、智性，得以完美地融合，在时装的舞台上延续着差异性和矛盾性。如：众多的女性主动地放弃了对珍稀动物毛皮的眷恋，去承担生态危机中应有的责任。在时装发布会上，我们就经常看到以环保为主题的服饰表演，现代生态危机给人们带来的环保观念的改变在时装舞台上得到展示，从这一角度看，女性成了时代某些元素的领跑者，人类原始遗产中与生俱来的女性文化和人类理性主导的文化在这时有效统一了起来，展示了非社会意义上的女性之美。

　　20世纪初服装设计品牌的兴起，服装设计师的出现使服装的运作走上了正轨，社会的量体裁衣将服装的独立性提炼了出来，一种新的模式产生了，它使女装不再拘于一格，样式不断翻新，传媒效应、商业效应的慢慢介入促成了女装的繁荣，资本主义理性的工具性和价值性在服装上开始呈现了出来，女性群体不再被当作一个被动的、私人的群体，而是借助于服装的社会性和前沿性走上了大众文化的舞台，女性也穿上了另一种更具现代性的服装样式。然而，各种服装样式更新换代之后，每种款式的存在只是暂时的，而不可见的另一种模式却是永恒的，那就是由父权制理性主导的服装理念。进入现代社会以来，服装样式开始关注女性身体曲线比例，以真正的专业化的角度审视女性，审视性别文化。经过打磨和塑造，社会为女性定制了一套套科学性的主流话语。流行服装开始成为时尚风格的主宰，社会以身体作为女性的代言，并把加之于身体的各种"规训"措施以潜在化的形式移植到了社会主流文化中，它作为流行的幌子主宰了人们的价值取向。女装界接着推出了一系列的服装样式和款式，对V形、A形、H形等不同形体的女生给予全方位包装，打造了服装界关于女性美的神话。与之同时，社会推出的模特行业是其体制的又一发明，从人造模特到真人模特，几年时间，专业模特就具有了与人造模特同样的样板效果。模特的出现是女性身体文化的另一种流行趋势，模特与着装的完美结合成就了女性世界的"神话"标准和模型，这时的话语权力以科学的形式冲入了女性的消费世界中，理性的工具性成为加在女性身上的另一个诅咒，女性文化以其合理性存在了下来，社会以对身体的塑造和关注骗取了女性的信任。弥漫在大街小巷的女装店被视为女人的天堂，到处都是女性身体的领地，广告牌上、电视上、电影上、杂志上的众多女性成为宣传服装的模型，传递着一种"嘉年华"式的文化信息，女装的不断推陈出新延展了服装的价值。这里，被分散的被解构的不再是女性的"魅"，而是女人存在的可能性空间。所以，"祛魅"并不是"解魅"，在社会的眼里女性不是一个固定的事实，它的身体承载的只是对可能性的无限追求。社会除去的是一种历史，留下的却是一个无主体的空缺，现代性的诞生填充了这个空缺，父权制的理性主导了这一进程。

二　传媒给女装文化带来的新气象

在现代传媒技术的推动下，文化变得符号化了。广告更是以一种精练和庄重的符号代码取代了社会真实，它的商业运作和科技含量取代了人们对于真实事物的探寻。女装文化也借助于传媒功能延展到了社会生活的每一个空间，如家里的电视，大街上的广告牌，这些传媒话语营造了这样一个空间：在这里女性寻求的不是一件衣物，而是一种象征，一种由主流社会凝结成的社会形态模板。女性也以积极的参与性和主体性姿态接受了这一事实，对"美"的追逐成为社会为女性大众营造的一个生存空间。女性在对待服装上的消费心态开始从单纯的物质消费或满足身体和地位阶级欲望的需求，向着对服装文化、美的品位和鉴赏转变。女性对待服装的心态开始变化，它不仅仅包含了社会整体环境的发展转变，更体现了女性独有的个人品位、生活品位、个人心性。这些个人心性结成的女性群体样态体现了女性的现代特质，也给女装带来了别样的精神面貌。今天的女性有了调侃历史、现实的勇气，她们把历史对女性的排挤和压制变成了一种生活艺术，以展示对统治阶级艺术的不屑一顾。其中"芙蓉文化"就是一个典型实例，芙蓉姐姐敢于公开、独立、大胆地张扬自己，在她身上没有社会对美的标准的衡定，没有社会对服装的品位的鉴别，只有自己的独立的主体形态站立在社会的舞台上，去挑战人们的视线和眼光，她呈现的妩媚和激情是纯粹的。她展示的服装身体文化虽不被主流社会认可，而且被批评为是俗文化，但它的价值在于对机械复制文化、制度文化的一种挑战。同样，"中性装"近来也受到人们的青睐，它适应于男女两性，没有特别张扬的性别元素，对它的喜爱也正反映了现代人对待过于规整化、性别化的社会的一种厌倦和反抗，是没有受到主流文化约束的一种自由的身体与性的展示。女装的男性化也是流行一时，它的个性在于打破了社会男女装气质的典范。中国唐朝时期，唐太宗朝的公主们就开始穿裤子等骑马装，而这种服装当时被严格地定位为男人的装束，西方进入现代社会以前，众多的女性也开始穿绅士装出入高尔夫球场等场地，这些文化体育活动本身没有对性别有过多的要求，只是社会为其规范化运作而杜撰的理由，是塑造性别意识的一种手段，严格地说，在服装领域人们穿衣打扮只有尺码的问题，没有性别这一强制性的约束，女性穿男装不仅是一种时尚，更是一种穿衣风格，是对服装性别划分的挣脱，是企图疏离社会规训的一种手段，以上三种女性着装模式在现代人看来是一种个性，一种超出社会正常规范的过激行为，但正是这样一种心性品质和表现状态成为时代进步的促发点，它是对社会象征符码的一种警示，是一种健全社会群体心性结构的方式，艺术往往在不规则中取得突破的。女性文化的生存空间也只有在这种调试下才显示出来。广告在现代传媒中，成了不折不扣的弄潮儿，它的窍门就在于通过他人来激起了每个人对物化社会的神话产生欲望，开启了无限的物的文化系统，它通过某种带有戏剧性的演绎方式去捕捉人们深层次的某些东西，使人们在读解它的过程中联合周围亲密的人去共同创建一个等级、一个团体。就像一件服装的流行趋势一样，一个点可以马上扩散成一条线、一个面，随后就可见铺天盖地的雷同场面，营造了一个有意识的生活空间。这种局面的形成表面看是出于喜好，其实是种竞争。"机动、欲望、奇遇、刺激，别人的不断判断、不断发展的色情化，信息以及广告的煽动：所有这些在普遍竞争的现实背景中，构成了一种抽象的集体参与的命运。"①

第二节 女装文化的现代性表征

一 女装文化的媚俗效应

女装的媚俗表象是一种"劣质"文化，其内涵却是一种主体精神。它不仅是现代商业文化、科技文化和信息文化在服装上的媚俗，也是服装业不断更新换代和锐意进取的内在精神需求，女装"媚俗"是一种社会特质，是女装文化和商业、科技、伦理、教育等结合后形成的一种性质蜕变，本身具有两面性，一方面表现了商业社会的控制本质，另一方面是社会各种元素融合和影响下形成的一种新的模式。女性社会地位的无主性和模糊性使她们容易受到各种潜在文化的侵袭，身体和性的历史定位成为她们发展的致命弱点。就像鲍德里亚在观察社会的时候，首先看到的是成堆的商品一样，他并不把它们看成是社会运作所遵循的价值体系的物化，而是把商品当作虚幻的存在，当作具有魔力般诱惑力的"花神"和"色魔"，人还是人，变化的是物、是服装。在变幻的过程中存在的是人的精神元素，而女装的"媚俗"效应是社会媚俗精神在服装上的展示。

"媚俗"化是社会将身体和性的文化混淆化的产物，身体的存在模式是模糊的，它既有有形的界限，又有无形的界限，当它被当作有形文化时，它的服装展示效应就是一种文化，当它是无形的时候，它的服装展示效应就是一种性的指标。当人们把这两种形式杂糅到一块，从服装的表层的展示效应来看时，它就是媚俗的。既不像文

① ［法］让·鲍德里亚：《消费社会》，刘成富、全志钢译，南京大学出版社2006年版，第53页。

化，也不像纯粹的身体文化、性文化。所以，在整个服饰文化的消费过程中，社会不仅竭尽了物的所有效能，更开发了人类精神、欲望的超越性。鲍德里亚在其《消费社会》一书中针对当代社会的这种复杂变化就指出，当代社会出现了极其庞大的伪图像的神秘运作，而且，这些图像有时由于无所指而进一步带有神秘性，本来"掩饰就是把有的东西假装成没有，而模拟是把没有的东西假装成有。其中一个是指涉'有'的东西，也就是表现某种'在场'的东西。另一个则是指涉某种'不在'的东西，但是，问题实际上更加复杂，因为模拟本来就不是假装或掩饰"①。这段话很好地解释了"媚俗"的病态症状，在它身上真与假始终是模糊的。前些年出现"芙蓉姐姐"那位大胆挑战自我的女孩，在舞台上自由秀出自己的个性，被众媒体批为"贱"文化的代表。试想如果换个地方，将其放到时装展示的舞台上，人们又将如何评说。所以说，在媚俗文化背后真正媚俗的不是女性、不是性文化，而是社会对自身文化运作过程呈现的病态症状，而女性成为媚俗文化的替罪羊，服装"逆像"特征混淆了社会关注的视线。社会对"媚俗"现象的指责和批评也是一种"亡羊补牢"的做法，因为这种游戏已经成了脱离现实、超越实在的做法。它在人们的精神的无限性中发展，是对现代社会的警醒和嘲笑。首先，女装"媚俗"的产生源于社会对女性欲望的开解，虚幻的社会表象引诱了女性对服饰潜在效应的追逐，寻求一种虚拟的真实性，从而表现出在现实社会看来"反常"的形态。在服装文化的行进过程中，人类每胜利地向前跨出一步，不但没有满足先前的人们的精神超越欲望，反而更促进她们冒险地走向超越无限的野心，于是女性购买服饰的欲望永远没有终点，服装"媚俗"化不仅伤害了人类的精神情感，更取消了女性的精神主体性，导致这一现象的不是别的，正是社会运作本身，对于任何事物都追求无限超越本能

---

①　高宣扬：《流行文化社会学》，中国人民大学出版社2006年版，第263页。

的盲目，取消了理性对于社会各环节的节制和把控能力。欲望从人类产生以来就被称为"万恶之源"，而现在商业社会凭依的恰恰就是对于人类欲望的不断挖掘。商业文化本身缺少真正的人类精神质素，反而增添了一些虚假的需要。其次，源于女性自身主体性的缺失，社会从一开始给予她们建立主体理性的机会就很少，从小女孩起，她们就被教育要做一个乖孩子，不要像男孩一样疯，长大以后要做一个漂亮的淑女，以便将来嫁一位好丈夫，嫁人之后被规约为要做一位贤妻良母，以得到丈夫、婆家、社会的认可。在这一系列的成长过程中，社会的"规训"已经为她们提供了一套法则，而走出法则的人往往被社会大众所不容，被认为是生活在边缘的人。最后，源于服饰文化的自身魅力。单从文化角度讲，女性服饰自古以来就以多样性、色彩艳丽、款式新颖及因女性身体的曲线而呈现与男装不一样的风貌，是性别特质赋予服饰的一种美、一种品质，是一种性别文化服饰。对性别的追求本身体现了人类的欲望指向、情感指向，当这种指向以一种畸形的形态表现时，它赋予服饰的就是一种病态的文化，即"媚俗"的服饰效应。所以，女性服饰文化对度的把握是衡量社会进步的一个有效标志。当一定的社会阶段内女装媚俗文化被拖到舞台上时，也是人们精神状态的另一种表征，是另一种服饰文化。

同时，女装媚俗效应也是女性的一种性别出位现象，社会规训的女性往往呈现的是一种"女性化"姿态，而媚俗行动本身就是一种男性化表现状态，是对社会文化的一种挑战和反抗。社会的权力技术一直针对个人、个人的肉体，严酷地控制着每个人的生命活动，使每个人的生命中的任何一个因素都变成有利于统治者这层利益的环节，一旦个人生命活动不利于社会整体，统治者就可以惩戒其肉体，直至每个人的肉体都变成统治者的驯顺工具为止。主流男性社会一直以权力机制压制社会对性的放纵，企图控制社会有效运转，对性的欲望的出位是统治者这一措施的失败造成的，也是个人主体性的有效发挥。20 世纪 90 年代，许多女性把牛仔裤故意在敏感部位剪成小窟窿，这种抗争现象是以媚俗的极端方式来抗击媚俗本身的表现。刺激的是大众，伤害的是社会规则，收获的是一种文化现象，是被社会体制压制下的媚俗的主体性的张扬。所以，"媚俗"之"媚"是指向主流社会，"俗"是指向的是大众文化，女性在"媚俗"的文化中是战斗着，也是服从者。

女装的媚俗也是对男性社会群体的一种献媚式的讽刺，"社会机制"的运行就像男装一样给人一种威严、庄重、正式、强悍的印象，而且总是用一种外在的节制来压抑"雄性"效应，小心翼翼地经营着自己的情感、欲望，用各种幌子来掩盖他们的无动于衷，女装"媚俗"是从他们的内在运作中迸出来的精灵，它以一种挑逗的方式揭露着社会的一本正经，是社会机体失衡的报警器。现代消费社会作为生产与消费颠倒的社会，并不是靠稳定的规则来运作。相反，是靠其不稳定性来运作的，而且，在消费社会中，社会的人为特征也更加明显，所以，女装的媚俗是女性群体对社会的一种规整行为。社会的"规训"虽然抑制了女性的身体，却让这些身体阐释的意义得以释放，背叛和出卖着它的内在本质。

二　女装文化的崇拜现象

在今天以消费为主流的社会里，商品成了人们崇拜的偶像，而服装可以说是所有女性商品中的明星，各大服装商场和购物广场八成以上是女性消费者或参观者。从女孩懂得爱美，被别人关注时她就开始向往商场里的各种服装。无论是职业女性还是无业游民，青春少女还是家庭主妇，对于服装市场的青睐足以和其吃饭、睡觉相媲美。而且她们在选择、购买服装的能力方面也超出男性，社会也向来以一种积极肯定的态度认可这似乎是女性独有的天性。产生这种现象的原因是多方面的。

从女性的角度而言，第一，女性充斥于各大商场和服装市场是一种参与公共领域的行为，是对自己进入主流社会的渴望。因为在这里她们可以成为物的主宰者和支配者，而且在这里她们可以获得一种对自我的认可和成就感。可以在男性占据主导地位的世界里，找到一块由绝大多数女性参与的实施权力的活动领地。而且，服装行业本身是社会的一个门面，它的发展变化承载着一个社会的精神表象和时代风尚，女性作为家人和自身服饰主要的购置者也可以参与社会的发展进程。

第二，这里消解了家庭和社会浓浓的男权气氛，没有了谁决定谁、谁领导谁的利益纠纷，这里只有女人之间的较量和诱导，这里也可以呼吸到与时俱进的气息。一个介绍、一个创意、一个发展、一个搭配、一件珍品、一类设计、一种配饰都在她们的目光审视下成为永恒，这里她们可以尽情发挥女性独有的眼光和天分，在没有约束的情况下大放光彩。于是，这里似乎成了她们的天堂。她们朝圣般地买回一件服装，虽然花去了金钱却买到了一种心情、一种感受、一份寄托。这里，服装成为广大女性在男性主导的社会里的一种可以藏身的场所。

第三，这里给她们一种责任感，对于家人的打理和保障成了家庭主妇们的第一要务，它关系到一个家庭能否良好运转。对于年轻女孩来说，走出去、活出个性和时尚、赢得青睐和喜爱，靠的就是对自己的修饰和包装，因为这时是她们人生中的黄金时段，有可能关乎一生的走向。所以，在服装的选择和购买上，女性更有一种责任感，一种宁可吃苦受累也要努力做好的顽强进取精神在里面，这也正是现代性所极力倡导的精神，是女性参与现代性的一种方式。伦敦大学的英国社会学家唐·斯莱特，在他的《消费文化与现代性》一书中指出："消费总是而且无处不是一种文化过程，但是，消费文化这个概念，则是独一无二，专有所指的：它是在西方现代性发展过程中形成的文化再生产主导模式，消费文化在许多重要方面，都是现代西方的文化，它对于现代世界中的日常生活实践，当然是处在意义的中心。它普遍联系着界定西方现代性的那些核心价值，实践和制度，诸如选择，个人主义和市场关系。"① 在服装上表现出的现代性是女性参与现代化进程的一种方式，她们通过服装展示了她们独有的心性结构。服装作为"物"商品也即拥有了一种独特的精神指向。所以，女性对服饰的崇拜，从表象上看是一种进步，是一种社会意义的再阐释，实际上，她们崇拜的是一种心境、一种生活方式。

第四，女性可以把同样在流水线上生产出来的服饰穿出独特性，它成功地延伸了女性的空间和展示舞台，并且给处于边缘阶层和特殊身份的女性提供了一个展示自己的机会，一个融入社会的添加剂。活动空间的延展使她们的思维方式也呈现了多元化的局面。通过对服饰的挑选和购买她们可能关注布料、搭配、价格变化浮动、设计理念、出产厂家及加工方法等，也有可能透过这些了解服装市场的潜在信息，引导消费更趋合理化和科学化。

从社会方面来说，女性的一举一动其实一直有一只大手在指挥着，它深深地扣住了女性对于服装的心理诉求和情感诉求，并通过一种科学化方式引导大量女性消费者入瓮，即商业的运作模式。在现代资本主义社会，文化也已经演变为消费文化，一切文化产品像商品一样被生产、交换、消费紧紧包围。女性服装除了女性自身身体的展示之外，也借助大众传媒、消费文化的普及和便利成功地进入了人们的消费视野，调动了广大女性消费者的欲望和潜能。在每个成年女性特别是年轻女性的衣橱中，几乎都有数件堆积而不穿的过时衣服，它们或者被丢弃在垃圾桶里，或者就被焚烧，成了连可以回收利用的废品都不如，而购买时的冲动、盲从、炫耀的初衷替代性地传入了对下一件服饰的追逐上，如此循环使人们对服饰的审美和欣赏大打折扣，商业模式给予服饰的快速更新换代更增添了人

---

① 陆扬、王毅：《文化研究导论》，复旦大学出版社 2006 年版，第 225 页。

们对服饰的攀比的欲求。"当然，在一个物化无孔不入的社会中，消费文化以一种肯定的形式为社会提供了一种补偿的功能，给异化现实中的人们一种自由和快乐的假象，用来掩盖这些事物在现实中的真正快乐。"① 今天，在街上结伴而行的女孩面对成百上千种衣服进行选择时，似乎享受的是社会提供给她们的无限欣赏权利，其实，这种娱乐和消遣弥补的是劳动者在工作中消耗的那部分脑力和体力，以便更好地投入再生产当中，这也正是消费文化给人们带来的错觉与不幸。女性对于服装的消费不仅仅是一种人与物之间的买卖关系，服装被生产、加工，被商业包装运作，甚至利用明星效应提升品牌度和含金量，这个过程本身已经超越了商品的交换价值。"符号化"是其又一功能，它把人与人之间的关系附属于物之上，并通过物品的消费建立彼此的联系，而女性时装除了这些之外，在服装的意指面、能指链上又加上了"大他者"的符码，它通过建立某种意识形态的有效运作机制，使得权力、差异在商品之中合理隐藏了起来。以明星装为例，现在明星装几乎成为一种潮流和趋势，影视歌这些娱乐活动捧红了大批明星，各类服装凸显了明星们的个性和与众不同，人们在竞相追逐的过程中，追求的已不仅仅是服装的转换价值、使用价值，而是一种对财富、名声等符号价值的攀比和挥霍，是一种渴望跃居于明星阶层的竞逐。

三 符号消费和物质剩余

对于现代女性来说，服装的使用价值和实用价值已经让位于审美价值和交换价值，在服装被生产出来的意义符号中，她们看中的是美和自我价值的提升。在商家眼里看到的是它的市场效应和经济效益，在以男性为主的统治阶级眼里是社会价值和商业价值。女性服装的符号化已经使它进入了一个象征性的领域。如：比基尼，已

---

① 罗钢、王中忱：《消费文化读本》，中国社会科学出版社2003年版，第18页。

经成为时尚、休闲、海滩等奢侈性、开放性消费的象征；晚礼服，成为上层社会进行交流和炫耀的必备品。这些东西对于女性的诱惑绝不亚于经济利益对于资本家的诱惑。社会通过某些象征性标志符号所形成的人们潜意识里的阶级、性别差异，是现代社会迥异于以前阶级斗争的另一种极端形式。服装品牌就是这一现象的产物，品牌战是服装领域的垄断之争。所以，经过社会的运作逻辑，在物质增长的社会里，得到满足的并不是人的需求，而是生产范畴的需求。我们今天拥有的丰富财富只不过是财富的符号而已，表面的富足并不能掩盖在普遍竞争的背景下产生的对社会的灾难性的焦虑。贫困和富裕不在于对物的拥有量，而在于人与人之间关系的处理，是人与人的互补性和透明度的强弱。然而在现代社会，人与人之间关系增加的不是物的丰富而是个体之间的攀比、相对化后增添的不足。女孩在购买服装时表现出的这种特点尤为明显，在一个女性群体中，某个人或几个人拥有一件代表财富和个性流行符码的衣服后，就成了竞相比较和追逐的对象，别的女孩也以拥有同样的一件衣服为目标，有的甚至不惜血本来换得表面的平等，真可谓是"鹬蚌相争，渔翁得利"。"消费社会中个体的依恋并不是对独特的享受，而是集体特征的折射。"① 服装对女性自我满足的激情是通过主流社会为女性创造的神话来实施的。

可见，消费的真相并不是指个体对物品的享受和独占，而是一种生产功能，是以集体功能为取向的，是透过符号法则的交换、沟通价值分配等即时的社会性功能。所以，服装领域的女性消费本身就是一种社会行为，只不过在交换行为进行过程中，有一种内在的交换被忽视了，通过符号体系引发的购买欲望转变成一种合理化的社会现象，在不经意间女性成了消费自身的主谋。消费也成了一种

---

① ［法］让·鲍德里亚:《消费社会》，刘成富、全志钢译，南京大学出版社2006年版，第90页。

沟通体系，它促成了权力集团的领导权的软着陆，所以对于替换性消费主体的女性来说，消费就是一种命令的传达，另外，在这个由男性为主的权力社会，起主导作用的是资本，而资本的拥有者也是权力的拥有者，他们制定规则来遮掩权力运作的不平等性和残酷性。这里的文化利益本质上是控制的利益。对于众多购买服装的女性来一说，服装的文化意义远远小于她们对服装的自觉选择的意义。这种自觉选择是女性企图控制自身权力的手段，而这一选择时刻也正是被授权的时刻，是社会权力的转化行为。权力的不同导致效果千差万别，同样一件衣服，在被购买和穿着的时候，在富人身上和在穷人身上是不一样的，这时的重点已经不在于服装本身，而是它被消费的方式所左右。如：一件高档的服装，一位贫穷妇女也许倾尽全力买上的和一位富太太手指一挥购买的是同一件衣服，可消费本身已经将她们定格。前者成了低级的虚荣，后者则是高级的奢侈。

四　女装的奢侈本质

奢侈从中世纪末到 17 世纪初由男性向女性的转交，是社会权力模式转换的表现。中世纪末期，一切都奉献于外表，在这种文明中，男人处在昂贵消费和挑衅性竞争的前沿，当时女性还属于男性的附属品和权力标志，男性华丽的服装及佩饰是争夺社会权力地位的有力筹码，贵族阶级的名誉优势占有绝对上风。后来资产阶级的革命彻底给贵族改头换面，也给男性权力社会注入了理性的元素，自由、平等的竞争成了权力分配的武器，人性启蒙的武器反而使一些说教者和道德家将女性的装饰与诱惑、勾引、诡计等相提并论，开启了女性奢侈消费的负面历程。社会奢侈将矛头指向了女性这个弱势群体，它一方面为社会权力运作提供了负面论据，另一方面在资本主义进程中循着科技文明的潮流走入大众消费的领域，这个大逆转不仅没有改变女性附属的地位，反而加重了她们在奢侈领域的消费欲望，成为商业化全球化时代的铺路石。在封建贵族社会里，男性欲望是一种权力的表现，在资本主义理性的社会里女性的奢侈成为一种失落了权力的表现。而商业化的社会又给女性奢侈提供了全方位的环境，于是女装行业遍地开花，现代女装不仅沿袭了古代社会奢侈阶级的旧习，更将奢侈发挥到一个新的阶段，以实现社会差别和自我肯定的名义，扮演着奢侈的人间角色。自文艺复兴之后，奢侈被文化拉下了水，它用金钱和昂贵物品作为交换得到了文化的名义，开启了奢侈的个性化和情感化的现代道路。启蒙带来的对个体自我、对理性的推崇使人们狂热地崇拜当下的生活，并把这些导引到了生活中的时装、日用品等生活内容当中。时装成为时代的创新模式，它的不断变化，短暂的时间性，通过穿衣的审美和保持身材苗条的要求，走到了奢侈的前台，成为炫耀的新社会现象。至此，女装将奢侈与审美的"游戏性夸张"结合了起来，它给人们带来的不仅仅是生活表象，更是一种奢侈的理念：追求等级的差异。当下的流行时尚与其说是一种文化风格，不如说它是以其前沿性和权威性所引发的对阶级差别的渲染而形成的奢侈之风。服装时尚能够永远存在，就在于其观照个性和承认自我发展，追求独特的权力。作为奢侈的另一个格局，时尚不产生于炫耀性的消费，而是文化想象物的转变，是奢侈的文化享受，商家利用便利的媒介手段将时尚、流行严格定位，用价格差异诱导女性消费者的购买尺度，在新与旧之间放置一根价格的杠杆，给奢侈划分了等级。时间加入了消费的洪流当中，将虚幻绞碎到现实当中加以消费，加入的是奢侈符码，消费的是现实的泡沫。时尚女装可以改变模仿品位和变化嗜好引导消费，这是广大女性对其情有独钟的原因之一，它寄生于这种情有独钟当中，使女性个体成为失去选择权的消费者，主导流行趋势的不再是时间和文化，而是处于文化尖端的设计师，他从裁缝那种卑贱的手工业者变成了今天引领文化潮流的先导者，又被融合到全球化、金融化的时代，来迎合顾客基本成形的期待和品位。最终，服装时尚提升了社会的奢侈品位，打开了女性的文化消费符码。它不再是礼赞女性审美优势文化的延续，而是现代人在重自然、重理性、重幸福的过程中对两性角色区分的系统化和系列化。

第三节　女装的现代性话语建构

一　女装文化的性别话语

女装的性别话语运作模式是潜在的，社会的历史性别建构为其提供了基础。它对男性气质、女性气质的默认导引了服装性别符码的产生和发展，从而使社会对服装性别的消费变得水到渠成。对于女性来说，性别建构属于生活性的，而自我建构则必须通过加入男性式的社会才能完成，无主体的处境使很多女性顾此失彼，以被分裂的自我徘徊于社会生活当中，而女性服装话语的言说恰巧将性别与自我糅合到一块，为众多女性寻找到一块自由的领地。服装是社会的门面，也是女性进入社会的第一要素，所以，女性对于服装的追捧和认可除了对自身性别塑造之外，更重要的是对服装所带来的社会认同感的拥有，对建构自我主体性和价值体系的需求。对于女性来说，参与社会就等于承认自我主体性的价值所在，所以在服装上的言说成为她们证实自我存在的第一步，因此，女性在服装上折射的性别话语就多于男性，她们首先建立的是对自己的自我认可度（即作为女性跨越社会性别歧视的障碍，敢于面对自我的勇气），对服装的依赖和重视成为塑造自我的重要筹码。在她们看来，服装就是一个社会标尺，一个视角维度。比如：面对一件女式大衣，我们已经习惯于将其视为一个客观事实，即它是女性的、高雅的，给人一种庄重、正派的女性品性。在生产时这些专业性的术语已经将这种主导意识传播，于是，个体欣赏者和购买者对它的个性化阐释建构的也只是传播者的专业术语，促使"客观事实"实至名归，使每一个穿上它的女性感觉的是这种事实带来的效果，用身体建构这件服饰的性别话语，所以，这二者之间，即传播者和接收者之间不是

一致的、给定的，而是一种建构与被建构的关系。服装话语的设定
传播有赖于接收方的参与和配合，主流意识给定的是一种参与和配
合的方式，其中观念的统一性有赖于双方主观能力的争论。对服装
而言，就是主流一方将其设定为对女性气质性别的建构。例如：一
个女性穿一件男式服装或男性化衣服被认为是一种洒脱、个性，有
男子气概。反过来，如果一位男士穿一件被认为是女性化的衣服则
被视为有易装癖的倾向，其中社会的约定俗成体现的并不是社会对
男性气质的规训，因为它可以在男女两性上都体现出来，是对女性
气质的权力性限制，即女性气质是不存在的，在男性世界里，它无
法跨过性别的障碍而成为一种社会现实。于是，在充满女性气质的
社会里，没有主体，只有主体的运转，社会文化给予服装的话语权
力是均等的，但拥有这些权力的群体内在利益却是不同的，一个人
的解决方法也许是另一个人的问题。

二　女装文化的父权话语

社会秩序的运转本身是以权力的大小为趋向的，其潜在的前提
是男性统治。"男性秩序的力量体现在它无需为自己辩解这一事实
上，男性中心观念被当成中性的东西接受下来，无需诉诸话语使自
己合法化。"① 并且，解剖学带来的生物学现实为人们的"男尊女
卑"意识提供了客观依据，社会将这种现实通过各种理由变得约定
俗成，从而贮存在人们的主观认识当中。就像今天许多妇女，社会
虽然已经打破了传统的礼仪标准和习俗惯例，赋予身体更加自由、
开放的空间，但是，潜意识里还是以服从男人的视角为准则的"解
放"。女性身体的开放是在男性视角的规避下进行的，而这种象征性
的禁闭在服饰上表现得尤为明显，如：放开对女孩穿有个性的比较

---

① ［法］皮埃尔·布尔迪厄：《男性统治》，刘晖译，海天出版社 2002 年版，第 8
页。

暴露的服装的限制，但却从社会道德标准上给予干预，从而使许多穿裙子的女孩时刻得提防曝光和摆动所引起的不必要的麻烦，这种既开放又封闭的自由使用权将女性的吸引力和诱惑力在不经意间展现了出来，使得女性对于服饰的非语言迹象非常敏感，而这种敏感的前提就在于她们是在与女人的对立中形成的事实。这样，男子气就不是一种非女性特征，而女性特质却是非男性的，女性特质的存在寄生于男性的存在之上，从而最终落实到社会秩序当中，服饰的女性特质效应也就是以这种思路到达了女性的特质上，从而形成了一种"身体为他人，气质为男性"的普遍经验。这些预先放入女性群体中的模式和规范约束了女性对自己身体形象的自我提炼，影响了女性作为社会行动中的一分子从社会作用中提炼自身的效果，如"这个女人太肥了，这个女人太强了，这个女人太瘦弱了"从侧面将"男人没有缺点"的观念输入女性内部，迫使女性将这些模式重新返回到自己身上循环往复地发生作用，最终成为一种生命经验。两性之间的差别通过这种事件呈现给女人。"你越被当成女人对待，你就越成了女人。"这种效用过于持久地作用于女人，最终几乎变得完全察觉不到，就像女性今天穿着本应该属于自己气质的衣服一样，在潜意识里她们已经将女性特质作为一种区别于男性的标尺，而且只有更好地发挥女性这种优势才能被社会认可的观念深入骨髓，一位专门为自己挑选衣服的女性会对于无意间走进一间男装专卖店而感到不自在，有一种闯入禁地的尴尬，她们不会想到从男装专卖店中为自己挑选衣服，而且社会的有效规则已经在男女之间划了一条界线。女性被隔离于拥有男性特征的世界。女装是女性气质的载体，也是社会潜规则的传输者，表面上看它是属于女性的，实质上是属于由男性气质占主导地位的社会。女装接受来自他人的目光和言语，并将它传达给女性，从而客观化为一种社会时尚，社会运转的相互作用模式在性别上变成了一种传输者和接受者的模式。于是女性的身体一方面受社会有形存在的约束，如女性的身体、重量、肌肉等，另一方面，受内在质素的影响，即主流意识形态的不断输入，形成了肉体和精神的双重控制。正如布尔迪厄所言："身体的实际经验，产生于来自社会结构归并的基础模式在自己身体上的应用，而且不断被按照同样模式产生的反应所加强，这种实际经验在每个行动者身上是某种关系的构造原则之一，这种关系对自己的身体而言是持久的。"① 服装展示出的男性话语让女性的存在成为一种被感知的存在。它将女性身体置于一种永久的象征性的依赖状态。

　　女性对自己认识论和存在论上的界定成了一种社会现象，现有的知识和经验已经搭建了一个容纳女性情感思维的平台，服饰成了这种绝对命令的传达者。当现代人将服装上面宗教的、迷信的、世俗的元素剔除之后，资本的形式又笼罩了上来。它利用社会学的计量扩散自己的语言，而社会学的知识与权力也成功地制造出了健康的、可靠的、生产性的女性个体。文化与社会的合谋，资本主义文化逻辑的异质性已经深入到人类的自然的无意识领域，表现为全新的媒体操控形式，它们将由色彩、声音、听觉等"滑动的能指"逐渐凝结成一个心理或概念成分的"所指"呈现于日常生活当中，这些由信息和形象建立的所指已经将传统所指对象变得毫无意义。大众对社会文本现象的关注使人们忽视了不平等的政治现实，女性对社会经验的盲从混淆了她们对社会的性别定位，社会的急速变迁一定程度上打消了许多弱势群体的信心，处于社会家庭领域的女性面对虚化和造作带来的社会幻觉，产生了一种不安心理。所以，习惯于通过频繁的更替服装和生活方式来寻找到一个心绪的落脚点，而在频繁的换、穿、脱之间，滑动的能指链更加剧了她们对所指的依恋。这时，寄托于服饰上的"大他者"，以积极的样态呈现了它的本来面目，从而乘虚而入，导引了女性的购买欲望。

---

　　① ［法］皮埃尔·布尔迪厄：《男性统治》，刘晖译，海天出版社 2002 年版，第 89 页。

面对广告的狂轰滥炸和商业化的有效宣传，女性消费者脆弱的心理防线和已经被模式化的思维方式被无法抗拒的欲望邀请，她们不仅没有丝毫的抵抗，而且会产生一种"他乡遇故知"的亲切效应，对商品的移情使她们扑向了另一个虚幻的自我，屈就于虚幻的自恋中，陶醉于商品的狂热中。在这个资本的世界中，商品服装已经作为"不知名的主体"占据了女性生活的重要位置，它引导女性将自身移入到服装身上来欣赏被异化的自我。服装的言语代替了人们之间的交流。从而使现代社会中人与人之间的交流缺乏陌生感，互相之间通过物的符码传递表达内心情感，而物的非纯粹性又将这一情感导向了被误导上来。杰姆逊就曾引用一位法国理论家的话说："商品物化的最后阶段是形象，商品拜物教最后形态是将物转化为物的形象。"① 这就很好地诠释了现代女性在服饰上所投入情感的真正内涵。时尚女装虽在短时间内呈现了女性的流光溢彩、灼灼青春，在它的背后仍掩饰不住时尚带来的死亡气息，它将人的躁动提升，催化着女性的衰老却又用表面的光鲜来掩盖这一切，欲盖弥彰之间暴露了它的短暂和颓败。被抛弃的昨日时尚女装也不得不收敛起当时的气焰，在物质的垃圾堆里自行消失和腐烂，而广大女性在见证时尚的过程中以主人的姿态充当了资本的奴隶，在商品拜物教的幻想中消费着自己的热情和梦想。女装掀起的是占有性的欲望，是索取和享受的快感，而人那种生产性的精神和情感力量却变得暗淡无光。

三 女装文化的商业话语

在这一领域，女装是一串金融术语，它有效地整合了当今商业与文化、商业与生活、商业与性别，给大众商业一个有效的定位。今天大型服装商场、卖场、服装专柜的出现成为商业大众生活的一

---

① ［美］杰姆逊：《后现代主义与文化理论》，唐小兵译，北京大学出版社1997年版，第134页。

个例证，而这一现象的形成就在于服饰话语的潜移默化，它的不断
重复再生产本身就是一种言说方式。在社会的预先设定中，女装的
原材料当然是女性的身体，而男性的视角却是潜在的加工者。如何
体现女性的性感、时尚、迷人？如何突出女性的三维曲线？如何能
激发女性的内在美和潜质？这些都传达着生产阶段中占主导地位的
社会对于女性的审视和看法，并将被融入服装的生产加工过程当中
来实现话语的传播，而实现这一传播的还是众多女性。在今天的服
装生产加工行业里，"性别歧视"现象尤为明显，众多的服装加工厂
成了女性的天地，女性在嘈杂的机器旁进行机械式加工和生产，在
生产条件艰苦的环境中，维持着社会的体面，进行着理念的传达。
生存的无奈是她们最好的注脚。女性与织布机成了一个永恒的话题。
反之，纺织被众多的男性视为低下的行业，在他们的生存字典里，
力量一词与他们是等而化之的，于是，他们宁可干超重的体力活也
不会去从事这类女性化的职业。社会上众多流入城市的农民工里，
女性从事技术工作的屈指可数，除了收银员就是服装加工厂的工人，
服饰之于她们成为处于社会边缘的一个生存空间和手段。从这里出
去的服装一旦进入流通领域，新一轮的商业话语就应运而生，这时，
服装已不单纯是一件物质的衣物或手中的产品，而是经过商业包装
重新登台的一连串符码，它们被冠以不同的等级和价值，赋予不同
的使命，经过广告的粉饰、媒体的包装、产品的宣传和推广将服装
以一种时尚、经典、标准的社会话语抛向大众，让人们在信息的狂
轰滥炸中失去武装。商业抓住了众多女性对美丽外表的追逐，极尽
所能将服装的光鲜亮丽、超凡的外在价值进行提升，共同炒作"美
丽的神话"。在滚滚的购买大潮中，商业价值所收获的利润进了资本
家的腰包，传媒等共同激起的"美丽的神话"的价值成为商业再生
产的不竭动力。社会不费吹灰之力就为广大消费者搭建了这么一架
永动的商业机器，它阐发着时尚与美丽，制造着神话与幻想，"女人
的美不是天生的，而是塑造出来的，美丽是用金钱堆积出来的，人

靠衣装马靠鞍"造就了这些约定俗成，指导着女性大众的价值取向。自马克思揭秘资本之后，利润的合理性成为一种共识，而制造利润的方式在科技的掩盖下仍然未变，对于服装而言，剩余价值的获取不仅在生产服装、加工服装的环节上，购买服装花去的时间也成为剩余价值的来源。服装话语的商业召唤总能想办法把从它身边走过的女性腰包榨干，最终作为非生活必需品为商业储备资金，推动广大女性消费者更多地投入到生产中以弥补一时冲动而花去的金钱和时间。女装品牌的繁荣是时装商业化的又一亮点，品牌的商业性在于它庞大的金融背景和垄断能力。一个女装品牌编织的就是一个商业神话，它的拓展可以跨越国界、阶级，以自己的意识形态来编织别人的生活，它承诺一种生活品位、一种价值定位。可以说，品牌成了时装界的爵位，围绕在它周围的是一群企图攀登、拥有它的人们，疯狂的购置和打扮企图增添自身的筹码，当她们踩着无数的价值符码登上这一位置时却发现它只是一个虚位，是一个用商业价值累积起来的欲望宝塔。

第四节 女装文化的身体意识建构

一 身体的拜物意识

"信仰"和"崇拜"是两个很微妙的词，它们之间的关系容易被混淆，女性的身体拜物倾向与其说是一种崇拜，倒不如说是一种信仰。信仰是一种预先设定，而崇拜则是信仰的追随者。人类从很早开始就预先设定了一种对身体的信仰，对具有巨大的能量和生命力的身体的信仰。对于女性来说，它是一种对身体的"性""欲望""生育"能力的一种信仰，后来，对身体的崇拜又转到了对承载身体最多密码的服装的崇拜上。男性社会把这种信仰当作工具，而女性则把它当作力量的源泉。这种崇拜是一种失去了理智的信仰，而信仰又导引了崇拜的无休止的张扬。于是，我们看到了众多女孩为了拥有明星般的模特身材而疯狂瘦身、减肥；为了拥有明星般的气质而制造类同物，做脸、做头发；为了追求明星而花大价钱购买同样的衣物、化妆品；为了拥有明星般的生活而放弃自己的人生，去寻求走别人的人生路线。媒体上的明星，成就了媒体，媒体也成就了她们，而推动这一进程的则是局外人。服装因身体而生，应身体而红，随身体而波动，身体也在服装的发展中变成了永恒的信仰。服装不会消亡，只会以不断的更新换代而发展下去，对身体的信仰成就了女性对服装的崇拜，对服装的崇拜导致了对身体的信仰，策略的运行有效的导引二者的协调与发展，就像鲍德里亚所说，"对于肉体的崇拜，并不与对灵魂的崇拜相矛盾。对于肉体的崇拜只是取代了对灵魂的崇拜，并继续了后者的意识形态功能。消费社会中的肉体运作逻辑，使肉体成为被对象化的最优先的支柱，就好像传统社会中灵魂是优先的支柱一样。因此，关于身体的运作的原则，也就成为消费伦理最主要的奥秘"①。这样一来，身体代替了灵魂而起着道德和意识形态的功能，服装在这里成为这种道德和意识形态的承载者和工具，而且服装被社会给予文化的优待之后很好地掩盖了这一功能的剥削性和控制力。所以，今天，对于女装的谈论指向的是一种文化的层面，一种女性文化的消费层面，如：优雅、清纯、高贵、典丽。这些美丽的词汇取代了女性身体的性、色欲运作模式。女装文化承担的不仅是精神因素，它本身包含着复杂的物质因素，并成为实际的物质力量而发挥社会作用。身体的拜物倾向最终拜的是物的身体，信仰的是一种性、色欲的文化，是主流社会加之于女性的一种意识形态，使社会文化公正性大打折扣。

社会的主体性被融入了文化当中，其中，女装成为主体性落脚的可能性场域，被归于审美的或情感的生活当中，归于被认为是属于"女性"符码的因素当中。所以，女装的主体性是生产出来的，

①　高宣扬：《流行文化社会学》，中国人民大学出版社 2006 年版，第 292 页。

而非给定的，而且，主体性是商品的、经济的、社会的。女装在公共和私人领域的再现，促成了主体形式的生产、社会关系的生产及性别意识观念的生产。生产出来的这些被当作一种生活和生存的文化保存在市场上和私人空间，然后经过广大女性消费者的阅读和认可成为一种"普遍的抽象"之后，意识的普遍性得以展示出来，从而进入下一轮的再生产过程。婚纱是性别建构的极端例子，它决定了婚姻中女性性别的模式。它的纯洁、神圣是对女性爱情的祭拜，也是女性婚姻的一个见证。它是女性的生命符码，记载着从生到死的性别历程，是对女性"性"的专属性和贞洁的表征，是对家庭生活的一种承担和保证，是对生命延续的有效性的一种认可。它表征着社会对女性的一种召唤，女性性别意识的升华，让性别成为一种永恒。婚纱的精神是没有指向的性别，但它的归属却是有指向的。闪耀一时的是其精神光环，陪伴一生的却是女性。婚纱的神圣性源于古代社会一夫多妻制，当时的社会，男性有权重视女性的专一性而女性没有权力去监督男性的婚姻生活，于是社会对女性贞节牌坊的设定成为道德律令，被当作一种荣誉感来审视，在这一过程中社会从未注意过被这些用道德加以渲染的贞节牌坊背后女性的悲与怨。所以说，女性对自己身体和性的主宰是被社会严格规范的，就像婚纱是婚姻的象征一样。只不过规范女性的是道德，规范婚纱的是爱情。

二　女装文化的身体隐喻

　　服饰是人类的第二身体，在解除蒙昧意识以来，服饰之于身体的功效日益明显，它不仅作为物而存在，更成为一种有意识的符号，区分了不同性别、地位、身份的身体。身体的拜物意识在不同时期也表现为不同的内涵。古雅典的奥林匹亚运动场的裸露身体是美的，人们对于它的崇拜是基于对身体缺乏科学认识而产生的一种对人身体所表现出来的神圣权力的崇拜。直到启蒙运动以前，女性身体作为生物性的存在一直被忽视，而是作为男性社会的所有物及可以延续生命、传宗接代的工具而存在。由此人们对女性服饰采取的是一种功利化和工具化的态度。人们对身体的欲望特别是对女性身体性的关注，通过服饰得以延续。服饰成了权力的符号，身体成了在权力、地位、金钱遮掩下的附属品。它的存在已经被牢牢地控制在了男性的身边，这时的女性身体是被当作纯粹的物而存在的。启蒙运动以来，生物学、人类学方面的发展，教育的普及，人类自我主体意识的萌芽使人们把目光开始转向人类自己，转向自己的身体及身体引发的一系列关系。在社会物质财富、文化艺术不断发展充盈的时候，身体成了一块相对贫乏的地方。人类身体自古以来伟大神秘的力量被科学一步步地解密，身体的脆弱本质开始显现，特别是女权主义者经过努力抗争迎来了对于女性身体的道德法律方面的关注。女性身体作为长久以来为人类承担重要使命、默默奉献的支柱被公开化，人类开始认识到身体、生命、生存、生活的重要性，于是，对于身体的观照成为人类意识觉醒的第一件事。

尼采对人的存在本质的探究为人类学奠定了基础，它将人从既定的习惯和环境中抽离出来，终于促成了"现象学人类学"的诞生。众多社会学家如盖伦和普莱斯勒开始将身体等纳入人的研究领域，人类社会不再仅仅是意识唱独角戏，身体的加入给社会实践以有力的支撑，身体成为整个社会的隐喻。在人文和社科领域，身体作为一个交流系统受到关注。进入后现代以来，服装作为一个显在的文化现象被纳入身体研究领域，服装的出现将身体的象征系统隐喻功能摆在了社会前台，它将身体的经济隐喻、性别隐喻作为其时代特色，糅合到了社会当中，它替代身体暴露了权力对人的控制和管理，缓冲了社会学在身体研究中对性、身体伦理方面的敏感和尖锐。特别是女装，它不仅是现代理性化的一个效应，更是社会性别合法化的重要助推器。如：裙子，从人类社会早期的无性别化逐渐成为女性的专利，成为女性追逐主体化过程中他者的贮藏所，它潜在的制衡着女性对性别的突破力，是充满性别的、落后的、遮掩的暴露。它的身体隐喻就在于引起人们偷窥欲望的可能性，预示了一种可以突破的前提，因为从社会阶级的角度来看裙子不太方便承担重大责任，它制约人身体的自由发展，并且极易被恶势力暴露其内在本质。社会调查显示，在众多的强奸案例中，犯罪人对女性服装的诱惑大多无法抗拒，而且服装呈现的性别特征是他们产生动机的触发点。服装同样也暴露了身体的阶级分层，人们逐渐从高矮胖瘦等肉体表征的建构转向了从外在服饰效果来展示身体的资本。其中货币建立起来经济因素、文化商业建立起来的社会因素、政治体制建立起来的权力因素共同赋予女装以阶级内涵，它将完整的身体人格分区治理，制约着主体建立自我人格的过程。身体的这些外部表征将制约于内部的欲望、激情和需要释放了出来，通过对他人镜像式的观照来挖掘身体的欲望深度，身体中体现的观念部分被穿透了，留下一个顽固的肉体现实，继而被医学饮食话语科学化、功能化。"身体被组织成一个进行符号转换，与物体领域相同的结构物质，把其嬉戏的虚拟和象征的交换变成性征，这个性征被当作一个决定性代理。"① 女装的碎片化、多样化以及搭配的个性化都在述说着同样的一个单调的主题、一个纯粹简单的所指——阉割，被断裂的部分在与其他部分接洽和搭配中实现了自我的凸显。它不仅是对女性性征的凸显，更是对"菲勒斯"的强化。特别是遍布于服装上的配饰，如腰带、项链。这些衣饰本身并不在于它对身体的凸显而呈现的"菲勒斯"语言，更多的是它对人们幻想的启发和刺激，服装的效果就在于它在这种启发下可以持久的发生功效。无论其在身体上还是在购物架上，"菲勒斯"崇拜变成了对自身的迷恋，无数次的摆弄和欣赏都显示了"菲勒斯"强大的力量，衣饰作为"菲勒斯"的替代

---

① 汪民安、陈永国编：《后身体：文化、权力和生命政治学》，吉林人民出版社 2003 年版，第 35 页。

物遮掩了女人，最终用身体生产了另一个"菲勒斯"。它从事崇拜的活动，吸纳着各种符号来成就女性的自恋模式，将身体作为自己的镜像来投资。社会对身体的模式化通过服装实现了。它封闭了身体的灵动性，以普遍的满足模式剥夺了身体的位置。女装剥夺了人们斗争的权力，所指和使用价值逐渐消失了，能指和交换价值也进一步被规约为一种商品的流通模式，女装的流通成为色情符号嬉戏的场所，"菲勒斯"这个绝对的能指也随着信息符号的生产，在服装商品的线性世界中达到满足。它不作用于身体而是消解身体，如梦似幻般地围绕着身体，它追求的不是身体本身而是身体消失的这个结果，而导源于服装欲望只不过是能指的一种消解方式。所以，女装本身就不是崇拜的对象，而是交换价值的形式和普遍价值。而处于消费领域的广大女性，在盲目的购买过程中已经不知不觉成为广告中的"你们"，是被符号破碎切断的主体，女装流行时尚使她们在短暂的生命体验中感受到的是生命的羸弱和无聊。

三　女装的神话

"神话"是罗兰·巴特解构学中一把锋利的刺刀，在巴特的《神话学》中神话就是一种言语、一种信息的表意模式、一种形式。"神话"的存在需要人的参与，也正因人类历史的调整实现了神话的诞生，它将一种实在的物转变成一种言语状态，它不是来自事物的本性，它是人类经过精心打扮好的言语信息。今天处于大众消费领域的女装的神话成为主导，它依靠社会的物质富裕和科技发展将自身的物质属性提升为一种价值样板，它利用社会伦理道德的遮掩来张扬自己的形式意义，利用概念的置换无限扩张着人们对它的幻觉和欲望。虽然，服装样式可以千变万化，但变化本身不会改变。它的内涵就在于让概念改变意义，意义摔掉概念来证实自己的存在，女装的神话就在这种不断的变换中证实了自身的力量。所谓"美丽、性感、时尚"只是神话的元素而已，它们经过人的加工过程将一定时期的历史观念销售给大众，而大众又经过自己的经验、感性的加工将其变成一种存在本身，这也就是巴特所洞察到的"神秘化"过程。大众对女装的看法已经超越了女装本身，对于广大女性来说，她们看的不再是服装，而是穿上这件衣服的自己，是超过服装本身的那个虚拟人物，女性身体作为神话元素已经脱离了物的束缚，开始走向审美性、观赏性的大众身体。追星族就是这一现象的典型表现，商业化模式将众多人物包装、神秘化后借助于化妆、服装等外在效果来攫取人们的好奇和幻想，从而唤起人们追逐影像的心理。巴特在阐释其意指系统时说过："服装是语言结构，衣服是言语。"不同个性的女性穿着，体现了社会言语的丰富性和多样性，而构架于其上的是社会已经形成的服装的语言结构，它以一种先在的模式决定了言语的范围和尺度，不再有对源头的探究和追问，只是服装所呈现的万花筒，它激起了人们对女装样式的追求的泡沫，利用商业的呼喊持续地纠缠着广大女性消费者的生活，逼迫她们将对自身主体性的认可抛掷在外在的物上面，并且通过对女装细枝末节的渲染来烘托自己的存在价值。然而，幸福的指数也并没有因为它而增加多少，买了一件上衣，抱怨没有可以与之搭配的裤子，配了裤子又发现鞋子太老土了，永不满足的追求催生了她们对于自身的不满，因为挣得钱永远没有花得快。于是，意义被抛掷在了荒野，无限制的追求成了现代人的观念，所指的永久性退却使人们完全沉浸于能指的游走当中。

现代人的生存方式逐渐摆脱了原初社会自然的、封闭的、重复的、遗传性的生存方式，逐渐从日常生活领域向非日常生活领域开放，于是人类的消费本能也暴露于科学、社会学的聚光灯下。服饰作为人类生存需要中最基本的元素之一，由于社会元素的侵入而逐渐被异化为一种更高层次的需要，这种趋向本身就体现了人类艺术精神领域的自由自觉的姿态，但由于现实社会尾大不掉的存在方式使它逐渐落入了被异化的泥淖之中，人的生存本能的现代化和自由自觉精神的堕落成为社会存在的一个毒瘤。就像现代女性对服装的保暖效果越来越淡忘，反而更加注重其非物质性的方面一样，她们将自然身体之根强行坠入人类社会生存领地当中，以图利用智慧去控制和把握自然，"主体间性"变成了一种霍布斯式的斗争体验。虽然，服装样式的多样化将人类带离了重复性、封闭性的不发达年代，却也在某些方面丧失了人类最本能的精神遗产，人们对服装仪式性、宗教性的原始情感随着社会样式的更新而渐渐消亡。女装样式和款式变革了社会的表象文化，结合图文技术、影像文化的传播，女装成为一种"主动的现代化"走入女性的生活和观念当中。

女装与女性的融合打造的女性文化，更多的是社会赋予的。操纵着女装行业的巨额社会资本高高在上，它通过商业广告的绝顶言辞和购物者的狂热来建构它的商业神话，以后现代的姿态解构着社会存在的实体意义，将打碎的文化赋予社会受众。就像社会对性、女性身体的约束和禁忌通过法律和道德来加以实施一样，女装是性禁忌的领地，又是性开放的平台，在它身上禁忌是暗示和切入点，它利用法律的权威的"真空"实施身体的约束，在女性对于这些服装的接受之初就已经接受了一种观念，就像妈妈给刚成年的女儿买裙子时嘱咐她不要在公众场合让裙角飞起来或穿裙子爬高一样，裙子已经成为一种观念，是权威的殖民地。由于大多数人的生活都无法摆脱日常生活的领域，所以受传统习俗和经验常识等影响就在所难免，女装作为传统历史文化的载体也必然受到影响。女装生产之初并没有严格的性别界限，只是人们根据体型和大小的不同进行裁剪。在私有制时期，人们身上的饰物被当作一种私有财产佩戴在身上，这时的服装具有双重意义，一方面遮体御寒，另一方面显示等级和财富，后来由于社会分工的不同及女性在参与社会活动的过程中逐渐缩小了范围，女性的自我价值就被无形中缩小。发展到封建时代，女性则完全被当作一种私有财产加以看待，于是女装名副其实地成为财富的象征，女性的身体美也带上阶级性。由于这些历史因素的影响，今天的女装也无法从日常生活、传统习俗等观念中解放出来，相反，在人类经历了由蒙昧到启蒙的人性复苏以后，受"上帝"死了、"人"死了的观念的冲击，人类寻求精神寄托，进入了一个迷惘的阶段，反而求助于这些已经被批判、解构掉的传统遗魅。女装的复古风格就是这一现象的表现，服装形式的古典回归是人们精神旨归的一种体现，尽管每天经历着女装样式、款式、流行元素的变革，却还是没有走出后现代人们的精神迷惘，不同的时代，人们消费的是呈现在衣服上的观念而已。唯物主义的观念由于物的异化而变成了拜物主义，人们对服装的认识已经摆脱了其物的存在而转向一种精神崇拜。对于男性主体社会而言，服装是他们的日常生活就像妻子是他们精神的一个阶段一样，而对于女性而言，服装则成了建构自我的方式和工具。男性站在家庭生活之外看待日常生活，而女性大多处在家务劳动和维持家庭生活的角色当中，被生活的观念牢牢地禁锢着，原始的分工成为今天人们无法摆脱的幽灵。性别观念根深蒂固，日常生活是这种观念的贮存所，又是人们无法撼动的巨大实体。

日常生活的内在结构具有自在性、稳定性、惰性和保守性。女装作为日常生活的一部分，切入的是大众消费领域，影响的是女性的观念，它凭借人们的生活常识、习俗等自发地运作。刚生下的小婴儿，家长会自然地给他们以性别方面的不同对待，在孩子成长的历程中被不断地施以这方面的教导和影响，衣服是"镜像"阶段婴儿在发现自身主体性时的第一个符号，穿着花衣服的女孩会从镜子中认识自己与周围同样穿花衣服的女性，拥有女性的共同特质，而且她们会不断地受到这方面的教育，从而使性别外在表征成为一种自在的观念存放到生活当中，社会性别的建构历程随着日常生活的推进而延续下来，它们就像日月星辰的存在一样不会被大多数的人叩问，观念的预先设立成为约束她们思想的壁垒，女装是这一观念建立的坚固基石，由观念引发的性别文化很自然地成为一种女性文化。不是女装成就了女性，也不是女性成就了女装，日常生活因其稳定、保守而给人提供了一个家的归属感、安全感。现代化的大批判、大反思尽管改变了社会的总体面貌却并没有触及日常生活这一领域，而且人们从情感中就为自己保留了这块寄托自我的领域，所以，女性出入于购物广场，疯狂采购衣物被当成日常生活的行为方式，是建构自我家园的一种行为，而社会观念也就在这种买与卖之间延续下来。女性参与公共消费活动，走出家庭，走入社会，不是观念的引导，而是一种新的生活方式的体现，是现代科技带来的物质富裕提供给人们的社会现实。

四　女装的时尚本质

服装靠时尚经营着女性身体，服从于被窥视的社会秩序，它极力消解女性对权力秩序提出的关键性质疑，以群体性的激情来掩饰个性的差异，每一款服装符号则是一个观念价值的一次推广，它将"菲勒斯"的权力发挥到极致，使主体产生眩晕感，从而对自身的诱惑力产生强烈的满足感。服装时尚的现代性特征使其不可能被颠覆，反抗时尚本身就是一种时尚，就像人们在牛仔裤上剪一个洞一样，对一成不变的割裂带来另一轮时尚元素，女装借着时尚的流行使妇女解放，时尚化、女性化。时装模特是"菲勒斯"工具化的模式，它是真正被阉割的女人，模特被"菲勒斯"替代物包裹着，展示着商业的魅力、资本的权力、社会的奢侈。她们的偶像化只因其大众性及观赏特质。符号的命令引导着大众走向时尚，走向自己的身体自恋，从而将其变成一种投资来赚取人们对时尚的狂热。女性身体在这些象征奢侈当中无法超越，父权制的法则仍然将其对母亲的欲望转化成现实权力，服装承载了身体的部分隐喻。于是社会出现了恋装癖、易装癖等精神疾患，他们在对待服装与性别之间失去了自我判断能力，女装的性别特质剥夺了时装本有的艺术价值。"象征符号将自身定格在日常生活的审美化过程中，生活着、幻想着、死亡

着，使女性从焦虑的形而上学过渡到冲动的形而上学。"① 时尚服装
的死亡特征定格在人们对服装的幻想之中，它的短暂性、流动性产
生的恐慌使人们对奢侈青睐有加，生命成了一种不计代价的持续的
需求，在服装之上的女性在不断的购买衣物和消费中吞噬着自身。
这里时尚预示着身体的死亡。服装让女性忘记了自身，直接触及人
性的贪婪，身体处在需求的缺乏爱的阶段，服装的艺术品质通过时
尚不断扩大这所指的空间，从而让能指自由游戏于这个空洞当中，
道德、法律的制约并没有消除以身体引发的不道德、不法行为，相
反，它将这些相互转化，散布于人们的心理层面。所谓的主体只不
过是由这些带有相似性的象征话语构成，时尚对过时服装的分裂并
没有消除他们，而是将其作为欲望的等价物或表演者留存下来，"延
异"了新的存在模式，为主体的无限目的性开辟了道路。这时建立
的时尚服装已经是身体上升的一个更发达的以经济政治学为外观的
阶段，它将人们的潜意识物化为现实存在，不再有古典的以此换彼
的模式，而是彻底物化的意识。这种意识强迫人们服从社会习惯与
时尚，服装是这一习惯的载体，它隐藏在广告媒体当中，活动于女
性之间的交流和攀比之中。特别是在有仪式性的节日当中，和带有
原始习俗和宗教性的服饰相对，流行时装的仪式性是象征性的一种
交换，社会主导文化、意识、观念通过一些规定性的仪式或节日被
输送给大众，在潜移默化中让位于仪式的价值性和确定性。女装的
仪式性效果在于广大女性消费者对社会主流趋势、流行发布等权威
性的依赖，并把这种权威认可为一种身后内容。于是，服装时尚从
一开始就以一种不可抗拒性植入了女性的生活内容当中，并以公正
的姿态交换着权力与受众的观念，性别化本身成为人们的上帝。服
装不仅分解着主体观念，更传递着上帝的旨意。服装文化的权力终

---

① ［法］让·波德里亚：《象征交换与死亡》，车槿山译，译林出版社 2006 年版，第
231 页。

结于它与社会的对话当中。主体的真实性被遮掩了起来，它交换性别信息、商业信息、权威信息，凸显的是聚光灯下的虚假镜像，就像鲍德里亚说的："主体的同一性每时每刻都在解体，被上帝遗忘。"①

结　语

多样的女装文化带给社会大众一种全新的生活、思维方式，它以大众的、感性的审美视角观照广大女性的生活、情感和思想，弥补了理性的缺憾，推动了女性现代性的进程。以前的女装在以父权话语为主的社会里是一种边缘的存在，与理性、知性无缘，虽然生活在人们的身体、生活和情感当中，却往往被忽视。而进入大众消费领域之后，女装文化不再甘于沉默，不再只流于外在，它以参与者的角色审视着大众生活，审视着男性群体。同时，男性主流社会也开始通过女装来实现自己的欲望和权力，通过女装进行现代性的突围。在社会大胆追求时尚、美、艺术感的氛围中，各个群体开始转向铺天盖地的女性文化，其被注入的因素和挖掘的潜能在群体消费中得以展示。女装之于女性也不再仅仅是一种性别的表征、炫耀的砝码、情感的寄托，它也是社会的、大众的、审美的重要参与者。它的发展、演变更多地掺入了社会群体的心性因素。在女装上的性别斗争和阶级演化已经成为现代女装文化的重要方面，成为女性参与社会、表达自我的一种方式、手段。在历史的流动中，虽然女性是边缘的，但是，她们通过各种方式拓展了历史的厚度，为社会体现着不一样的价值观和时代气象。所以，女装文化呈现的时代特色和现代性的征兆不仅是女性的言说，更是以广大女性为切入点的社

---

① ［法］让·波德里亚：《象征交换与死亡》，车槿山译，译林出版社 2006 年版，第 248 页。

会话语。

　　女装成了一个被转换和占有的地方，它不断地获得新的主题，既是现代性的机器，又是现代性的主角。它激发了人们的想象空间，开拓了技术和科学的盲点。它的存在是一种现代性，一种通过女性折射出的社会的现代性。后现代主义彻底的反理性的理论冲击，导致了"现代性"面临被颠覆的可能性，人类没有了确定、坚实、可靠的"全能神"的维护，理性自身陷入了"循环论证"的窘境当中，如何运用理性解决面临的各种难题和困境是现代性当下的最大难题。女性的现代性也正以其特殊的价值理性和审美理性的特点潜在地弥补了理性的缺憾，并与认知理性形成一种互动的理性图式，共同完成现代性待完成的事业。女性服饰作为人类生命过程中不可或缺的一部分，见证了女性现代性的艰难曲折，同时也以一种活的形态参与影响着现代性的发展。无论是生活中的，还是生命中存活于人类精神家园的服饰都有着不同时代、不同人的气息和生命信息，让它们活着，让生命流动起来，是女性现代性的最终目标。

第 七 章

美丽规划——关于人造美女的思考

第一节　当代社会整容行业的发展

当今社会是以消费为主的时代，人们可以自由购买消费产品并选择适合的消费方式。作为消费热点之一的身体也不例外，人们对它投入了极大的热情，其中女性对身体的重视尤为显著。因为在消费模式及医学技术的运作下，女性的身体被看成是可以不断加工和完善的对象，比如说服饰、化妆术、美容美体产业便是在女性的消费中得到了更快发展，人造美女也是在这样的发展下出现的。通过外貌手术的改造，女性实现了自己的美丽规划，她们不但获得了美丽的容颜，也得到了更多的机遇。这种无形的影响使得越来越多的女性加入其中，人造美女也开始渐渐被大众所接受。人造美女现象不仅被看成是一种重建美丽的方法，它也被理解为时下流行的美容消费方式之一。

2003 年，自从"中国第一人造美女"郝璐璐出现以后，几乎一夜之间，"人造美女"的影响就传遍了大江南北，全国各地都争着打造属于自己的"第一人造美女"，例如"华南第一人造美女""深圳第一人造美女""东北第一人造美女"等。而 2003 年 5 月的"人造美女"杨媛事件，更是将"人造美女"之火越烧越旺。再往后，

"人造美女"们的各种整容、代言、选美事件就如雨后春笋般层出不穷,使得它的影响进一步扩大化。先是"人造美女"一词连续两年登上了流行词汇榜,成为公众热议的话题。① 随后,中华美学学会在第六届全国年会中也把它作为议题讨论。②

与此同时,我国发达的整形技术更是为"人造美女"锦上添花。整形专家们每天都在做大量的整形手术,在他们的努力下,一批又一批的"人造美女"也不断涌现。学生为了找份好的工作,女白领为了紧跟时尚,中年人为了追逐年轻,我们就这样走入了制造美女的时代。我们在报纸和广告上可以看到众多的信息,图文并茂的整容都在吸引着人们的目光,它们都在罗列着女性蝶变的过程,也使整形的观念进一步深入人心,越来越多的女性加入人造的行列。这些改造过后的女性不仅带动了新的整形美容消费热点,也使人造美女现象成了文化、伦理、法律等领域关注的焦点。

一 整容业发展史

整容产生的历史很早,整容术也有千年的发展历程。最初整容术的目的并非为人们美丽着想,医生们动手术只为弥补人的身体缺陷,好减轻人们受歧视的心理负担。无论古代还是现代,整容业前进的动力首先要归功于受伤人群的需要。历史上出版的第一本整容外科教科书,其讲述的便是一群在决斗中被削去鼻尖的病人,这类现象在我国、印度、意大利也有类似的记录,例如西藏切除犯人鼻子后进行的鼻再造的记载。尽管各国的整容手术都有千年的历史,可真正形成完整体系却在 20 世纪才完成。由于"一战""二战"中大量受伤严重的士兵都需要整容治疗,所以它才具备了良好的氛围和前进的动力,并且影响也如滚雪球般渐渐扩大开去。它顺其自然

① 刘成纪:《身体美学的一个当代案例》,《中州学刊》2005 年第 3 期。
② 杨潇:《天使之吻,还是魔鬼之恋?——对"人造美女"的文化分析》,《安徽文学》2008 年第 5 期。

地把目光投向一个新的群体：女性，从此整形业揭开了新的一页。整形业针对女性的形体特点展开了新技术的投入，医生们通过在动物和人体的身上做实验，设计出了不少整形的技术和手法，并为女性量身打造了一系列整形项目。例如隆胸术、腹部去脂术、面部除皱术、隆鼻整形术，就是应运而生的最早的美容类手术。① 在1982年，美国整形外科医生协会就在报告中说明整形对于人的重要性，"向人们宣扬美容手术的价值"，并且在全国的媒体宣传活动中打出"生命在于你的创造"这样的口号。② 因此整形的范围再一次被扩大，开始披上"艺术的、美学的外科术"称号，就连知名度很高的美国《整形外科杂志》也在创刊号上将美丽女神维纳斯印出来，来标榜自己的美学效应。伴随着整形外科学的发展，相关的整形外科学会也已成立，并且定期出版相关的整形外科学杂志。因此"人造美女"的现象越来越多，她们不单是女性个人的爱美选择，更成了一种新时尚，整容产业也受其推动而得以快速发展，并在经济、社会、法律和伦理等方面也有影响。

中国的整容产业在新中国成立后也有了逐步的发展。"在抗美援朝战争中，中国整形外科医师分批参加了医疗队，在治疗和处理颌面创伤、手部烧伤、冻伤，以及颜面和肢体缺损的晚期修复，做了大量工作，并培训了专业人才，随后在一些医院建立了外科专科。20世纪60年代初期开始显微外科动物实验，1966年以来，运用显微外科技术进行断肢断指再植成功的报道相继出现，其间整形外科医师也做出了重要贡献。70年代后期以来，整形外科在临床、教学、科研各方面都出现蓬勃发展的形势，并取得显著的成绩。1982年，整形外科和烧伤科联合召开首届全国学术会议。宣读整形外科论文

---

① 黎史翔、王进雨：《美媒体称美容整形成中国民众花销去向第四位》，《法制日报》2011年4月25日。

② 吴朔帆：《整形美容发展历史》（http://wenku.baidu.com/view/8003e3eef8c75fbfc77db225）。

230 余篇,展示了整形外科工作者在借鉴国际经验的基础上,结合中国国情,通过实践所取得的成果。"① 近四十来年整形业的发展就更快了,不仅有庞大的整形美容外科专著问世,还有中华整形外科学会、中华医学美学美容外科协会等的相继成立,在这些协会的推动下,相应的专业整形美容杂志也诞生了。这一切都为我国整形美容外科的发展起着重要推动作用。

当然,我国勇于动刀子整形的人数要远远低于西方,因为人们大多对其持排斥心理,所以整容的普及度和了解程度相对较低。直至中国加入 WTO 组织,在经济上和世界发展接轨后,我国的民众才重新审视整容业,此时他们的态度就缓和得多。整容业也因这个契机,第一次有了宽松的成长氛围,整容业的发展也得以步入快车道。我们也可从下列数据中看出整容业发展的良好势头。据《中国美容》的消息:"截至 2005 年,中国的美容服务业直接就业者约 1200 万人,美容就业机构总数近 180 多万家,年营业收入近 2000 亿元,较 2004 年增长近 20%。据预测,未来三至五年,中国美容经济年产值将超过 5000 亿元。"② 而在《2005 中国美容经济年度报告》中,4 位经济学家也指出:"'美容经济'正在成为中国继房地产、汽车、电子通讯、旅游之后的中国居民的'第五大消费热点'。"③ 此外《中国日报》也有报道:"整形手术在中国是每年价值 24 亿美元的产业,中国每年至少实施 100 万例手术。"④ 中国整容业在短暂的时间内能有如此迅猛的势头,确实出乎人意料。自然整容业的发展离不开女性力量的主要推动,正因为我国女性在"美丽消费"上金额庞

① 中国医学百科全书编辑委员会:《中国医学百科全书·整形外科学》,上海科学技术出版社 1986 年版,第 1—2 页。

② 张晓梅:《2005 中国美容经济年度报告》,四川科学技术出版社 2005 年版,第 10—22 页。

③ 同上。

④ Facing tough job market: students seek an edge by going under the knife [N]. *China Daily*, August26, 2006 (10).

大，整容市场才缔造了新的增长奇迹，并且消费数额也持递增趋势。"据国家工商联 2003 年统计，近几年，作为'美女经济'重要组成部分的我国整容、美容业和化妆品生产以每年 20% 的发展速度递增，当年产值已占全国 GDP 的 1.80%。尽管整形美容手术失败的案例不时见诸报端，但整形美容手术仍以每年超过 200% 的速度增长。"[①]

由于我国整容市场的火热状况，不少国外的整容产业也被吸引，不仅国际的整容高峰年会在中国内地举办了好几场，而且不少韩国和美国的整形医院也相继落户我国。根据这种情况，国外不少媒体也纷纷预言我国会成为世界第一整容大国。精明的商家自然不会放过整容市场这块"大蛋糕"，他们以文化和广告传播为手段，逐步渗透和宣传现在流行的"人造美女"。

二　整形医院

要说到和"人造美女"联系最密切的，就要数娱乐圈的美女和其背后的整形医院。因为娱乐杂志经常会揭秘明星们的整形八卦新闻，甚至调查出他们在哪儿做的整容手术，费用如何也会列个详细清单。为了保证良好效果，明星一般都会选择整容业发达的国外，因为他们都有着完善的一条龙式服务，普通民众在高昂手术费面前下只有艳羡的份儿。限于经济的承受能力，大多数整容人群倾向于选择国内的整形医院来做手术。为了降低术后的风险，选择好的正规整形医院是整容人群的首要关注点，而医生手段的高明与否直接关系到整形的风险系数。

据统计，我国拥有正规资格的整形医院数量有限，专业的整形外科也不全面。出于节省经费的目的，多数医院通常会把整形科划归到某一科室旗下，科室里的医生便是整形手术的实际主刀人。当手术大权掌握在这类人手中时，人们的整形效果又如何呢？从中国

---

① 任长青等：《女大学生整容热》，《中国青年报》2003 年 12 月 19 日。

消费者协会提供的数据来看，"自 1993—2003 年以来，已有 20 万张脸毁于整形手术，平均每年因整形而毁容的投诉近 2 万起，非专业的整形手术已经成为名副其实的女性杀手"①。医院不规范整形的操作不仅败坏了医院整体形象，也给患者留下了难以平复的痛苦。他们所波及的后果也相当严重，2003 年某一权威曾在采访中这样说过："以 2003 年为限，我国的美容整形专业才过了 20 多年，成功例子也才过了 10 年左右，整容的后遗症还有没有危险，现在的数据显示不够确定。"② 他还强调说我国医疗程度良莠不齐，国家也未出台相关政策来规范医院的行为，难免会造成医院钻空子。为了省钱省力，医院必定会造成整形手术中的败笔，无视整容人群的术后风险也是难以避免。

其次是整形项目的费用问题，价钱不同，做出的效果也会有所差异。不同医院之间的整形报价为何差异会这么大？这也是普通民众关心的一个方面。"为了搞清楚进行整形美容手术的基本价格，记者对济南整形美容机构的手术费报价进行了电话采访。卫生厅曾对部分整形美容项目制定过收费标准，例如双眼皮手术基本费用是 800 元，隆鼻手术是 1000 元，腹部吸脂（分上下部）2500 元。各个大医院基本是按照这个价格执行的。一些民营性质的医院价格会灵活一些，因此出现了价格混乱的情况。"③

虽然整形医院的问题很多，术后的风险值也大，但是这些现状并没有阻挡住爱美女性的脚步。因为凭借日益进步的医疗手段，人们的美丽梦想终于有了实现的可能，而整容的实例也说明了一个事实：只要你愿意，"一切皆有可能"，"化茧成蝶"不再只是梦想。

---

① 单纯钢：《整容整形十年毁掉 20 万张脸》（http://enjoy.eastday.com/epublish/gb/paper61/20031121/class006100002/hwz1337949.htm.）。

② 同上。

③ 章煜记：《山东济南整形美容价格》（http://www.iface.com.cn/article/1159/1/.）。

三　整容类节目

在考虑民众感受的前提下，同时也为了自身商业利益的最大化，整形美容业便和媒体强强联手地推出了整容类的节目，观众们可以现场追随整容者的脚步来检查整形的种种效果。"美国广播公司推出的《改头换面》、MTV 频道播出的《我想要张明星脸》和 FOX 电视台推出的《天鹅》三档整容真人秀节目在美国播出之后，自 2005 年开始，我国湖南经视、湖北卫视和天津卫视等电视台也相继推出整容真人秀类节目。自 2006 年 5 月开始，湖北卫视开播了全国卫视的首档整容真人秀节目《花落谁家》及《天使爱美丽》。"①

大部分整容类节目是直播整容现场的，它们的过程也大体相似：先是介绍需要整容的人群，通过记者采访来明确她们整容的意图；其次是逐一进行整形手术，整个手术过程观众可以详细查看的；再次是将整容过后的人群集中起来恢复伤口，同时专家也会对她们此时的气质仪表加以指正，使整容的整体效果达到统一；最后则是观众们最为关注的整容成果展示。

因为这些整容事例是建立在真实可靠的基础之上，故而吸引了大批想要整容和对整容好奇的人群。在整容类节目里，观众是可以跟随整容患者一起走进整形的手术室，一起记录并体会整形手术中的所有细节。当然整容类节目并非一味引导人们去整形，节目主持人大都是站在客观角度上与专家共同探讨整形的注意事项，希望能借由节目提醒人们理性地看待整容。这样的迂回战术明显技高一筹，观看过后，想要尝试整容的人数会增加，那些整容的人群则更加坚定了整形的信念。美国整容类节目的热播启动了整形业的连锁反应，凡是在节目中出现的医院都会因此大赚一笔，而整容节目的播出相

---

① 程晓萱：《现代性视角下女性形象的媒介产生和意义建构——以女性整容真人秀节目为例》，《探索与争鸣》2008 年第 10 期。

应也使电视台获利不少。在节目丰厚利润的刺激下，我国的电视台也开始仿照美国的模式，制作了属于我国的整容类节目。不少整容类节目曾进行"试水"，可是播出的效果却不尽如人意。例如湖南经视的《天使爱美丽》节目，就有过因现场血腥而吓晕工作人员的新闻。还有《整形手术台》《美莱美丽新约》等整形节目也引来一片反对之声，这种整形过程直接刺激了观看者的心理。它以纪录片的形式播出过于血腥的整形现场，真实震撼的细节特写直逼恐怖片。

这些整容类节目是否影响了女性的整容意愿呢？答案是否定的。因为节目会有意识地将考察的重点放在女性整容后的新生活上。她们有的借此重拾自信，有的找到了新工作，也有的找到了更好的男友，这些幸福的图景才是吸引女性整形的最直接因素，也是她们坚定整形意愿的重要砝码。

四　整容与影视剧

这一批整形结束的女性在离开医院后，是否会如她们所愿拥有新的机遇呢？不少观众会抑制不住好奇心想要了解更多细节。鉴于此类问题的猜测和设想的结果数量庞大，一部分制作人在这样的市场需求下也涉足了整容这个题材。美国就是最早将整容故事放入到电视剧拍摄中去的。在《实习医生格蕾》中就有谈到对"狮面人"和"隆胸"的整形案例。《整形室》则是稍后拍摄的第一部完整描述整形流程的电视剧，当年因为题材和内容的真实可靠而获得多项大奖。作为整容大国的韩国，自然也不会落后于美国整容剧的火爆，他们是"双管齐下"，不仅有热播的电视剧，也有整容电影的出产。一部名为《before&after整容》的韩国电视剧就是其典型代表，它的内容和情节取材于现实生活中整形的韩国民众，不但真实地再现了韩国整形业，而且揭示了民众对整容的心态。电影数量会多一些，例如《时间》《灰姑娘》《美女的烦恼》等。当人在观看美剧和韩剧中惊人的整容效果后，也会由衷感叹他们整形业发展是如此的强势。

我国老片子《双面佳人》《千金百分百》《家有喜事2009》中也有这样的整容故事。这类整容影视剧在拍摄时会持保留意见，一般它们会采用三种制作套路：一种是整容后的女子会化身复仇天使并将害她的所有仇人一网打尽，但是却没展现完成心愿后的这些女性的生活状况，留给人们一段想象空间，如《妻子的诱惑》《回家的诱惑》《天使的诱惑》三部热播的电视剧就是例子。另一种是整容后的人生境遇并不如之前所设想的那样美好，那些整容后的女性仍需努力直面整形后的同样困境，如《美女无敌》。还有一种就是聚焦整容中的失败案例，比如说有的患者在整形过程中突然痛苦死亡，有的是某女子整成陌生人后开始夸张的愤世嫉俗，抑或是整个情节大玩灵异和恐怖，如《疯狂的整形》①。虽说影视剧中情节夸大的成分较多，但制作人还是在情节的展示中留下相似的疑问：人们在整容前一定要慎重思考效果。

　　鉴于种种顾虑，大多数女性聪明地选择在身上做小手术，而不是通身改造。就算修改过的身体会有后遗症的风险，也不会影响整体效果。带着这种侥幸心理，女性战战兢兢走向了整容的道路。

　　"韩式美女"和"美式美女"就是以影视剧的形式传入的，同时她们也是我们较早知道的整容人士。1997—2001年便是"韩流"的第一波冲击，② 其中《大长今》《蓝色生死恋》《爱情是什么》等剧的热播，使"韩式美女"首次席卷中国。在这些韩式偶像剧中，所有的女性主角、配角都是精致而完美的，她们美丽的轮廓就如同精致而可爱的瓷娃娃。虽然同为亚裔女性，我国女性却无法和这些抢眼的女子相提并论，因为她们的鼻子、脸型、三围是不符合东方女性特点的。直到后来不少韩国明星承认整过容时，国人才恍然大悟，原来她们都属于"后天美女"。由于这种"后天之美"当时在

---

　　① 王霞：《影视作品中的整容问题》（http://www.otomedream.com/thread-447766-1-1）。

　　② 司洋：　《从中韩历史渊源看韩流来袭》　（http://wenku.baidu.com/view/8a2e07c72cc58bd63186bd4c.html）。

国内风头正盛，不少"勇敢"的中国女性难免会蠢蠢欲动，同时也希望自己成为"韩式美女"中的一员。自然，韩国完善的整容风便首次刮进了中国，"去韩国整容"逐渐成为不少女性的选择。在韩式风过后不久，"美式美女"随着美剧的热播也同样引起了我国的热捧，相对于"韩式美女"的东方情调，"美式美女"的魅力更胜一筹，她们魅惑的大眼、性感的大嘴以及凹凸有致的身材都令中国观众如痴如醉。

五 "人造美女"实例

"人造美女"一词产生的时间并不长，之前我们没有使用过"人造美女"一词，当涉及"人造美女"时，都是用"整容"一词来概括的。何谓"整容"？从《汉语大词典》中我们可以得知，"整容"有这样三种解释："①指整肃仪容。②指女子出嫁前修饰颜容。③指对面部有生理缺陷的人，施以手术，使之美观。"① 在解释第三种意义时，它援引了"《人民文学》在 1977 年第 6 期的一句话：'辛贵雄曾向德国顾问学了一手绝技——整容术。'"② "整容术"一词，有着专门的意义，是指整治容貌使之正常或者美观的医术。医学技术发达之后，人先天或者后天造成的容貌或形体的缺陷，都可通过整形外科手术整治、弥补，以达到美化身体，改变形象的目的。这类整容手术的出现是为了满足人们的美丽梦想，通过手术来改造人体的部分小缺陷来达到人所想要的完美效果。

本章中出现的"人造美女"一词，也是在整容手术的基础上解释其意义的。"人造美女"即"经过整容手术制造出来的美女"③。在"人造美女"一词出现之前，我们都是采用"整容"一词，并且

---

① 汉语大词典编辑委员会、汉语大词典编纂处编纂：《汉语大词典》，上海辞书出版社 2002 年版，第 2953 页。

② 同上。

③ 《现代汉语新词语词典》，上海辞书出版社 2009 年版，第 252 页。

适用的范围也局限于医疗事故的负面报道。"随着韩国女明星整容消息的曝光，整容终于得以昭雪，变得正大光明起来。"[①] 拿着韩国明星照片去做整容的人数也在增加。"正是郝璐璐使'人造美女'浮出水面，在一片质疑声中各地的'人造美女'络绎不绝。"[②] "在一场人造美女是否可以参加选美的争论中，全国首届人造美女大赛拉开了帷幕。而先变性再整容的人造美女，更是令造美工程登峰造极。"[③] 这些女性大到在全身范围进行重塑性修复，小到只做局部的微创手术，她们都在为自己能成为美女的目标而努力。正是由于"人造美女"现象越来越多，影响越来越大，"人造美女"一词才被正式地提出，并连续在 2003 年和 2004 年当选为热点词汇。

女性生来就有爱美之心，她们也是最易受外界因素影响而改变外貌的一类人群。没有哪个女性敢说自己从来没受过美丽的诱惑：美丽的女性想象着自身更加抢眼；中等姿色的女性幻想自己能够脱颖而出；相貌普通的女性则极力想摆脱平庸。现代整形术的出现正像女性盼望的一剂"良药"，所有的女性都可以摆脱外貌困扰的阴影。随着"人造美女"的影响越来越大，我们就在不经意间走进了制造美女的时代。也许，走在你旁边的美女就是人造的，她的鼻子很挺，也许是做过隆鼻术；脸蛋够小，或许是做过磨骨术；身材凹凸有致，说不定是某些部位填过硅胶或吸过脂。这些各式各样的"人造美女"都在吸引着人们的关注，她们的美丽不仅冲击了人们对美容的追求，也在逐步把"人造美女"的相关产业发展起来。

搜索"中国人造美女"时，链接之下各式各样的"人造美女"现象层出不穷，有的新闻也用"人造美女时代来了吗？"这样的标题吸引人们注意。而最早公开的"人造美女"事件还是关于这两个人，

---

① 朱大可、张宏：《21 世纪中国文化地图》，广西师范大学出版社 2004 年版，第256 页。

② 同上。

③ 同上。

一个是郝璐璐，另一个则是杨媛。

"2003 年，24 岁女孩郝璐璐出任北京伊美尔整形中心'美女制造工程'形象代言人，历经 200 多天，耗资 30 万元，郝璐璐接受了多达 14 项的整容整形手术，赢得了'中国第一人造美女'称号。"① 同年，相类似的整容事件也有一起引人关注。"2004 年 5 月，杨媛报名参加了'第 33 届环球洲际小姐北京大赛'。经初赛复赛，杨媛成功闯入决赛。5 月 21 日，大赛组委会却以她是'人造美女'为由取消了她参加总决赛的资格。此事引起媒体的广泛关注。一时间，'杨媛事件'家喻户晓。"②

当记者询问她们俩为何会进行手术时，原因也都集中在"为了美丽"，"为了理想的工作"，"为了找到更好的男朋友"这三点上。看似简单的回答却构成了她们整容的动力，这个答案也突破了大多数人的预想，深深动摇了民众对整容的一贯看法。所以这两个改造的美女便掀起了一阵阵围观的狂潮，并且引发了一场持久的整容大讨论。"从 2003 年中国'第一人造美女'郝璐璐的出现，到成都、长春、昆明、河南、南京、沈阳、天津、深圳等地的整形医院纷纷推出自己人造美女，各种各样的'××第一人造美女'相继出炉。并在同年，'人造美女'荣登《中国青年报》的热点词汇之一。"③ 从此以后，"人造美女"的制美事业就此展开，各种"人造美女"纷纷登场，例如珠海的"第一人造美女"死在手术台上，广州的"人造美女"手术效果一直不好，一富翁征"人造美女"妻子等和"人造美女"有关联的事情也一一出现。经过时间的推移，"人造美女"也不再让人觉得难以接受，它现在已逐渐走向一种普通的消费行为。

---

① 王砚蒙：《"人造美女"社会性别解析》，《昆明理工大学学报》2005 年第 5 期。

② 史三八、杨媛：《"人造美女"引发的选美风波》（http://www.shisanba.com/jdal/424.shtm）。

③ 陈长礼：《"中国第一人造美女"郝璐璐将再次整容》（http://www.0898.netwww.0898.net/2006/09/06/259917.html.）。

我们仍处在强调女性外在美的环境中，美丽对女性的影响早就内化成为"一种时间性的，似乎一点一滴的东西"①。拥有外在美的优势意味可能享有额外的机会，可以受到男士更多的青睐，也可以拥有更多的职业生涯的机遇。只是转换一下外表，女性就可以活得如此有个性、有魅力，故而女性整容人数也一直在增加。

第二节　"人造美女"对审美文化的影响

在涉及身体与美学的研究时，女性之美便是不得不谈的话题。从传统的身体理论来看，美的发展更多是从历史中表现出的，比如说文字或绘画。有学者说："美学是一门感性学，审美活动必须有其针对性，要在具体的活生生的感性形象中进行，然后再具体到对人自身的审美考察中。"② 重要的是，女性之美会随时代不同而变化，例如传统美就和"人造美女"的标准相差很多。

一　传统的女性审美观

在传统的描述中，人的身体是被分为肉体和精神两个部分的，人存在的本身便体现了肉体的机能，而精神的获得则要依靠人们对肉体欲望的克制。在不同的思考及欲望克制阶段，人对肉体和精神的认识也不尽相同。这种传统对国人的影响体现在，人们多是从哲学角度上来谈身体的，而非美学，并且在涉及精神和肉体的相互转化时，对象也指的是男性本身。关于女性身体的描述多是审美方向的，在文学或绘画中，我们都可以看到女性靓丽的身姿，比如传统的四大美女、仕女图等，都是某一时代女性的典范。这种典范也并非一种模式，女性之美也会随时代变化产生不同的标准，例如说唐

---

① ［德］齐奥尔格·西美尔：《时尚的哲学》，费勇译，文化艺术出版社 2001 年版，第 72 页。

② 刘成纪：《身体美学的一个当代案例》，《中州学刊》2005 年第 3 期。

代的以肥为美,明清的以三寸金莲为美等。值得注意的是,这些审美性描述全部都是由男性言说的,和女性相关的标准也是由男性制定的。

在中国早期的《素女经》《千金要方》《玉房秘诀》等书中,它们都对当时女性的身体存在着不少相似性的描述,从书中我们可以得知,当时流行的形体美主要是从性的角度来考虑的,例如"身体丰腴,乳房盈盈一握,青丝柔顺,细眼迷离,皮肤光滑润泽等"①。从性的吸引角度来说,美丽女性的性作用要远高于普通女子,她们不仅帮助男性保持阴阳平衡,而且有助于男性延年益寿。这样的观点在很多古代文献中都有涉及,由于古代男性对长生的渴望一直很强烈,所以此观点直接导致了男性对女性形体及外貌的要求。

(一) 中西传统的形体美

我们以最为突出的文学著作为例,如曹植《洛神赋》就是早期女性模仿的样本之一,"秾纤得衷,修短合度。肩若削成,腰如约素。延颈秀项,皓质呈露。芳泽无加,铅华弗御。云髻峨峨,修眉联娟。丹唇外朗,皓齿内鲜。明眸善睐,靥辅承权。瑰姿艳逸,仪静体闲。柔情绰态,媚于语言。奇服旷世,骨象应图"②。女性的服饰、明眸、蛾眉、朱唇一一直观体现了女性的形体之美。后期的《红楼梦》中有对林黛玉形体的具体描述:"两弯笼烟眉,一双似喜非喜含情目……闲静似姣花照水,行动如弱柳扶风……病如西子胜三分。"③ 从众多的文学性描述中,我们还可以看到不同的女性形体情况,例如春秋时期的"楚王好细腰,宫中多饿死"。白居易笔下的"樱桃樊素口,杨柳小蛮腰"也是女性身体之美的例子。此外还有明清时的病态之美,比如三寸金莲便是通过损害女性身体从而获得男

---

① 文洁华:《美学与性别冲突:女性主义审美革命的中国境遇》,北京大学出版社2005年版,第113—115页。

② 《中国历代文学作品选》,古籍出版社2003年版,第74页。

③ (清)曹雪芹:《红楼梦》,黑龙江人民出版社2004年版,第14页。

性怜爱，这也是一种变相摧残。

与我国的女性形体之美不同，西方女性的传统美就集中在对称，女性的形体受"人体比例"影响，如有女子符合标准，那就是美女，并且西方把这种形体之美扩大到所有表现女性的领域。希腊人就惯于使用雕像来塑造女性形体美，关于鼻子、额头、身体比例都有严格的要求，可以细致到"拿尺子测量"的程度，如闻名于世的维纳斯雕像，就是女性形体黄金比例的代表，钱币上雕刻的女性头像，也是一样，脸部线条的比例相差不多。此外，西方的绘画也喜欢展示女性形体之美，从圣母的画像到普通女子的形象，都很好地表现了女性形体之美。

（二）形体美的新形式

实际上天生具备形体之美的女性寥寥无几，大部分的女性距离标准还有距离，所以处在压力之下的普通女性，难免会展开对完美形体的追求。无论是东方还是西方，美丽的形体一直是众多女性孜孜不倦追求的目标。我们可以看到，女性强化形体美有两方面的影响：一方面是由于文化本身的影响和规范，另一方面则来自女性自身的要求。

"随着消费成为了美德而不是罪恶，消费和享受的身体终于得到了解放，消费社会极力塑造一个能够消费又能够被消费的身体。因此，身体的外观，与生产能力与生殖能力无关的审美价值，获得了越来越重要的意义。这个身体不是用来干体力活的，而是用来观赏与被观赏的。"[1] 在社会承认和默许的前提下，女性对形体的追求逐渐演变成为习惯，并做出积极的反应。

"因为它更具有反思性与规划性，不仅范围更广，而且更触及身体的深层本质。"[2] 女性在执行形体规范时，也会有意识选择合适的

---

[1]　陶东风：《消费文化中的身体》，《贵州社会科学》2007 年第 11 期。
[2]　同上。

例子作为自己的参考，因为有对比才有动力。一般情况下，明星、模特成为范本的概率会高些，这些人平时大都置身于闪光灯下，一举一动都有人在关注，所以她们必须对自己和观众负责。出于这样的苛刻要求，明星们对身体各部分的保养和爱护，远比普通人要高，甚至身体的每一处都需要往尽善尽美靠拢。这些公众人物最爱干的事便是得意地进行美丽效果的展示，几乎她们每一次的出场都在强化着这种形式，当普通女性观看完她们的美丽，也会不由自主地向这些范本靠拢。当所有的女性力量汇聚起来时，重塑形体的神话就已经在引领一个新的身体文化的产业，而"人造美女"就是其中的明显例子。

二 "人造美女"的审美影响

"人造美女在中国成为公众话题，始于 2004 年 5 月北京的一场选美风波。"[①] 以这场风波为起点，整容事件渐渐地越来越多，各式各样的人造现象也纷纷加入这一行列，一起汇聚成整容之美。在"人造美女"竞相显示的时代中，她们不仅为自己铺设下诱人的陷阱，也可悲地变成人们眼中的一道审美快餐。

（一）时尚化

克雷克说过："在 20 世纪中有一种女性特点贯穿了一系列女性偶像——这就是对外观的强调。继吉步森女郎和自由女性而起的女性偶像不是像前者那样强调自我潜力的发挥而是强调外貌。"[②] 从时尚美容杂志《她》《宇宙时尚》《新观察家》中，我们可以看到拥有完美形体的女性数量庞大，在强调女性特质的广告中也无一例外是反复赞美女性的形体。她们的出现不仅为范本划定了氛围，更成了普通女性心中的固定角色。女性之美以商品的形式被牢牢地捆绑在

---

① 刘成纪：《身体美学的一个当代案例》，《中州学刊》2005 年第 3 期。

② 廖述务：《身体：美学的与实践的——大众文化视野中"身体美学"的反思与重构》，硕士学位论文，福建师范大学，2010 年。

一起，在各种展示渠道下被大量地呈现，普通的女性也在无形的影响下被反复提醒，她们需要注意自身形象。"明星、模特们就代表了身体的物化，之所以她们能有魅力，正是因为她们对身体的崇拜也是其他女性的样板。"①

媒体在推销美丽范本的同时，也在大量地推广她们的美容秘籍或捷径，当普通女性注意到这些现象时，不由自主地便会产生购买的欲望，美容的热潮也在女性如此哄抢中扩大了影响。而现代整容术的出现更是综合了上述条件，这剂良药能使女性不需要再费力就可以轻易达标，这种"天大"的好事自然会把女性的形体神话推向高潮，她们都像是躺在手术台上等待被加工的肉体。

在科技和经济的双重冲击下，如今也正是最好的时代。不单是女性的爱美之心有用武之地，甚至于女性之美都可以借机得到最大的满足。单从整形手术来说，嫩肤、隆鼻、磨腮或抽脂等，它们都为女性在追求美的历程中提供了更多的实现机会。漂亮的女性可以变得更漂亮，不漂亮的女性也可以变漂亮，美丽机会是均等的。在社会的审美原则下，女性不得不对自己的身体痛下决心，落入"美好"的陷阱不能自拔。为了身体的每个部位尽善尽美，开始了精密的测量：眉毛可以种植和改型；眼睛可割双眼皮或去眼袋；鼻子可以垫高；嘴唇可以塑形；脸型可以削骨，等等。只要不惜代价，每个人都可以是美女。而借由手术的改造，这种美女的数量也会逐渐增加，并日益成为一道抢眼的时尚风景。这道风景在我们的日常生活中也能被明显地感知到，美丽的女性是随处可见的。

（二）年轻化

作为女性样板的明星、模特自然对形体和外貌关注更多，其爱护之心不亚于艺术家对艺术品的维护。经常出现在不同场合的她们，

---

① ［英］珍妮弗·克雷克：《时装的面貌——时装的文化研究》，舒允中译，中央编译出版社 2004 年版，第 106 页。

也会不厌其烦地一遍遍向公众展示自己维护的成果。从仔细观察中，我们可以发现无论是刚走红的新星，还是成名已久的大牌明星，情形都是一样，明星的美丽和年轻远比一般人时间更长。罗兰·巴特就说过："年轻不断被强调、维护，因为它天然就受到时间的威胁，必须不断重申，年轻时所有衡量年龄的标签，它的脆弱带来了它的声誉。"① 女性在凝视光环下的明星时，自然而然地会生出一种羡慕、崇拜甚至跟风的念头。从网络上繁多的明星对照图片中，我们可以了解明星正是借由在人们面前的身体展示，不仅收获了女性的广泛模仿，其自身也获得了标准美的范本称号。所以艳羡中的普通女性才会竭尽其所能地了解明星的保养法，也才会逐渐明白她们为了保持容颜而使用的整容术。

在女性盲目背后，她们也会不由自主地给自己加暗示和指示：年轻才是真实的榜样。如若这些明星们出现衰老或者没有维护好形象的情况，也会被毫不留情地赶离这个样板的位置。身体和年轻就这样被联系到一起，构成新的"形体之美"。女性的热点至今仍是保持美丽年轻的身体，科技的力量也正好助其一臂之力。在年轻化的引导下，身体越来越美，这种模式主导了美的人工发展方向。在时间前进中，整形的流行走入人们的生活，女性的魅力越发得到提升和满足，她们的价值追求也因整容而精彩。

遵循着这样的审美观，身体之美开始越发多样化，身体的表现方式也一样，其中感性的身体逐渐上升到最重要的地位。年轻不再是属于青年女性的标志，整形术彻底打破了观念的限制，年长者也可以依靠手术获得年轻之美。比如说外貌、三围、曲线的塑造，它们都可以依赖手术获得固定的样态。身体和社会的结合创造了新的身体景观美，塑造身体的各种形式在传播过程中得到了不同人群的

---

① ［法］罗兰·巴特：《流行体系——符号学与服饰符码》，敖军译，上海人民出版社 2006 年版，第 287 页。

热议和跟风。"由于被访女性年龄段的不同，在整形项目上的选择也不同。在 25—35 岁这个年龄段的女性更愿意选择割双眼皮、抽脂、隆胸等手术，而 35—45 岁这个年龄段的女性，相对而言更喜欢除皱嫩肤、眼袋去除等手术。"① 通过整形，她们可以依据自身意愿来修复和保养自己，身体在维护中越来越美：皮肤可以嫩白，皱纹可以拉平，脂肪可以抽吸，鼻子可以垫高……置身在整形内容的包围中，女性会吃惊于没有想不到的整形术，只有敢不敢尝试的勇气。"自我是在通过与镜中的身体形象进行感知和认同中构成的，并在这一过程中获得一致性的愉快。"②

（三）西方化

在人造美女的制造过程中，女性与整容终于达成了统一意见，女性身体样态被定型化处理，成为标准美的产物。在整容技术的推动下，女性的多样性之美显然不再重要，因为西式之美的风潮正在席卷世界，女性的模式也正在走向统一，该种技术下的美女们大都是肤色白皙、五官立体、丰乳肥臀之辈。这种情况不单在中国频繁出现，而且韩国、日本等亚洲国家，还有中东国家也正在向西式审美靠拢，这类西式范本是何时主导世界审美的？

西方经济在发展中影响了世界，也输送了文化观，欧美的美貌标准逐渐在发展中国家立足，冲击着其他国家自然、特色的审美观。最早的西式审美是源自 "第二次世界大战结束后，伴随马歇尔计划，美国人开始输出他们的美女观。原来在美军服役，曾于 1944 年拍摄诺曼底登陆的战地记者沃斯·麦耶，战后转业，拍起了芭比娃娃和大乳房美女电影"③。强势的西方经济通过影视剧、广告杂志中美女

---

① 郑碧强：《城市女性白领整容时尚消费的社会学解读》，《安徽农业大学学报》2009 年第 18 期。

② 陶东风：《研究大众文化与消费主义的三种范式及其西方资源》，《河北学刊》2004 年第 22 期。

③ 云崖：《整容业造就假面舞台》（http://www.oushinet.com）。

的出场，逐步开始了自己的美女推广计划，并渐渐占据整个世界的美丽标准。

在这些耀眼的形象中，谁又是最受欢迎的代表呢？在整形术流行的西方，欧美的经典老牌明星，例如奥黛丽·赫本，伊丽莎白·泰勒，玛丽莲·梦露等女星都是最早被模仿的人之一，甚至于她们自己也在不断美化之中。她们整形大多是为了长久保持其美丽的影像。"上世纪六十年代，玛丽莲·梦露就曾修鼻、整颌、隆胸丰乳，甚至忍痛去掉两根肋骨，才变成了窈窕淑女。另一女星黛咪·莫尔花费了50万美元隆鼻、丰胸填乳、吸脂瘦身。还有当今走红的世界顶级名模纳奥密·坎贝尔，一味锦上添花，不止隆鼻填颊，在额头上注射肉毒素，还要充硅胶，让双乳饱满，高耸如峰，在T形台上抢尽风头。本已称得上超级美女的明星尚且如此，更不用说那些效颦东施们，一个个痴迷入魔，竞相投资整容了。"① 发展中国家也在这种视觉冲击的刺激下，走上了西化崇尚的道路。"在崇美的日本，大有全民整容之势。东京的大街小巷里，处处可见把头发染成金黄，割双眼皮和文眼线的年轻人。再佩戴一对蓝色隐形镜片，东洋人真正演化成了西洋人。只是尚存一项缺憾，女子如果过于裸露，还是会让人发现她们的皮肤依然是黄色，难于全身全盘西化。"② 这种情形在我国也是一样，女星们在整容的时候一般也会选择较为西化的女明星，比如说范冰冰的瓜子小脸，李玟的丰乳肥臀，舒淇的性感大嘴，林志玲的瘦高体态等作为范本。

这些形象完全打破了我国传统的含蓄、婉约的东方审美观，甚至可以说与之背道而驰。典型的亚裔女性均是"鼻梁偏低，面相圆大，下巴丰满，耳珠厚大，人中清晰"③ 的，她们和欧洲女性的美丽标准是无法画上等号的。至于身高、三围之类的差距就更大了，

---

① 云崖：《整容业造就假面舞台》（http：//www. oushinet. com）。
② 同上。
③ 佚名：《10种福相女人》（http：//lady. QQ. com）。

我们的女性天生尺寸就弱小的多，如若强行照搬西式审美标准，难免会落入整容的大改造之中。

第三节　消费环境中的人造美女

女性一般都会紧跟社会流行的消费理念来选择消费活动，而整容产业也是她们青睐的方式之一。假若时光倒退到整容术还未流行的二十年前，就算女性再有强烈的整容意愿，也要首先考虑流行的消费环境是否允许这样的活动，毕竟大胆尝试手术的女性是少数。只有一切前提条件都被满足之后，她们的行动才有扩大化的可能。那么在人造美女频繁出现的时代，我们处在怎样的消费环境中呢？

一　消费场景

鲍德里亚在《消费社会》开篇就指出："今天，在我们周围，存在着一种由不断增长的物、服务和物质财富所构成的惊人的消费和丰盛现象。它构成了人类自然环境中的一种根本变化。恰当地说，富裕的人们不再像过去那样受到人的包围，而是受到物的包围……日常生活中的物品不断地繁衍，各种需要也一直增加。"[1] 有利因素的经济发展必然牵引出物品的批量化大生产，人们的生活环境也必然陷入物品的包围圈里。当大量的新商品投放到市场时，如何要消费者们全部获知呢？为此企业花费了大量时间和金钱来设计新策略、新方法。广告、传媒的大量宣传和播放，就是其最为重要的手段，也是最为有效且影响深远的战略。毫无疑问，一切可视物都可视为传播手段，因为消费的人群正是生活在该环境中。小到报纸杂志的文字类广告，大到电视上的可视广告，还有平时的公交车广告、橱

---

① ［法］让·鲍德里亚：《消费社会》，刘成富、全志钢译，南京大学出版社2001年版，第1页。

窗广告、广播广告，以及流传度颇高的网络广告，信息就这样一股脑的涌入消费者的生活世界。当人们长久生活在这样的背景中，他们就会有幸目睹消费物品走向文化的过程。人们在消费文化的建构中发挥了重要的指挥和凝聚作用，而消费社会恰恰是人们进行试验的最佳实验场。它为消费文化和商品提供了新的可能性：消费商品被套上了新的模具——消费文化。玛丽·道格拉斯在《物品的用途》中指出，消费选择已经构成了文化发展的重要动力，人们通过消费固定的商品，建构起属于自身的特定的文化。"重要的是要着重研究变得越来越显著的消费文化，而不仅仅将消费看作是生产过程的顺理成章的结果。"① 文化随着时代的商品而发生变化，新说法、新观念和新的生活方式等都应运而生。单纯地消耗商品已不存在，人们在其购买力的影响下，使所消耗的商品形成了特定的符号体系，随后，这些符号体系再一次加深了人们购买过程中的专属"印记"，当这种"印记"一旦形成固定的模式，消费中的文化也会自然地产生。

针对消费的状况，费瑟斯通曾做出这样的评价："消费文化，即指消费社会的文化。它基于这样一个假设，即认为大众消费运动伴随着符号生产，日常体验和实践活动的重新组织。遵循享乐主义，追逐眼前的快感，培养自我表现的生活方式，发展自恋和自私的人格类型，这一切，都是消费文化所强调的内容。"②

消费模式带来的并不是消费商品固有的使用价值，而是被演绎成一种消费的心态，一种购买的能力攀比。人们在购买物品时并不真正需要此物品，但是在消费模式的诱导下，开始转向攀比彼此购买力的强弱。根本原因就在于消费者的钱袋，甚至是心态都被消费的文化所把持，消费者需要的不是物品本身，而是购买物品时的愉悦心情。这种变异的循环使得人们陷入为购买而购买的怪圈。聪明

---

① ［英］迈克·费瑟斯通：《消费文化与后现代主义》，刘精明译，译林出版社 2000 年版，第 19 页。

② 同上书，第 165 页。

的资本经济生产者正是深谙这种大众心态，他们通过金钱来操纵传媒力量，同时和消费者博弈心理战术。经济生产者为了利益的最大化，采用了诱惑、心理暗示等手段把消费者拉入早已设置好的消费场景中。在消费者盲目的采购中他们获得了丰厚的利润。可悲的是，消费者带着整个消费世界跳进了经济机器运作的陷阱中，符号和文化的旋涡就这样把他们"温柔"地淹没。

"在消费的全套装备中，有一种比其他一切都更美丽，更珍贵，更光彩夺目的物品——它比负载了全部内涵的汽车还要负载了更沉重的内涵。这便是身体。"① 无论在传统哲学，还是文学中，生理上的身体都是被排斥的，身体的欲望更是被压抑的，这点在女性的身体上也可得到印证。比如古时的东西方社会，崇尚属于女性本身的精神特质，一旦涉及女性的身体时会用残酷的惩罚来减缓冲击，"红颜祸水""原罪"等古老的说法就充分说明了问题的严重性。当科技的前进终于打破身体的禁忌后，有关身体的各种理论也就应运而生。消费社会就把身体单独提取出来并炮制成属于身体工业的独特景观，消费文化中不可或缺的群体就是女性。"我们当代对身体的兴趣和理解是西方工业社会长期深刻转变的结果。身体形象在通俗文化与消费文化的突出地位及其无所不在就是身体（尤其是其繁衍能力）与社会的经济和政治结构相分离所产生的文化结果。"②

如何打造专属于她们的消费文化也是商家最重视的。女性消费者成为商家最为看好群体的原因很明显，也很关键。首先，女性的购买能力较之男性天然地高出很多；其次，她们对的商品的需求量也是庞大的；最后，女性对于家庭的影响间接也会带动家里男性的消费选择。无论是来自女性消费数据的逐年上升，还是源于消费学

---

① ［法］让·鲍德里亚：《消费社会》，刘成富、全志钢译，南京大学出版社 2001 年版，第 139 页。

② ［英］布莱恩·特纳：《身体与社会》，马海良、赵国新译，春风文艺出版社 2000 年版，第 1 页。

者对女性消费前景的看好，大家的意见基本上是一致的：整个消费文化的主流都是倾向于女性。女性在购买消费品上所花费的钱数甚至推动了整个世界经济的进程，无怪乎消费专家都赞叹并直呼"她时代的到来"。央视也在晨间访谈节目中解说："未来消费市场很大程度上掌握于女性消费者手中，随着中国女性接受高等教育和就业的机会增多，她们的消费习惯产生了重大变化，女性享有更大的经济独立性和消费选择。"① 单看现在的女性消费，她们所创造的话题和现象就已经够研究者们思考了。

二 消费冲击下的"人造美女"

消费社会和消费文化自然不会浪费这样的大好机会，它们为女性设计和添加了若干刺激美丽消费的手段。第一波刺激点便是着重强调现代女性所处的良好消费氛围。"每一历史时代的经济生产以及必然由此产生的社会结构是该时代政治、文化和历史的基础，并且只有从这一基础出发，这一历史才得到说明。"②

（一）消费中的美丽规划

通过对比我们可以了解，历史中的女性是没有自主选择权的，她们平日被局限在家中做基本的劳动，如若买东西也需经由丈夫之手来获得，所以其购买力是根据家庭的收入来决定的。那时商品生产和消费也有限，商品的用途仅是为了完成它的使用价值。如今消费社会则是另一番景象，它彻底为女性打开了购买之门。女性的购物欲求有了实现的可能，她们可以借由比较选择所需的商品。更为重要的是，女性都是独立自主的个体，拥有属于自己的独立购物能力，她们利用工资解决了历史上无法实现的若干限制。这种自由尺度必然会极大地调动女性全部热情，使得她们容易被狂热地卷入消

---

① 闫秀梅：《解读21世纪的"她"消费时代》（http://www.cnwinenews.com）。
② 《马克思恩格斯选集》（第1卷），人民出版社1972年版，第3页。

费时代的浪潮中。

女性开始占有身体的主导权，美容美体渐渐内化成女性的日常选择之一。化妆、美容和时尚产品就是诞生于这样的消费氛围中，它们不仅被广泛地传播开来，并且被大批量地使用。西方女性最好的美女代言人——芭比娃娃，她的三围38：18：34就一直被众多女性所效仿，美容美体的整容手术也是参考了这样的美女范本，从20世纪90年代开始，这种类型的"人造美女"就开始陆续在西方的选美比赛、影视剧和广告中露脸，她们大都拥有着相似的身体曲线和外貌。这些美女凭借美貌的优势而名利双收，美丽的"通行证"的作用如此之大，难怪女性会在美丽制造中无法自拔，而整容的良好影响也会随之扩大化，社会中出现这么多的"人造美女"也就不足为奇。

媒体动用的可视传播手段，便是美丽消费的第二波刺激点。只要看过广告和杂志的女性，都会有这样的印象：上面但凡有女性人物出现，基本上就是美女。针对不同年龄阶段的女性，你能想象到的各种类型都会出现。少女们是用漂亮的服饰吸引眼球；年轻女性是用诱惑的外貌吸引注意力；年长的女性也会用保养得当的精神状态来提醒对自身的关注度。再对比实际生活中的普通女性，能达到标准的女性就数量有限，大部分距离达标都很远。假如那些完美的女性是虚幻的倒也罢，女性的失落感自然会随之降低，可现实是她们都是真实的完美化身，这就演变成问题的关键。

所以针对普通女性消费时，媒体便选择和整容产业共同制造美丽。例如北京的伊美尔整形医院在打造"第一人造美女"郝璐璐时，就采用全程直播的形式，这个事件在第一时间被媒体传播开来。随后在2004年12月18日中，首届"人造美女"选美比赛举行，它的举行就更有意思。主持人是上海的"人造美男"，颁奖的对象竟然是"变性美女"和62岁的"人造美女"。

当人们看到这些普通甚至丑陋的女性都能化身为美女时，心态难免就会失衡，为什么我们就不能达到呢？这种不甘示弱的决心推动了大部分女性一口气走到底的美丽决心，她们深信只要坚持就能有蝶变的一天。当女性争相消费美丽产品时，她们对消费的崇拜也就日益加深。金元浦就指出："造成了美丽消费的首要原因是社会形态的改变或曰文化的转向：是消费社会的基本形态对当代文化产生了重要影响。文化的转向中最为抢眼的景观是视觉图像的'转向'。而所有这些视觉图像几乎都离不开身体或美丽。"①

第三波刺激点在于选择的代言人。周宪提道："大众传媒对人体审美化具有深刻的影响，而这种影响又是通过制造偶像的方式来完成的。即是说，通过生产出特定时代和文化中为公众趋之若鹜的人体偶像，来塑造人们的理想自我形象。"② 凡是和女性消费品有联系的，基本上是女性明星在主打代言。诚然她们都算美人坯子，否则也没机会站在舞台上。这些代言的明星或者偶像总是出现在公众场所里，尽情展示她们的美丽诱惑。当明星的面孔出现在镜头里，拍摄的人也会刻意突出局部特征。趁着镜头的放大，围观的普通女性也会细细审视她们，将明星们的身体罗列成一块块来进行品味和探讨；此时她们的心里也没闲着，早就将自己和明星的差别也一一摆出来，这样自己日后的努力也会有更具体的参照物。这些明星们的影响力不容小视，她们的辐射力几乎覆盖了所有女性的消费观。很多女明星都曾接受美丽节目的访谈，收视率也会不错。当她们揭示独门美容秘籍或是出版美容书籍，普通女性购买的热潮也是不可避免的。这些手段演变到最后简化为两个字：购买。

在购买欲望的背后，我们看到的是女性追求完美的态度。她们对自己的形象要求甚为苛刻，美了还不够，美上加美才会更好。故而女性改变自身是必然的，只有获得另一个完美的形象，她们才会

---

① 金元浦：《重新审视大众文化》，《中国社会科学》2000 年第 6 期。

② 周宪：《视觉文化的转向》，北京大学出版社 2008 年版，第 336—337 页。

拥有社会上承认的美丽特权。

女性在这三波手段的反复刺激下，或多或少地带有了"购物狂"的影子，没有谁能够避免。我们可以清楚地看到：在消费的催化作用下，女性为了自己而购买，为了购买而购买，甚至为了身体的每一部分而购买。"在消费实践中，女性解放被等同于身体的解放，而事实上，在对身体的关注中并没有得到真正的解放，而是陷入了更深的被控制的圈套之中。"①

（二）美丽规划的受害者

在消费层层操纵下的女性深陷美丽的牢笼无法摆脱。"美丽之于女性，变成了宗教式绝对命令。美貌并不是自然的效果，也不是道德品质的附加部分。而是像保养灵魂一样保养面部和线条的女人的基本的，命令性的身份。上帝挑选的符号之于身体好比成功之于生意。"② 就连女性自己也会立言立传来顺从安排，从史料记载中可以得知她们的方法主要集中在三点：一是通过衣饰和举止的修饰，"人是衣裳马是鞍"这句古语就能充分说明问题，有了服装的搭配的女性能够迅速提高档次。二是给身体强加上男性的审美点，这样女性基本是符合时代的审美标准。三是化妆术，在化妆手法的遮盖下，女性可以暂时借助外力达成美丽。这三条方法好似女子的军规，在这方面女性经过千百年的训练，其能力也已发挥到极致了，可惜的是以上手法都不算长久之计，因为女性不能永远保持状态，一旦卸掉包装自然会回到起点。要使美丽延长，女性必然要有所突破。

直至出现整容术，"麻雀变凤凰"的问题才具备了彻底解决的希望。对于普通女子来说，整容简直是划时代的伟大发明，没有什么能比自己变美而更振奋人心，至此女性真正把对身体的改造上升到新高度。她们在激动之余，面对新技术的使用也会有无从下手的感

---

① ［法］让·鲍德里亚：《消费社会》，刘成富、全志钢译，南京大学出版社 2001 年版，第 150 页。

② 同上书，第 124 页。

觉，毕竟完美模板很多，要她们下决心是一件很难定夺的事。一旦
理不清思路，她们选择的手法和做出的结果便可能背道而驰。"法国
女艺术家奥兰曾以现场直播的方式揭示了形体神话的变形意味。她
把自己作为实验的对象，依据西方历史中美的典范，总共进行了九
次美容手术，并把这次艺术行为命名为'圣奥兰的转世'。典型美包
括了达芬奇笔下的蒙娜丽莎的前额，布歇笔下的欧罗巴女神的嘴唇，
波提切利刻画的维纳斯的下颚，等等。这些太过于多的完美强加在
一个人的身上，结果是不言而喻的。"① 这种人体行为展示确实给那
些爱美女性上了震撼性的一课，也在短时间内遏制了那些想在身上
多次动刀的女性的冲动，但是该艺术家的抗议和呼吁还是显得过于
微弱，女性没多久就再次蜂拥着挤上整容的道路，毕竟她们美丽的
梦想来之不易，不会因为反面的抗议就止步不前。由于女性纷纷试
水，整容业就在热捧声中逐渐迈入高速化、规模化、普及化的道路。

　　既然整容的魔力这么大，那它的效果呢？"比如说割双眼皮，若
使用可吸收线只能管半年，高分子线也就维持三年左右。再比如眼
袋手术，其主要方式是开刀或者激光。不过，手术只能解决对松弛
框隔的重建，随着脸部的衰老，十年左右眼袋会重新出现。可见，
整容完全是可能成为美女们与身体衰老进行的一场无止尽的马拉
松。"② 看来完美神话也经不起时间的磨炼，耗时耗钱的女性最后很
可能什么也未得到，而且整容后遗症的高发风险也是需要她们承担
的。当女性纷纷踏上形体神话的道路时，她们必然会为自身的行为
埋下无法预知的种子。

　　美国一家庭主妇麦琪就是例子，她首先是在其面部动了手术，
随后又在乳房、牙齿上多处改动，她声称整容术改变了自己的生活，
还打算继续下去。另一个名叫莫尼克的女子也是如此，她先后在身

---

　　① 廖述务：《身体：美学的与实践的——大众文化视野中"身体美学"的反思与重
构》，硕士学位论文，福建师范大学，2010 年。

　　② 同上书，第 25 页。

上实施了丰胸、吸脂和隆鼻术，现在又要进行第四次手术。当记者
采访她接下来要修改哪儿时，她却没有主意，不过她却表示自己的
整容一定要坚持下去。看来，这种执迷不悟的整容行为确实恐怖，
身体上的一点儿小缺陷都要修改的话，难免会进入走火入魔的状态
中，并且，人的身体是天生的，难免会与想要的目标相差很远，一
旦手术失败，只会事与愿违，手术带来的后遗症更是无法想象，不
仅招来的是可怕的祸患，而且还会伴随无尽的苦痛。

　　"人造美女"的目的之一，便是吸引男性的注意，只是，女性这
种单纯的想法和举止却带来身体上和精神上的双重伤害。那些反复
整容之后的女性，其行为会导致自己深陷于厌恶身体的不良情绪中，
这种强烈的情绪必然会导致女性精神系统的紊乱。它不但压制了女
性的自由，而且给女性的心理健康造成了危害，在女性塑造"人造
美女"的行动背后，其实是社会的消费文化强加于女性身上的负担。
崇尚美丽的理念不但对女性身体造成了摧残，而且使女性成为美丽
规划中彻底的受害者。

　　（三）金钱崇拜下的美貌悖论

　　特纳说过："20世纪增长的消费文化和时尚产业特别重视身体
的表面。消费社会重视美丽的身体，在这个消费社会的成长过程中，
我们可以看到西方价值发生了主要的历史性变化。它开始因为审美
目的而强调对身体表面的操控。这种身体的变化代表了西方价值的
世俗化倾向。"[1] 最开始，整容术只是为了富裕的有钱阶级准备的，
上流社会的有钱少爷、千金或太太会选择整容，他们一般是为了互
相比较或追逐时尚才使用，他们看中的要么是谁更英俊或更漂亮，
要么是谁的样子最接近当时的潮流标准。出于这样的攀比心理，这
类人会去咨询整形医生，希望能对自己的样子进行更好地调整。再

---

　　[1]　［英］布莱恩·特纳：《身体与社会》，马海良、赵国兴译，春风文艺出版社2000
年版，第19页。

后来，整容风影响到了那些靠脸蛋吃饭的娱乐圈人士，相对而言，一般民众只有观看和羡慕的份儿，他们没能力享受整容，因为高昂的价钱是一般人所不能负担的。直至时间走到 2000 年，意大利前总理贝鲁斯科尼就公开声明，他在脸上注射了肉毒杆菌和除皱的整容术，随后英国前首相布莱尔也一样，为了保持年轻、充满活力的状态，他选择了眼袋去除术，第三则新闻则是希拉里为了美丽而偷偷去做拉皮手术，这些政界人士的加入使得整容的影响日益扩大。整容术的适用人群就这样越来越广泛、越来越普遍，整容价格也随之变得"亲民"起来，由此整容的特权才被打破。整容的需要也进行了调整，和民众的购买欲望联系到了一起，普通民众也可以根据自身情况来选择不同的整容项目。

"人们通过管理身体，把它当成了一种操纵社会地位的能指。身体完全成为自恋性的社会意义代码，从属于整个消费社会符号系统。身体符号在消费语境中，慢慢演化成为一种符号的暴力，形成了一种新的话语霸权。"① 所以心态决定了行动，我国的女性市场和消费热点也相同地仿照这样的模式，"建立起有机体与它的实在世界之间的关系，或者如人们所说，建立内在世界与外在世界之间的关系"②。整容业就是在这样的原则下发展并完善起来，女性的整形风也自然而然地蔓延下去。"实践和审美之间的裂隙，不是一个必然的不幸，而是一个历史的灾难。"③

第四节 "人造美女"——重构背后的迷失

经过推广的"人造美女"产业发展得越来越红火，它不仅荣升

---

① ［法］让·鲍德里亚：《消费社会》，刘成富、全志钢译，南京大学出版社 2001 年版，第 148 页。

② 陶东风：《消费文化中的身体》，《贵州社会科学学报》2007 年第 11 期。

③ ［美］理查德·舒斯特曼：《实用主义美学》，彭锋译，商务印书馆 2002 年版，第 40 页。

为美容消费的热点，更逐渐成为现代女性的时尚选择之一。在欣赏这些女性们日益美丽的身影时，男性也在这场华美的"视觉盛宴"中大饱眼福。

一 女性欲望的外化

"对身体进行改造来满足当代女性身体审美的新奇感与快感，形成身体审美的陌生化效果，因而出现对反传统规则的审美趋势以及对非常态美的认定和追逐。"① 波德里亚就说过消费社会中的身体，其最主要的特征之一便是"美丽"，当女性具备了这种迷人的身体条件时，却又"被当做（经济）支持卷入生产目标，作为成功地整合个人心灵（心理）的原则，作为社会控制的（政治）策略"②。女性就这样被消费的商业化原则所控制。他随后还说女性的身体就被当成了符号，"身体不再是宗教意义上的肉体，或工业逻辑上的劳动力，而其物性却被重新启动，被当做自恋的崇拜物或社会仪式和策略的元素"③。符号性，才是女性在消费社会中的真正价值，但是女性却远没有想到这点，她们还认为消费会带来愉悦的购物感。美丽的价值发展成为时尚、潮流的价值，而消费中的产业链也可以利用女性，因为女性的购买为他们带来了发展。女性在追求美丽的过程中，为自己描绘了无数虚幻的梦境。"在她们的各个杂志中，美丽根据的是心灵上的神秘基础：对女性来说，它是感官灵敏性，'从内部'探索和唤醒身体的所有部位。"④

旧时代因经济和父权的双重束缚，很多女性的愿望没有完成的可能性，但是现在她们则不需要再顾虑，社会的发展早已把女性所

---

① 李华林等：《日常生活审美化与当代女性身体审美的陌生化》，《重庆邮电大学学报》2007 年第 19 期。

② ［法］让·鲍德里亚：《消费社会》，刘成富、全志钢译，南京大学出版社 2001 年版，第 136 页。

③ 同上书，第 132 页。

④ 同上。

有的美丽枷锁解开。头一次，女性可以自由享受并拥有属于自己的权利，这就好比泄了闸的洪水，迅猛势头带来的效果谁都无法预测。且不说为此付出的美丽效果如何，女性的选择并未因艰难止步不前，美丽的手段反而越演越烈。

女性开出了一系列治愈自己的"完美处方"，把自己打造成为欲望的产物，女性的整容手术正是反映这种模式的"最好"作品。无论古代还是现代社会，女性之美总带着功利性的色彩。在美丽即为价值观的新时代，美丽女性明显比普通女性享有更多优惠，"漂亮是为了符合现在的"一般标准"，"只是要做个符合一般人的选择"①。在标准的指挥之下，社会大力探查着女性对自身的关注程度，身体的包装是她们必须塑造的目标之一，女性对它的满意与否也就成了关心自己的象征。当人造美女为社会制造了一种景观时，她们一定程度上也推进了人们关于女性的新注解。

"人对身体的处置权则大体分为两个方面：其一，自我包装的权利。这种方式包含着一种企图，即通过衣饰遮掩身体的丑，呈现身体的美。其二，用医学手段改变人体外观的权利（如医学美容或整容术）。但对现代人而言，他却依然可以按自己的意愿去做这种尝试和实践，因为'天赋人权'包含了人对自己身体的处置权。"② 至此，人造美女的出现蒙上了一层合法的面纱，首先女性的行动彰显了消费社会的自由选择本质；其次女性可以凭借消费手段达成自己的美丽心愿；最后人们可以依靠魅力获得幸福的未来。早些年研究这类问题的学者们也这样说过："人造美女的动机不外三个方面：一，单纯对美的追求。整容者希望通过手术完善自己形体，自娱自乐，满足自身对曼妙形体的渴求。二，美的愿望和功利动机两者兼有。追求好的外表既可以娱乐自己，亦可以换取较多利益。明星圈

---

① 单正平：《"人造美女"的伦理问题》，《天涯》2005 年第 3 期。
② 刘成纪：《身体美学的一个当代案例》，《中州学刊》2005 年第 3 期。

子大多如此。他们自身比较迷恋外表，而外表又是他们营生的必要前提。三，纯粹的功利动机。因为工作难找等外部问题完全被动整容属于此类。在消费时代，外在形象与个人价值定位关系日趋紧密，这使得人造美女一般兼具审美与功力的双重动机。"① 作为美的持有者和保护者，她们注定此生都会与美丽紧密相连，只有女性的身体标准接近于苗条、青春与美丽，那么她的努力就可以赢得更好的交换价值。因为人们的身体改造是取决于自身的动力，身体的策略依赖于对身体的保养程度，哪怕女性的部分体态天生就无法改换，她们也可以在现代科技的带领下得到合理的解决。在社会的监视体系中，对女性身体是存有一套标准的：女性的身体是要被建构的。社会的"设计"早已"暗中内化为人们心甘情愿的主动选择则"②。女性在自由选择塑造模板的过程中，身体就会自然落入不断改造的变化中。当她们的外形、身高都可以轻松符合标准时，这是何乐而不为的事情。一方面，美丽的动力可以为女性的计划添加更丰富的操作细节；另一方面，技术也可以使她们的选择空间得到最大化的扩展，这才是人造美女的终极目标所在。我们也可以这样理解，人造美女并非是技术文化的受害者，她们就是其身体能动的控制者，女性做手术前或许受到消费的控制，但是她们自身的行动力也不可或缺。通过整容手术，女性为自己的美丽搭建了一座新的桥梁。

女性美丽梦想背后的推动力一部分是源自媒体的宣传和吹捧，一部分是来自他人的评价。她们都有改变自我的梦想，并希望借由身体的重构来达到理想状态。在对理想的改造途中，女性们过分的

---

① 龙鸿祥、刘嘉：《人造美女的文化反思》，《南通大学学报》2006 年第 6 期；朱亦萱：《重构的迷失——从电影中的女性整容看当代女性身份认同危机》，《社科纵横》2008 年第 12 期；蔡骐、毛娜：《影像中的色色，权利及消费——电视选美节目与电视整容节目解析》，《湖南师范大学社会科学学报》2008 年第 4 期；程晓萱：《现代性视角下女性形象的媒介产生和意义建构——以女性整容真人秀节目为例》，《探索与争鸣》2008 年第 10 期。

② 周宪：《视觉文化的转向》，北京大学出版社 2008 年版，第 336 页。

迷恋使其陷入了错觉的陷阱，她们天真地认为重构外貌就可以达成所有的梦想。改变外貌只是一种外在的表层，女性想单纯依靠它来重建全新而幸福的理想，难免会力不从心。但是媒体和社会的宣传却描绘了另一幅美丽的图画，女性的整形与幸福生活、完美爱情都能画上等号，她们的未来正是通过整容才获得新生活，这就出现了误导。理想的压制使人脱离了真实，真实的自我就这样被女性抛弃，她们以为重塑外表就可以收获完美的梦想也破碎了。一是因为整容违反了身体的自然属性，二是女性对身体的虐待对社会造成了消极影响。所以换个角度来看，整容使女性为了追求美而毁坏美，它在完成之时就变身成为一种新的异化形式。整容之美，到底是重构了美还是毁灭了美？

二 美丽背后的异化

首先，女性并没有因为时代的发展就真正解放自己，她们仍然在社会的规范中兜圈子。"身体之所以被重新占有，依据的并不是主体的自主目标，而是一种效益的标准化原则，一种直接与一个声称其指导性消费的社会编码规则及标准相联系的工具约束。"[①] 由于古时对女子的限制和规则繁多，女性若想生存则必须服从法则；也没有发达的消费社会及文化，女性只能恪守标准来打造自己的身体。但是套在现代女性身上历史枷锁已不存在，她们可以凭借自己的能力追随自由。可悲的是，不少现代女性仍以旧有的社会规划为准则，她们对待身体的态度和古时没有任何区别，只是现代的打造手段更为高明而已。若是整个社会的女性都在执行同一套身体标准，那和大批量生产的机器人又有何异。时尚变幻不定，妄图时刻紧跟跟潮流，势必会落到竹篮打水一场空的境地，女性的身体更非美丽规划

① ［法］让·鲍德里亚：《消费社会》，刘成富、全志钢译，南京大学出版社 2001 年版，第 143 页。

的试验田。

其次，女性跳不出男性的目光。"当代视觉文化的身体标准不但是一个像三围比例那样的总体性标准，而且更加精确地呈现为具体的细节标准；这些标准又总是和商品消费密切联系在一起，完成身体的局部的美化也就是完成了特定的消费过程。"① 男性社会有什么新风向，她们就会快速转移战场。男性的凝视就是她们的镜子，当女性立正于前时，才能深刻体会自己的不足。男性凝视的气场完全掌控了女性，在热烈注视下的女性越发会将身体的束缚全部包裹起来。也许很多女性并不明白什么才算美丽，什么又是属于自己的美丽，只会模糊地感知符合男性标准的便是美丽。在这样的标准前，女性把身体分割为具体的一片片，来一点点拼凑男性目光所需的美丽，当有部分不符合时，心急如焚的她们会竭尽所能进行弥补。恐怕没女性敢否认她们的疲惫心情，因为这座独木桥我们都曾走过。

在那个著名的白雪公主童话中，有这样一个狠毒的王后，她每天的头等大事，就是与一面神奇的魔镜窃窃私语，重复着询问"谁是世界上最美丽的女人？"一旦得到心仪的回答，就会如释重负；结果有一天，当得知自己的继女更为美丽时，便无法再平静。不仅雇人行凶，甚至亲自下毒手。

童话在开篇，却辟出一段来勾勒一位"容貌至上"的女人。为什么王后会对美貌如此痴迷？她的疯狂耐人寻味。仔细想来，简单的童话展示了美貌之战的基本模式：女人为了维持美貌而抗衡的守则。美貌的童话，完美的结局，这种循环永无休止。为了享有相似的美丽结尾，女性在对比中对身体逐渐产生了不满的心理，这种态度也操纵了她们本身的行为。费瑟斯通曾说过，现在的价值观都是双向流动的，不单是日常生活带上了审美的印记，甚至于日常生活都开始转向为艺术的作品。生活走向了不再"单纯"的道路，它越

---

① 周宪：《视觉文化的转向》，北京大学出版社 2008 年版，第 24 页。

发地要受控于文化价值和消费快感。不仅是衣食住行，人的身体本身也一样，人的生活全部被图像所充斥，消费符号、消费生活、消费文化、消费身体、消费欲望都是用图像表明。在这种美丽的消费场景中，人的身体、女性的美丽越接近消费，它的价值就越大。"人造美女"在我国之所以流行，不仅因为有传统的文化和社会制度的影响，而且也是消费社会中的男权思想在作怪，它再一次给女性套上了"美丽"的温柔枷锁。在我们的日常生活中，男性所需的还是美丽的女子，社会也同样需要这类理想的女性，所以这也是为什么很多女性不惜付出代价的主要原因。"人造美女"的价值刚好给予了女性一个实现的途径，诱惑着女性去重塑自己的身体，通过这种身体改造来交换，甚至改变自己的命运。

社会中存在的美丽标准，不是由女性本身来互相观照，而是通过异性的目光来进行审视。他人就像一面注视你的放大镜，这面"他人之镜"作为一种工具，反而成为女性自我控制的手段，女性在面对镜子审查时难免会特别放大自己的细小瑕疵。"镜子"的广泛应用演变成了一种自觉的意识，女性会觉得它在无时无刻地注视着自己，这种意识迫使她们对自己的形象进行持续的关注，好像她们一松懈就会前功尽弃。镜像在这里竟化身成为一种万能物，好像离个体很远，但却随时在定位个体。

女人在思考选择时，不仅要想到自己的身体"缺陷"，还要想到何种身体标准更适合自己，其难度系数可以想象，因为自己成了自己监视的对象。女性的整容一旦完成，必然会在两条路之间做出选择：要是差距甚远，自己的不和谐还需要更正；要是自己的改变与理想标准差距不大，那便产生愉悦的快感。可惜的是她们的这种快感不能持久，因为身体消费是不会要女性只满足于一种定形状态的，它必然会制造出距离感。人们每每面对新的美丽标准时，就又会产生新的不和谐，女性的整容之路由此进入了循环。

使出浑身解数的消费社会，其游戏的手法几乎涵盖了所有的感官与欲望能触及的方式。这种身体的游戏利用欲望释放的方式，将所有的女性拉入享受异化之美的泥潭，通过媒体的广泛宣传，它用温馨的图像与温暖的语言为女性描绘了一个欢乐的虚幻世界，女性在触碰这虚幻世界后，抓到的只会是空虚，身体的满足并未实现，只因欲望无法停滞不前。女性身体在这种状况的影响之下，一直会处于跃跃欲试的状态，她们会时刻准备着去尝试新的手法，会随时听从新欲望与新需要的走向。身体既无法摆脱意识的控制，也无法摆脱欲望的异化。社会在执行女性消费策略时，竟然为各式各样的女性设定了统一的标准，她们仅仅感知到凝固的美貌模式：媒体提供了大量年轻、美丽的躯体形象可供她们参考。女性只有在利用并遵守规则的前提下，才会拥有与影像中一样完美的结局。而所有的影视作品、广告，消费所描绘的幸福生活只与美好的形象联系紧密。这样的发展明显有违常理。可是痴迷于美丽的女性却忽略了这背后的异化。当社会在大力宣传有关于女性的身体游戏时，女性只会困守于无止尽的游戏中无法自拔。

在消费社会的发展下，整容技术是以机械复制和大批量生产为主要手段的，它通过打压并改造女性身体的自由权利，来完成自己商业面具后不可告人的秘密——消费。当女性的选择欲望深陷于社会的利益建构中时，她的发展倾向自然走向不断疏离自然的本质。在女性强烈迷恋外表之美的背后，是她否决自己外貌的不自信心理。一旦女性对自己也失去信心，那女性真正的美丽必然会消失在黑暗中。

结　语

爱美之心人皆有之，女性也能通过"人工造美"的方式来获得美丽，这种爱美的心态并没有错，但是，女性的美丽不应该只局限于感官的刺激，或者是徒有其表的面孔，更不应该将她们的美丽置于手术台上来进行比较。

当获得"美丽"的手段开始变得轻松时，不单女性的欲望会越来越多，甚至男性的审美观也会扭曲，他们都会深陷于"面具之美"的陷阱。当我们把人造美女放置于炒作、热销的状态之中，只会满足人们异化的审美观。这种只享受结果的心态会使人们忽视女性本身，也会相应地影响自己，带来麻木的连锁社会效应。我们应该意识到，由人造美女构成的美丽趋势已不仅和女性有关，它也和男性只注意女性的外在有关，更和社会对女性外貌的标准有关。

纵观历史上的美女，我们应该明白，真正的美丽是属于自然、属于和谐的美丽，如果只是将美丽的希望寄托于人造的外貌上，那么在否定自然身体的同时，女性也会失去选择美丽的自由方式。

因此，人造美女应当越过被重重束缚的标准，重建属于自己的美丽模式，这才是正确的选择。未来的女性身体，应该是属于她们自由支配的身体，这样的身体才是合适的。女性应该是自由的，但不能被束缚；女性应该是美丽的，但不能被塑造。

第 八 章

中国当代女性网络红人研究

第一节　中国当代女性网络红人概述

一　网络红人的概念

　　网络红人，是网络时代下的新宠。截至目前，网络红人并没有一个官方的、明确的定义。百度百科给网络红人的定义是："网络红人是指在现实或者网络生活中因为某个事件或者某个行为而被网民关注从而走红的人。"① 它强调了网络红人走红的原因。在诸多学术著作中，学者对网络红人概念作了简单的说明。如吴明红在《论网络明星现象及其成因》中指出网络明星是在网络中表现突出的个人，是新媒体下产生的另一类明星，与传统媒体产生的明星不同，他指出了网络红人的突出性。网络红人还具有草根性，在网络成名前，经常不被主流群体所注意。如果没有网络平台、网络媒介的出现，其依旧不被人所识。从这个角度上说，那些曾经或者现在有名但因为某个事件或者行为而在网络上再次走红的明星并不在本章研究范围内；管雪在题为《女性网络红人媒介形象分析》的硕士学位论文

---

　　① 百度百科"网络红人"词条：http://baike.baidu.com/item/网络红人/893109。

中，也是按照百度百科给出的定义对女性网络红人进行了界定，同时对女性形象作了梳理，将体现人间大爱的真善美女性也归为网络红人。笔者认为网络红人具有娱乐性、消费性，是消费时代的产物，网络红人大多是为了迎合商业，经过网络推手、网络媒介有意包装主动走红的一类人，因好人好事迅速走红的一类人并不应被纳入其列，因为好人好事走红更多是因为其对大众产生的一种精神感化；同时，有些人在网络上走红，但并没有形成一种集体现象，故这种情况也不属于本章的研究范畴。

从现有资料来看，大多数学者对网络红人的界定还是从广义上进行阐释，只要在网络上走红的个体都算是网络红人。但笔者认为，抓住网络红人更具体、准确的特征来进行界定将更有利于探究网络红人的问题。其一，从产生的背景来看，网络红人伴随着互联网的发展而发展，网络平台就是他们的首演舞台。其二，从出名的方式来看，女性和男性方式不同。女性网络红人凭借开放的性观念、形象、自我丑化、展示才华等方式获得网民的关注，网民对其评价大都与道德评价相关联。而男性网络红人则往往以财富、幽默、才华等方式出名，网民对其是接受、宽容的评价。其三，从出现的形式看，网络红人以个体出现，但又形成一种集体现象，形成类化。其四，从产生影响的时间来讲，网络红人受关注时间较短，从产生影响的空间来讲，网民虽然对网络红人本人的关注热度降低，但其事件代表的典型意义热度未曾消减，即具有时间与空间的不平衡性。

综合以上分析，本章研究的网络红人是以网络为首演平台，因现实中或者网络上某种行为或者事件获得网民关注，具有草根性、娱乐性、消费性、类化性，同时在时间和空间上产生的影响具有不平衡性的一类人。而女性网络红人则是指网络红人中的女性，其比男性更能获得网民关注，本章的研究对象是当代具有代表性的女性网络红人。

二　女性网络红人的发展与现状

女性网络红人的出现与发展不是一种静态现象，而是性别、文化、经济、意识形态等方面综合作用的产物，它的发生与发展折射了这一时代的历史风貌。著名网络推手陈墨认为网络红人分为三个阶段：文字时代、图文时代、宽频时代。

文字时代是指以安妮宝贝、桐华、咪蒙等女性为代表的网络作家通过文字来表达自我的时代。最早的女性网络红人出现在1998年，安妮宝贝于1998年开始在网络上发表作品，她的作品《告别微安》《七月与安生》获得网民的青睐。2005年桐华开始在网络上发表连载小说，代表作《步步惊心》发表在晋江原创网；2015年咪蒙的原创推文内容多元，标题大胆，文风幽默，涉及励志、职场、情感、亲子、社会、娱乐等话题，如《也许这个时代，恰恰是需要偏激的》，她在这篇推文中清楚地表达了自身所坚持的立场，她认为偏激是平庸的对立面，应坚持个体存在的原创性。她们在网络上用文字自由地展示着写作才华，表达女性的感受。

文字走红的方式出现了升级，进入了图文时代。在这一时期基本有两大类：一类是通过出格的图片、文字走红，另一类是通过靓丽的外形走红。2003年，网络红人在网络上开始依靠图片和文字引起网民的关注，尤以女性网络红人通过曝丑博取受众的关注居多。木子美首先因其在个人博客上大胆公开自己的性爱日记吸引了网民的关注，但只是小范围的围观，直到《遗情书》的出现，木子美一炮而红。她用直白的语言把性爱经历赤裸裸地公之于众，她的出现形成了木子美现象；2004年1月竹影青瞳在天涯论坛贴出自己的裸照，并声称裸露身体是为了彰显自己的身体理念，但此时"网络红人"这一名称并没有被广泛使用；2004年芙蓉姐姐将网络红人的热度推向极致，使得"网络红人"成为流行语。2005年流氓燕结合了木子美和竹影青瞳的出名方式，以大胆的性爱描写和裸照在天涯论坛上掀起又一轮旋风；2006 年二月丫头在天涯社区的"天涯真我"板块频繁爆出低胸自拍照片，并经过天涯论坛、新浪论坛、腾讯、网易频道以及传统媒体的炒作引发大量网民关注；2009 年凤姐以超高征婚标准迅速走红，而后她参加收视率颇高的《花儿朵朵》《中国达人秀》等选秀节目，其雷人话语和另类表演更让评委与观众汗颜，凤姐成为图文时代具有典型意义的网络红人。值得一提的是，这一时期的女性网络红人虽然通过文字与图片表达自己，但其只是以之作为彰显欲望、展现个性、博人眼球的工具，缺乏深层次的精神思考，是一种商业化炒作。

与这种凭借另类方式出名的手段不同，这一时期还出现了清新脱俗的美女系列网络红人。2005 年一位名叫尔玛依娜的羌族姑娘因一组照片走红，原来是一网名叫"浪迹天涯何处家"的旅行者为她拍一组照片上传至 TOM 网站，并称这位羌族姑娘为"天仙妹妹"，天仙妹妹由此得名；2008 年张辛苑凭借一组名为《马尔代夫的假期》的照片走红；2009 年章泽天因一张手捧奶茶的照片走红，网友称她为"奶茶妹妹"；2012 年一位名叫南笙的姑娘在豆瓣网上传的一系列复古照片走红，而后又出现一批校花女神，如武大校花黄灿灿、全球第一校花翁心颖。她们皆因其清新脱俗、气质不凡的容貌或者性感的身材而走红。

宽频时代到目前为止没有一个确切的定义，百度百科的定义是："宽带并没有很严格的定义。从一般的角度理解，它是能够满足人们感观所能感受到的各种媒体在网络上传输所需要的带宽，因此它也是一个动态的、发展的概念。"[①] 通俗来讲，宽频时代的网络有了更多新的功能，能够满足网民更多需求。这一阶段有三大类女性网络红人代表。

第一类是电商类网络红人，她们凭借时尚的审美、前卫的搭配、

---

① 百度百科"宽频"词条：http://baike. so. com/doc/1771920-1873791. html。

姣好的身形而得到大众的青睐，是时尚的代言人、消费者的指向标，引导消费者在相应的平台上进行消费。2016 年产量化走红的电商时尚达人，她们经过专门的网红孵化公司培养成为网红店主。如淘宝店主张大奕，她虽作为模特出道，但受到追捧的原因更多是因为其时尚的服装搭配。2004 年 5 月，她自己的淘宝店"吾欢喜的衣橱"月销量高达七位数，开业一年就拥有五颗黄钻，其搭配风格时尚个性深受年轻女性的喜爱，她的新浪微博账号为"张大奕 eve"，她在微博上时时更新新款，与粉丝互动，拥有 445 万的关注量（截至 2016 年 9 月，此后出现的关注量数据截至时间都相同），2016 年在网络超级红人节中获得最具时尚红人奖。

还有一类电商类时尚女性网络红人，和上面所述女性走红方式类似，但因再次得到关注是为某明星女友。周扬青，外形突出，长相酷似影视明星 Angelababy，她与罗志祥的恋情在 2014 年 2 月曝光后，备受关注。她时常在新浪微博上分享自己的时尚名牌服饰，关注量 228 万。人气较高的淘宝店主朱宸慧（雪梨为她的昵称）在大三就和同学开淘宝店，自己担任模特。在 2015 年 6 月她与中国首富王健林之子王思聪恋情曝光，成为网友关注的焦点。她的淘宝店"钱夫人家雪梨定制"，拥有 462.8 万关注量，店铺拥有两个金冠。同样因某男星女友身份出名的还有林更新女友王刘雯，她一开始被大家关注是因为其时尚的街拍照片，而后 2015 年 11 月与林更新恋情曝光成为新晋网红。

第二类是内容类网络红人，她们通过富有新意而又有趣味的音频或者视频类节目，以动态图或者搞怪幽默视频的形式（包括语言、动作）来吸引受众。2016 年 2 月一位自称集才华与美貌于一身的女子——papi 酱，她以变音器发音的原创小视频在网络迅速走红，其新浪微博关注量达到 2106 万，被称为"2016 年第一网红"。其中《男生生存法则》《男人的谎言》等视频在极短时间内转发量就达万次以上。2016 年 7 月，她首次在斗鱼、百度视频等视频网站上进行个人直播，在线观看人次达到七千万。

第三类是直播类女性网络红人，她们称为，在网络直播平台利用电脑、手机等设备，通过视频、文字、语音等方式进行表演，与观众实时互动。网络女主播的主播形式多样、内容庞杂。按照内容可以分为秀场主播、游戏主播以及其他主播，目前主要是秀场主播与游戏主播。较为有名的网络女主播冯提莫，在斗鱼直播平台拥有超高的人气，直播内容主要为唱歌以及搞怪翻唱，如翻唱曲目《小鸡哔哔哔》，她用较快的节奏演唱并且加入各种小动物的声音与动作，深受大众追捧；2016 年 YY 最佳女主播风小筝直播内容为唱歌，她长相甜美，拥有扎实的唱功与动听的音色；电竞一姐 Miss，高超的游戏水准与游戏解说视频增强了她的影响力。目前网络女主播已经形成一种群体效应。

值得一提的是，女性网络红人并不是按照明晰的线性时间发展的，她们的出现并不是逐渐被替代而是逐渐叠加的，在这一过程中形成了不同类型的网络红人。网络红人现象是一个非常复杂的社会现象，从个体走红到团队包装，从偶像符号的存在到媒体奇观的呈现，从无意地自我表达到 PGC（Professional Generated Content 的缩写）的变现，网络红人的内涵指向已经有所变化，产生了属于新时代的网络红人。与较早的网红相比，现阶段的网络红人形象呈现出一种新变化、新趋势，网络红人已经演变为一种职业，成为获取经济效益的手段。在消费社会风气影响下，最大限度地追求商业利益，在网络媒介的助推下，商业经济与网络媒介完成合谋。

三　女性网络红人的性别分析总述

"网红"是当下社会流行语，这是一个热点话题。现阶段"网红"几乎成为女性的专属名词。女性网络红人呈现出多元的形象，更新了传统的性别陈规，其中既有符合父权制思维逻辑的传统女性形象，也有蕴含颠覆意义的女性，呈现出个性化的后现代风格。

2016 年 4 月，百度知道根据过去十年间的大数据进行整理，公布了中国网络红人十年排行榜①，如表 8—1 所示。

表 8—1　　　　　　　　　中国网络红人十年排行榜

名次	人物	走红事件	关注量
1	安妮宝贝（女）	1988 年在网络上发表《告别微安》，2002 年发表《七月与安生》	1233 万
2	芙蓉姐姐（女）	2004 年在水木清华、北大未央等网站上大胆扭曲的 S 形等雷人造型以及极度自恋的自我赞美	1116 万
3	王思聪（男）	王健林之子，在网上发表大胆言论	1077 万
4	郭美美（女）	2011 年以"中国红十字会商业总经理"虚假身份在微博上炫富，2014 年参与网络赌球，因开设赌场行为获刑	909 万
5	凤姐（女）	2009 年凤姐以七条超高征婚标准迅速走红，参加《中国达人秀》等选秀节目发表雷人言论	847 万
6	桐华（女）	2011 年其原作《步步惊心》改编为影视剧	840 万
7	奶茶妹妹（女）	2009 年章泽天一张手捧奶茶的照片，网友称其为"奶茶妹妹"，2014 年与京东创始人刘强东恋情曝光	543 万
8	犀利哥（男）	2010 年天涯论坛上一张犀利哥（乞丐）随意混搭的穿衣风格照片	364 万
9	papi 酱（女）	2016 年 2 月开始推出原创小视频	280 万
10	王尼玛（男）	新闻脱口秀《暴走大事件》中的风趣吐槽	244 万

　　由于百度知道是根据 2006—2016 年十年浏览、搜索数据作出的排名，故早期走红的网络红人排名靠前。从表中我们不难看出，新晋网络红人王思聪、papi 酱、王尼玛的巨大影响力，他们在短时间

①　百度知道：中国网络红人十年（2006—2016 间的大数据）排行榜的排名 http：//www. china. com. cn/cppcc/2016-04/07/content_38191761. htm。

内产生的影响力可以与早期网络红人累积影响力相抗衡，也可以看出现代社会人们对娱乐的极致追求与关注。网民对排行榜中的人物耳熟能详，其中女性网络红人数量比例很高，占70%，男性网络红人仅占30%。早期女性网络红人走红依靠男性或者负面手段比例达到49%，而男性走红事件一般与负面手段无关。女性如果要依靠正面的方式走红就得拥有柔弱、清新脱俗、一尘不染的气质。而现在人气超高的淘宝店主，受众在其参考潮流的穿衣搭配时，又不由自主地会提到"网红脸"——大眼睛、锥子脸、高鼻梁，女性其他特质却被视而不见，关于女性网络红人的话题还是局限在外形、身材等内容上。女性网络红人轮番出现，成为大众"聚焦点"，她们在性观念、婚姻观等方面呈现出一种多元化的认知。但现阶段，社会持有一种多元化与传统化的双重标准，女性网络红人依靠网络成名获得了可观财富，但这种方式也受到了非议与指责。女性网络红人的爆红对现代女性是一种角色的提升还是加固了传统的角色定位？不论是网络受众还是女性网络红人自身，都坚持着一种怎样的性别观念？这是一个很值得思考的问题。女性更多地表达了自我还是被过度地消费？她们的出现对现代两性的性别价值观念产生了怎样的影响？基于以上思考，本章选择具有代表性的女性网络红人，探讨其中的性别权力关系。

第二节　中国当代女性网络红人的分类与性别解读

一　女性网络红人的分类

女性网络红人走红类型多样，有学者从产生影响、成名心理等角度进行了分类。从产生影响角度分为正面影响、负面影响、中性影响三类；从成名心理分为情欲、自恋、动作、清纯等类型。但随着网络红人的发展，这些分类已经不能涵盖现阶段产生的女性网络红人,女性网络红人的生产与制造呈现出机械化复制的特点,部分网络红人引起受众关注的方式多样,她们并不是以某种单一的方式走红,下面整理出来的名单也并不是所有的女性网络红人,仅仅是把最具有标签、热门的女性作了归类,评选结果参考了新浪微博、百度知道、天涯论坛等网站,具有任意性、客观性。我们按照走红方式把女性网络红人分为五类:性开放类、审美类、审丑类、时尚类、内涵类。表8—2为本章列举的中国当代典型的女性网络红人代表。

表 8—2　　　　　　　中国当代女性网络红人代表与分类

序号	时间	人物	走红事件	类型
1	2003 年	木子美	在个人博客上大胆公开自己的性爱日记,并发表《遗情书》	性开放类
2	2003 年	竹影青瞳	在天涯个人博客论坛贴出裸照,其之前因惊世骇俗的文字和标题已引起争议	性开放类
3	2004 年	芙蓉姐姐	在水木清华、北大未央等网站上大胆扭曲的 S 形等雷人造型以及极度自恋的自我赞美	审丑类
4	2005 年	dodolook	参加"ImVlog"网站举办的视频博客比赛	内涵类
5	2006 年	流氓燕	天涯论坛上大胆的性爱描写和裸照	性开放类
6	2006 年	二月丫头	在天涯社区的"天涯真我"爆出低胸自拍照片	性开放类
7	2008 年	张辛苑	一组名为《马尔代夫的假期》的写真照片	审美类
8	2009 年	凤姐	丑的外形以及七条超高征婚标准;参加选秀节目发表雷人言论	审丑类
9	2009 年	章泽天	一张手捧奶茶的照片,网友称其为"奶茶妹妹"	审美类
10	2011 年	桐华	网络原作《步步惊心》改编为影视剧	内涵类
11	2012 年	南笙	在豆瓣网上传的一系列复古照片	审美类
12	2013 年	沈曼	YY 当红女主播,主播内容为唱歌	内涵类
13	2014 年	王刘雯	林更新女友	时尚类
14	2015 年	周扬青	罗志祥女友	时尚类

续表

序号	时间	人物	走红事件	类型
15	2015 年	雪梨	王思聪女友	时尚类
16	2015 年	方媛	郭富城女友	时尚类
17	2015 年	穆雅斓	模仿搞笑视频	内涵类
18	2015 年	咪蒙	个人微信公众号推文	内涵类
19	2016 年	冯提莫	斗鱼女主播，主播内容为唱歌	内涵类
20	2016 年	张大奕	淘宝店"吾欢喜的衣橱"的时尚穿衣搭配，被称为电商网红第一人	时尚类
21	2016 年	赵大喜	淘宝店"大喜自制独立复古女装"的穿衣搭配	时尚类
22	2016 年	风小筝	YY 女主播，主播内容为唱歌	内涵类
23	2016 年	papi 酱	变音原创小视频	内涵类

（一）性开放类

性开放类是指女性网络红人通过性爱描写与裸照走红网络，最为典型的是木子美。2003 年木子美在个人博客上发表《遗情书》，让她走红的是她与广州摇滚歌手王磊发生一夜情的故事，她把与王磊的对话和当时的场景用白描的手法展现在网民眼前，引发了一场网络风暴；2005 年竹影青瞳在天涯社区的个人博客上时时更新自己的裸照与性爱描写，《打开身体让你进》等文章点击量上万；2005 年流氓燕发表了《夏花·禁果》等私人写作文本，她写出内心独白，并且通过半身裸照表明她开放的性态度。

木子美、竹影青瞳、流氓燕等人彻底颠覆了传统的女性形象，她们试图打破固有的性别传统，用这种较为极端的方式表达两性对性爱的自由追求。她们不符合传统女性的好女人典范，不符合男性话语秩序下的形象，可以说是"性"的典型代表。"传统文学中，女神较少，而且多是母亲型。而真正属于'情人型'的美女却常常以三类人物身份出现，一是祸水，二是妖女和女鬼，三是妓女。这反映了中国男性对于女性的感官上的，性的诱惑力所采取的又欣赏，又惧怕，又爱慕，又回避的复杂态度。"① 男性在木子美这类女性身上得到性欲的满足，但是又对其进行道德抨击，这也可以看作对"性"的抨击，她们注定与善隔离，在集体价值观的趋同下完成了对女性的规训与惩罚。

（二）审美类

审美，是人类一种超功利的精神活动，是主体对客观事物的感受与判断。这里的审美类女性网络红人是指符合主流审美意识形态下的女性形象，作为审美客体而存在，美丽迷人的外表是她们的特征。审美类女性网络红人气质清新脱俗、长相甜美，如天仙妹妹、奶茶妹妹、张辛苑、南笙姑娘等，她们都有相同的特征：年轻貌美，清纯可人，拥有黑色的秀发，精致的五官，骨感的身材。如天仙妹妹，她身穿蓝色羌族衣服，背上背一个篮筐的照片，把女性的质朴、勤劳展现了出来；奶茶妹妹身穿白色 T 恤，手捧一杯奶茶的照片，将青春少女的气质显露无遗；张辛苑在一组名为《马尔代夫的假期》的照片中，身穿一袭白裙，其骨感的身材以及精致的面容把女性的温婉大方体现了出来；南笙姑娘在豆瓣上发布的复古照片，充满古典气息，她身穿一件白色的民国上衣，扎着两条经典的麻花小辫，把传统女性的端庄脱俗表达了出来，被网友封为宅男女神。

在以男性为主导的父权制社会中，男性的主导性与女性的附属性使网络文化呈现出的是男性的声音，女性自身的价值取决于她的美丽外表。女性是男性理想与审美对象的载体。审美类女性网络红人被赋予各种女神称号，影响了受众的审美观念，形成了一种固定、单一的审美标准，召唤着更多的女性将精力放在追求

---

① 届雅君：《执着与背叛——女性主义文学批评理论与实践》，中国文联出版社1999年版，第217—218页。

这种被神化的女性形象上，可以说是一种神话。"神话形成的过程便是意识形态形塑的过程，即是历史、文化、社会的传统包括性别秩序自然化、合理化的过程。"① 女性网络红人的形象被神化的过程其实也是一种性别秩序被制造的过程，这种形象包含深刻的话语意义。

（三）审丑类

审丑类女性网络红人是指在现代文化语境下，女性网络红人的外貌、言行与主流审美观念相悖，并且她们的这些表现都是自身有意为之或者团队策划，引发公众的一种否定性评价。丑角，通过改变人物形象特征来改变人们的审美习惯。这里的"丑"是指在媒介传播中供人们消遣娱乐的"出丑"的形象，因一些"丑"的特质被自身或者媒体无限放大掀起网络受众嬉笑怒骂的狂潮。故受众的审丑是一种动态过程，是客体对丑本质的把握，引发主体的否定性评价。女性网络红人中审丑类代表人物有芙蓉姐姐、凤姐：芙蓉姐姐用夸张的挺胸提臀 S 造型，让网民感觉到低俗，经历一种"丑"的刺激；凤姐的极度自恋以及超高征婚标准与其外在形象形成一种反差，成为一种荒诞无稽的笑料。她们自我指认的身份与男性主导的评价标准相悖。她们以另类的方式出现，通过大胆的图片、言辞或者文字，把自恋发挥到极致，打破了人们传统的审美标准。

从上述方式可以看出，她们突破传统价值观念，在网络上引起轩然大波。她们得到了网民的疯狂关注，也得到了网民的谩骂、讥笑、诋毁。审美主体对客体审丑时会产生一种"情感矛盾"，在这一过程中产生鄙视、厌恶、怜悯的感情，但同时因审丑得到宣泄与净化，带给人自我肯定的愉悦感。审美主体既喜欢观看，观看后又对

① 李琦：《传媒与性别——女性媒介的传播社会学阐释》，湖南师范大学出版社2008 年版，第 169 页。

其进行否定。李斯托威尔说丑感是"一种混合的感情，一种带有苦味的愉快，一种肯定染上了痛苦色彩的快乐"①，即丑感带给我们苦味的愉悦。

（四）时尚类

时尚类女性网络红人是指在媒介平台上展示自己美丽的形象、个性的装扮风格、前卫的搭配理念，并且能够引领网络购物潮流的女性。目前，这种潮流逐渐被推广形成产业化，她们都有了相对应的服装与美妆网络店铺，成为网络的新宠。较早的时尚类网络红人以2004年呛口小辣椒为代表，这对双胞胎在博客、论坛、微博上图文并茂地分享时尚心得与理念，并公布商品链接，但当时并没有形成自己的产业链与店铺。随着这种时尚推广的产业化，淘宝红人店主成为时尚类网络红人的一个新兴群体：V字脸、大眼睛、长腿、瘦腰，如张大奕、赵大喜、管阿姨、雪梨等，她们成为时尚的领军人物。张大奕利用粉丝效应，成为最成功的电商网红。她是模特出身，完美的身材与潮流敏锐的穿衣搭配让她成为时尚的代言人。她的店铺"吾欢喜的衣橱"月销量高达七位数，在推出新产品之前，她会在微博上预先展示服装样品、试穿效果，以及关于细节介绍的小视频，最后根据粉丝的评论与反馈推选出在店铺售卖的款式。她通过细致、专业的服装搭配图片、文字说明、视频解答等方式与粉丝互动，深得年轻女性的喜爱。时尚类女性网络红人对时尚文化的追求，改变了大众传统的消费观念，也实现了女性自身的价值，其形象成为大众消费的范本。

在消费社会，身体已经成为一种参与交换的物品。女性网络红人在网络店铺上发布与自身商品相关的图片、文字、视频等内容，而在这些美丽商品内容背后蕴含着幸福、梦幻、浪漫、富有、唯美

---

① ［英］李斯托威尔：《近代美学史评述》，蒋孔阳译，译文出版社1980年版，第233页。

等象征意义，大众消费的不再是物的使用价值，而是它负载的符号价值，网络店铺营造出一种想象的符号世界。大众在浏览店铺信息时，消费欲望被刺激，她们在追求这样的符号价值时经历一场"符号暴力"，这种"符号暴力"是一种隐形的暴力，大众在有意识或者无意识地接受这种隐形暴力所产生的审美操控。

（五）内涵类

内涵类女性网络红人是依靠个人突出的才能，以写作、幽默吐槽、模仿、唱歌、化妆技巧等方式出名的女性，如安妮宝贝的写作、咪蒙微信公众号的原创推文、papi 酱的吐槽短视频、穆雅斓的搞笑模仿、主播冯提莫的唱歌才华、李璐的化妆技巧等。其中最典型的为 papi 酱，与之前女性网络红人的出名方式不同，她不靠身材与外貌，不靠大尺度的话语，而是靠自己独立、干练的气质与才华吸引大众。她以一系列自编自导的短视频，一人扮演多角，将生活中的令人尴尬或者烦恼的事情以喷井式的 UGC （User Generated Content 的缩写）模式迅速走红，而且在视频当中传递了积极向上的价值观。她明确地提出反对"任何形式的性别歧视"。papi 酱成功地将粉丝价值变现，她的视频短片贴片广告拍出 2200 万人民币的高价，成为网络文化中一股成功典范的清流，她被称为"2016 年第一网红"；2015 年咪蒙的微信公众号推文在第三篇文章《你为什么是外貌协会?》阅读量就达到万次，阅读量比较高的文章还有《我喜欢这个功利的世界》，阅读量达到 10 万次以上。微信公众号是个人自发搜索关注，所以从关注量上可以判断出咪蒙的文字效应。

二 女性网络红人的性别解读

（一）女性气质的解构与建构

通俗地说，气质就是指人的容貌、行为、仪态、着装综合起来带给人的一种感受。女性气质是在社会文化建构下形成的社会性别所认可的一种性别特征，与男性气质呈现出二元对立的关系，"如在性别分工上，男主外女主内；在权力关系上，男主女从；在性格特征上，男刚女柔；在能力/智力上，男优女劣；在消费关系上，男挣女花；在情感上，男理智、女浪漫/脆弱等"①。社会文化不同，两性气质内涵也会不同，故两性气质是被社会、文化、政治等因素建构起来的。

女性网络红人的行为有一定的颠覆性，突破了传统的女性形象，对女性气质有一定的解构作用。一是在性方面的"解放"。"妇女必须通过她们的身体来写作，她们必须创造无法攻破的语言，这语言将摧毁隔阂、等级、花言巧语和清规戒律。"② 木子美将这种写作发挥到了极致。其一，木子美改变了传统的两性位置，由被动、压抑变为主动、奔放，她直接地表达自我欲望，自由地享受着肉体与精神的解放。互联网平台的低门槛、开放性、包容性等特点使得她展露身体，直白地表达出女性对性的欲望，她成功地成为舆论焦点。受众对木子美关于性的态度持一种比较复杂的态度，有赞成有坚决反对，目前来看持反对态度的群体比重更大，但我们不能否认木子美颠覆了传统的两性观。其二，木子美的私人写作为女性的言说提供了一定的话语权。网络媒介与平台对在现实生活中不敢发声的女性起到了助力作用，女性一直作为边缘身份存在，木子美用她个性化的表达使公众听到了女性对性的诉求。"它为那些原本在现实社会中处于男权制囚禁下而不愿发出声音，但同时又具有话语叙说欲望的女性提供了倾诉的话语场。在这个话语场中女性的声音得到了应有的重视，女性借助于博客'私人化'的特性，丢掉了原有的束缚和拘谨，使自己的话语在公共领域得到了前所未有的广泛传播。"③

---

① 刘伯宏、卜卫：《我国电视广告中女性形象的研究报告》，《新闻与传播研究》1997 年第 1 期。

② ［法］埃莱娜·西苏：《美杜莎的笑声》，黄晓红译，北京大学出版社 1992 年版，第 201 页。

③ 陈佳：《从"木子美"现象看博客网对女性话语空间的拓展》，http：//blog. sina. com. cn/s/blog_491f9ae1010007zl. html。

　　二是女性形象多元化。在网络这种新媒介的视野中，我们可以看到多元化的女性形象，如木子美、竹影青瞳等女性的"肉身写作"，冲破了我们传统的性观念；南笙姑娘、张辛苑等女神形象，在大众视野下她们不再呈现出单一的柔弱、内敛气质；呛口小辣椒、张大奕等时尚类女性，以穿衣搭配成为时尚界的领军人物；papi 酱、咪蒙等表达着女性意识，papi 酱吐槽了生活中常见的对两性的性别偏见，咪蒙也用具有颠覆性的话语表达着女性的独立见解与意识。女性网络红人在网络上形成一种以娱乐为核心的大众文化，这种大众文化隐含着无深度化与复制化的后现代精神，这种娱乐性、世俗性对以男性为主体的精英文化、主流文化具有一定的解构性，削弱了其统治力量。

　　女性网络红人对性观念的大胆突破，固然可以看成是对传统伦理观念的颠覆，但如果一味地以裸露身体来满足男性欲望，那么这种裸露必然消解女性的主体性，固化男性对女性的偏见与歧视。木子美在《遗情书》中对性的看法以及大胆公开的性爱日记，体现出女性意识的觉醒，但她把女性与身体混淆了。表面上看女性在性方面"解放"了，但事实上，女性的这种解放只是一种欲望的客体化。"女性的身体还是被动地成为男性欲望的客体，变化的不过是把'被动'地'显现女性隐秘'，转化为'主动'地'暴露女性情欲'。"[1]在木子美等女性网络红人表达的内容中，性随处可见，如洪水般被生产制造。拉康认为性关系是不存在的，这句话可以这样理解：匮乏的东西才能成为欲望客体，金钱至上是物质匮乏导致的，而性欲也是由生理上的匮乏造成的结果，当它肆无忌惮地使用性时，它就失去了存在的支撑。当性以这种无节制无思想深度的方式蔓延时，性已经失去它存在的意义了。我们可以看到女性依旧没有逃出现实的男性权力的束缚，没有争得与男性平等对话的机会，没有改变男女两性地位的差异。

---

　　① 赵稀方：《中国女性主义的困境》，《文艺争鸣》2001 年第 4 期。

　　女性形象虽然呈现出多元化，但我们发现女性基本定型为弱者、美的观赏对象与性对象、商品等形象。2011 年干露露浴室全裸镜头征婚视频曝出，创造了首例，她一裸到底，更让人瞠目结舌的是该视频由其母亲拍摄，这一行为挑战了人们的道德底线。干露露通过征婚，企图依靠男性改变处境，实现个人现状的飞跃。这种选择透露出父权制社会对女性思想的影响：依靠男性比自身奋斗要容易得多；芙蓉姐姐、木子美等在网络中受到抨击、谩骂，在她们这样的演绎中，大众明白："只有在外貌、姿态、动作、声音、身材、精神和价值方面达到所谓女性标准，才能受到喜爱、雇用、提拔，才能被选中。任何拒绝和反抗就都要付出昂贵的代价。在这里，女性受到男性统治的惩罚和规训，这惩罚就包括：失去建立异性亲密关系的机会，不能过上体面的生活。"① 清一色的美女形象在网络上大受欢迎。审美类红人奶茶妹妹等女性呈现出柔弱、被动、不食人间烟火、清纯的气质，以及时尚类网红代表张大奕等女性呈现出时尚、性感的气质，这些女性外在的气质是超现实的，是非一般女性可以达到的追求，这种理想化的完美图像满足了男性欲望，在这样"看的实践"下女性成为商品被消费，深化了现存的性别陈规，强化了女性气质。只有美女才可以拥有更好的爱情与生活，更加容易地迈上某个领域，拥有完整意义上的地位与成功，驱使现实生活中更多的女性迈上女性气质培养之旅。

　　从精神分析角度来看，女性让男性产生一种阉割恐惧心理，女性是一种诱惑而又危险的存在，只有把女性的危险性驱除掉才可以解除男性的阉割恐惧。容易掌控的女性对男性不会产生一种威胁，解决这种阉割焦虑的方式之一就是美化女性身体。从审美类女性形象可以看出，她们具有清纯或性感的气质、苗条的身材，这种标准成为衡量女性的单一指标，这是男性针对女性身体制定的标准。它

---

　　① 李银河：《两性关系》，华东师范大学出版社 2005 年版，第 149 页。

其实是一种无形的强制力,让每一个作为个体的女性根据这种标准去塑造自己,成为赏心悦目的女性,这种无形的强制再一次将女性置于被动、弱势的位置,而男性处于一种强势地位。

(二) 消费的主体性与客体化

消费社会下的女性网络红人,她们既是身体的"消费者",也是被男性目光凝视的消费品。在网络红人中,尤其是时尚女性网络,女性是身体的"消费者",角色体现在生产者与消费者的关系中,也体现在消费者与消费品的关系中。"广告人物形象通常有产品发明者、生产者、推荐者、使用者、购买者几种身份。"① 其实前两种身份可以看作生产者,后两种身份可以看作消费者,中间的推荐者既可以是生产者也可以是消费者。当时尚类女性网络红人张大奕等女性同广告中人物一样出现在人们的视野中时,她们是以推荐者、使用者与购买者的身份重叠出现的。她们虽然是店主,但也是与生产者相对的消费者,她们作为服装等产品的代言人、广告者,可以说她们的身体是"消费者"。

"女性不仅是消费者,同时也是"供男人凝视的目光'消费'的形象"②,即消费品。女性网络红人的受众是男女两性,但是我们可以看到女性网络红人走红的手段与方式倾向于男性受众,男性是看与评价的主体承担者,女性作为观赏、商品、欲望等角色被消费。谈到身体消费,就涉及一些关于身体的理论问题。伊格尔顿曾说:"现代化时期的三个最伟大的'美学家'——马克思、尼采和弗洛伊德——所大胆开始的正是这样一项工程:马克思通过劳动的身体,尼采通过作为权力的身体,弗洛伊德通过欲望的身体来从事这项工程。"③ 这三位美学家的表述都涉及身体是如何被当作消费品消费

---

① 尹小玲:《消费时代女性身体形象的建构》,黑龙江人民出版社 2011 年版,第 116 页。

② [英] 西莉亚·卢瑞:《消费文化》,张萍译,南京大学出版社 2003 年版,第 132 页。

③ [英] 特里·伊格尔顿:《审美意识形态》,王杰译,广西师范大学出版社 2001 年版,第 192 页。

的，消费时代女性身体的意向与实践呈现出一种盛况。

女性对自身身体的关注呈现出一种前所未有的盛况。从网络红人的走红可以看出女性对自我身体的高度关切，但是这种对身体的过度关切隐含着一种潜在的制约。女性身体美的概念并不是因人而异，而是具有统一的审美标准。这种标准是男权文化与消费文化合谋的体现。一方面，社会风尚与以男性为主导的审美标准相结合制定了女性身体的理想范式。"女性支配和改造自己身体的自由实际上是顺应时尚标准自我制作的反自由。"① 另一方面，身体不再仅仅是肉体层面上的含义，它已经成为一种消费符号，成为可以享受与购买的消费品。如淘宝店店主张大奕，她虽然作为时尚店铺代言人，但只不过是整个商业体系中负责吸引眼球的漂亮花瓶与工具，其背后有专业的团队策划她的自媒体形象，在整个资本运营与生产过程中，被孵化公司当作物品生产出来。在她的店铺"吾欢喜的衣橱"中，她的形象是被分割物化的。她的身体部位被摄影机特写，其每一部分被切割、被物化、被零碎化，成为吸引男性目光、实现商业价值的工具，她的身体不再是以劳动力的使用价值出现，而是成为一种消费符号。在这一过程中我们可以看见她作为一种商品符号被售卖，女性意识彻底被湮没。在资本运作过程中女性网络红人店主不断地监视自身，使自身具有被大众消费的价值，陷入"圆形监狱"中，其主体性被消解，成为消费的客体。

女性对身体的过分暴露超越了以往时代。身体的过分暴露有两种方式。一是通过文字这种表达方式。如木子美在《遗情书》中对性具体直白的描写，"用他的煤气，穿他的睡衣，吃他做的饭，还一夜三次跟他做爱，还不需要跟他谈恋爱，幸福死了"②。在她看来，性就像吃饭一样平常，与爱是毫无关系的，男性与女性同等地享受

① 刘承纪:《身体美学的一个当代案例》,《中州学刊》2005 年第 3 期。
② 木子美博客专栏: http://muzimei.blogchina.com/。

性的自由。网络受众从木子美的肉身写作中感知她自身对身体的崇拜与迷恋,身体写作的颠覆意义被消解,它俨然已成为一种色情的表达。"性欲是消费社会中最重要的事情。它将所有让人看和听的事物都涂上了性的颜料。一切给人消费的东西都染上了性暴露癖。同时,性也被人消费着。"① 对性进行频繁描写的肉身写作是身体功用性产物的体现,身体被赋予的反抗性意义已不存在,它只是身体的存在,身体成为一种畅销的消费品。而木子美的这种肉身写作,正好顺应了社会身体功用化需求的趋势。她以前所未有的纯粹肉体描写冲击大众的视觉极限以及道德底线,满足了受众的猎奇心理,带给受众一种享受身体的快感。作为欲望客体的身体成功地被消费,在短时间内引发网民广泛关注,身体的功用性特质使得这一现象成为一种必然。二是通过图片、视频等视觉媒介的方式体现。在网络女主播直播视频中随处可见这样的画面:性感的乳房、诱惑的美腿、挑逗的眼神。在网络直播中,甚至出现"直播造人"的事件。网络女主播的色情化、大尺度暴露等现象违背了社会公德,被拉进网络主播黑名单。但是网络女主播通过身体来吸引男人的目光依旧不可遏制,网络女主播是如何成为男性消费客体的?从以下四个方面体现。

一是房间布置。网络女主播一般把直播地点设置在卧室,这种安排与设置是以男性的视角为主导的。女主播的卧室大都充满浪漫气息,这样的卧室风格成为女性的专属。卧室一般是属于个人的私密空间,它的私密性与幽闭性赋予了一层隐喻意,即成为男性主流世界之外的边缘之地。"它是一种社会产物,体现了各种社会关系。社会上性别的二元对立思维直接导致社会空间的等级配置,即社会空间一分为二,公共的、生产的、支配性的空间归属于享有社会特

---

① [法]让·鲍德里亚:《消费社会》,刘成富、全志钢译,南京大学出版社2008年版,第125页。

权的男性，而私人的、生育的、从属性的空间则属于处于权力劣势的女性。"① 女性在这样的私人空间被赋予一种暧昧的气息，成为男性性欲的对象。二是内容生产。当前主播主要以女性为主，秀场直播是主要直播内容，网络主播可以将任何内容进行直播，吃饭、唱歌、睡觉、聊天等生活中随处可见的内容都可成为生产的内容，且部分主播在聊天过程中夹杂一些性暗示，直播内容的娱乐性是其内容的核心要领。这样的直播内容将女性简单化，女性的思想、智慧、情感等其他内涵彻底被遮盖，不再是一个完整个体的存在。三是互动方式。网络女主播通过展现才艺或者聊天等方式来吸引注意力，拉近与受众间的距离。女主播的收入来源主要是礼物提成。观看视频的观众可以通过送"仙女棒""豪车""钻石""游艇"等礼物来完成对女性的虚拟消费，表达消费者的一种"肯定"，这种豪车配美女模式蕴含着这样一层意味：女性作为一种物可以被购买，女性的存在被物化，被商品化。这虽然只是虚拟的互动，但也可以反映出男性对女性的一种掌控欲望。四是角色定位。网络女主播是以服务者的角色存在的。网络直播的消费群体是不同年龄阶段的男性群体，女性服务的对象依旧是男性，女主播在这样的"焦点"关系空间中，获得受众的注视与关注，来确证自身的吸引力。

因此，无论女性对自身身体的关注还是对身体的展示甚至是暴露，女性的身体在大众的消费下已然成为欲望的载体。在各类网络红人中，身体是一个永远逃离不了的话题。作为商品的身体与一般的商品不同，它可以有多种形态，如女性的身材、外形，或者是优美的身体姿势，或者是性感、青春等抽象展现。女性自身拥有的丰富内涵被抽离，逐渐演变为可以消费的商品，其角色被空洞化、客体化了。女性个体间的差异性、完整性被男性的话语标本风化成文

---

① 陈惠芬：《空间、性别与认同——女性写作的"地理学"转向》，《社会科学》2007年第10期。

化木乃伊。"女性作为文化符号,只是由男性命名创造,按男性经验去规范,且既能满足男性欲望,又有消其恐惧的'空洞能指'。"①

(三)言说与失语

网络平台具有自我赋权的特性。"所谓自我赋权,就是每个个体的赋权,尤其对于具有话语权的个体……他们获得话语权的过程,就是自我赋权的过程。"② 在这个人人都是自媒体的时代,女性网络红人可以通过微博、微信等方式展示自我、表达自我,关注她们的粉丝越多,其言论与行为方式蔓延的范围就越广,当她们表达的内容被大众听到的时候,话语权就产生了。网络为女性自由地表达自我提供了话语空间,女性网络红人巧妙地利用了这个平台,发出女性自己的声音。网络的低门槛、多元性、开放性、匿名性、包容性等特点也刺激女性自我言说的欲望。在互联网获得话语权的女性,具有决定言说内容的权力,这也是她们在进行自我言说时比一般女性更加富有个性、更加大胆张扬的原因之一。网络的快速传播也扩大了女性网络红人言说的广度,在一定程度上增强了其言说效果。

2016年papi酱的走红为女性争取了话语权,转变了大众对女性网络红人的刻板印象。papi酱毕业于北京电影学院导演系,她运用自己的专业优势以及幽默的表演赢得了大众关注,她的选题能够准确把握当下大众的社会心理从而引起共鸣,而且其视频内容传递出一种积极向上的力量。她的短视频通过腾讯视频、爱奇艺视频、微信、微博等媒介平台进行播放,形成自己稳定的影响力度。papi酱与之前出现的女性网络红人相比,清新自然、独立干练、平易近人,与日常生活当中的真实女性角色相近。她的视频中关于两性话题占了较大比重,对女性角色的设置与吐槽颇具女性意识,她对男女两性相处之道以及在生活中存在的对女性偏见都进行了话语表达。她

① 荒林、王红旗:《中国女性文化 No.1》,中国文联出版社2000年版,第16页。
② 徐伟:《新媒介赋权的意义——专访北京大学新闻与传播学院师曾志教授》,《凤凰周刊》2014年第4期。

以女性立场表达了话语权。她的热门视频《男性生存法则》系列关于生活中两性相处的话语分析获得了大众赞同，深受大众喜欢。《男性生存法则》系列到目前为止有五条视频，分别是《你现在知道吗》《当你的女朋友说，我不吃》《女人为什么要逛街》《为什么你送的礼物女朋友总是不喜欢》《女生，"没有"谎言》，这一系列视频中，papi 酱站在女性立场，表达了符合女性的心理与情感，她在轻松幽默的表演与吐槽中传递了女性与男性相处的经验，有助于男性更好地理解女性、与女性相处。《女人必须逛街的理由》《美女的烦恼你不懂》等视频表达了与女性日常生活相关的话题。此外，她对生活中存在的两性偏见进行了吐槽。在妇女节推出关于《女人真是不好做》短视频，表达了生活中存在的对女性的性别歧视，她希望社会能够尊重女性选择的权利，也希望女性能够提高自身意识。

又如 papi 酱在《你在生活中一定也听到过这些话》这一视频中对两性在家庭中的性别分工、职业发展中的性别问题、个人爱好的性别偏见、着装打扮等方面存在的刻板印象进行了吐槽与发声。首先女性在家庭内部扮演妻子与母亲的角色，居于从属地位。女性妻子角色体现在"男主外、女主内"模式。在《你在生活中一定也听到过这些话》中，papi 酱举出生活中经常出现的话语，"你们男人苦点累点不是应该的么！""你们做男人的就应该买房买车。"男性是养家者，而女性是被养者。女性的母亲角色体现在母亲身份是女性必然承担的义务。"换尿布这种事让你老婆做去。""女人不生孩子就不完整。"男性与女性都被限制在这种格局之下。papi 酱以多元的视角看到了这种性别观念对男女双方的束缚。

在职业发展中，对于两性来说工作都是生存与选择的必需，但是性别对于男性与女性存在的影响是不一样的。女性在工作中心理会受到剥削。"性别歧视的思想让她们贬低自己对劳动力的贡献。她们相信她们之所以工作是因为必须活着，而不是在为社会做贡献、进行创造或者感受一种既有利于自己也有利于他人的完成工作的满足。"① 女性虽然有工作，但是她们会把自身的角色安置在社会中坚力量之外，贬低自身工作的价值与力量，降低对自身的要求与对社会的贡献。"这个工作太累了，不适合女性。""女人赚那么多钱干什么？"同时，两性在工作中来自"性别"的影响，如"男护士？呦！""我不要男大夫给我接生。""这个事情需要细心的人，你们男的干不了。""我们单位只招男的。""听说你怀孕了？自己辞职吧，别让公司难做。"这样的话语体现了男权思想已经将性别歧视内化了。

在个人爱好上或者外在气质上，呈现出二元对立的刻板印象，男性与女性互为反面，即男性的个人爱好与气质与女性是完全不同的，甚至是完全相反的。男性应该是有力量、坚强的，"男人会跳舞很帅啊！啊？芭蕾舞？""一个大男人哭哭啼啼像什么样子。""那个男人好娘炮好恶心。"女性应该是柔弱的，"姑娘家家的打什么篮球啊！""女人为什么要健身？"两性气质与爱好在这种思维设定下被强化，在这样的性别刻板印象下完成了对性别气质与角色的归置。

在着装时尚方面，时尚打扮是女性的专属权利。男性在这一方面受到了区别对待。"一个大男人竟然喜欢粉色？""男人做美甲？""男人留什么长头发？""男人为什么割双眼皮？"而女性不打扮就会遭到质疑。"女孩子就多穿穿裙子嘛！""女人还是要长头发才像个女人。"还有生活中存在的对男性与女性间双重标准的评价："那男的出轨啊？肯定是老婆没有吸引了呗。那女的出轨了？怎么结婚了还那么骚？""男的谈过好多次恋爱叫情感丰富，女的谈过好多次恋爱叫私生活不检点。""单身男人养狗是有爱心，单身女人养狗是寂

---

① ［美］贝尔·胡克斯：《女权主义理论：从边缘到中心》，晓征、平林译，江苏人民出版社 2001 年版，第 122 页。

窦。男人粘花惹草叫风流，女人粘花惹草叫风骚。"① papi 酱能敏锐地捕捉到生活中人们习以为常的现象，意识到两性间习以为常的天然不对等背后的深层意义。

　　papi 酱能够用吐槽短视频的方式反对任何形式的性别歧视，揭示了在现实生活中无论是男性还是女性都不同程度地受到性别方面的刻板印象的规划与处置，这样的短视频在网上得到迅速传播与评论，从而使一直居于弱势的女性话语权得以突破，但是男性手中的权力依旧在压制着女性。2016 年 papi 酱的广告首秀获得逻辑思维等投标单位 1200 万融资，对于这一部分的相关新闻，网络媒体的报道题目为：《罗胖凭什么把 papi 酱广告初夜权卖到 1000 万？》②《广电"摧残"＋罗胖"包养"，papi 酱这次恐怕真的毁了，怀念她的很傻很天真》③《花 1200 万"包养"，然后转手就卖了？papi 酱广告"初夜权"的红与黑》④ 等等。papi 酱广告拍卖相关新闻用了"初夜""包养"等词语来比喻拍卖单位与 papi 酱的关系。从这些词汇可以看出媒体将关于女性的话题作为新闻卖点来获取足够关注度，完成对女性的性别消费，也可以看出明显的男权思想，这些字眼是对女性的歧视，"傻""天真"的评价将女性弱化、贬抑。

　　"我天生就是一个很焦点的女孩，长了一张妖媚十足的脸和一副性感万分的身材，穿着大胆张扬，个性叛逆嚣张，在各种场合都出尽风头，自然被我'勾引'来的男人数不胜数。但我好委屈，我过于新时代的外表，总是给人带来很时尚很前卫的错觉，可又有谁能料到，我骨子里流淌着传统女性近乎所有的美德……"⑤ 这是芙蓉姐姐发出的声音。"妖媚""性感""勾引"等词汇无不让人感到芙

---

　　① 《你在生活中一定也听到过这些话》视频链接：http：//www. meipai. com/media/486710086。

　　② http：//it. sohu. com/20160331/n442948207. shtml。

　　③ http：//mt. sohu. com/20160419/n445031994. shtml。

　　④ http：//blog. sina. com. cn/s/blog_6b3679770102wof1. html。

　　⑤ 凤凰娱乐：http：//ent. ifeng. com/detail_2008_12/24/62256_0. shtml。

蓉姐姐的自恋，她在网上发表这种类似的言论，只是一种无意识的表达，女性已经把男性主导话语内化成自己的意识。男性掌握着审美的标准，掌握着审判权。当芙蓉姐姐通过自我言说来确定标准时，这是对男性所确立标准的侵犯，必定要以失败结尾。在一个以高挑、苗条、大眼睛、大长腿为美的消费时代，只有符合这些标准的美女摆出的 S 造型才是美的，否则女性就会被嘲讽，而芙蓉姐姐对于这些特征都不符合，她只能作为丑角收场。在这一点上，男性和女性的立场一样，观赏的女性在不自觉中受到一种规训，缺少对既存的性别秩序的判断力，朝着男性所期待的理想审美靠拢，对不公平的两性秩序起着一种维护秩序的作用。"我 9 岁博览群书，20 岁到达顶峰，往前 300 年往后推 300 年，没有人会超过我，在智力上他们是不可能比我强的，那就在身高和外貌上弥补吧。"① 凤姐是当下社会一位普通的女性，她不漂亮，甚至是丑的，当她提出所有女性心中的择偶标准时，网友迅速围观，认为她的要求可笑至极，是过分的。因为在大众心目中，婚姻或者恋爱是要门当户对的，凤姐没有达到男性制定的标准，故其提出的择偶要求是痴心妄想，而且其所提的高标准确实没几个男性可以达到，女性的外在美成为衡量女性自身价值的标准。"在当代中国，女性话语的培育越来越以外表和卖相为中心。"② 天仙妹妹、奶茶妹妹等审美类女性网络红人的走红就是实证，在对女性外表的极致推崇中，女性的思想被遮蔽了，或者说视而不见，女性只是一具拥有身体与美貌的外壳。与她们相关的图片、文字、视频等内容涌现出的声音大多是以吸引受众的注意力引起消费为最终目的，这样的声音毫无疑问并没有让女性真正获得话语权。

女性网络红人的高出场率使女性发出了声音，但是这种声音是

---

① 360 搜索：http://www.lz13.cn/jingdianyulu/4840.html。

② 鲍海波：《女性在新闻传播中"存在"状态分析》，《报刊之友》2003 年第 1 期。

以牺牲自我为代价的，其话语依旧没有脱离男性话语中心体系，只是一种"虚假繁荣"，其声音是不完整的，从整体上看女性依旧处于失语状态。一方面，女性自己在"言说"，但女性自我表达的声音被男权文化下的性别陈规所"消抹"，另一方面，女性在表达话语时陷入了自我的迷失，女性的自我言说缺乏其应有的性别观念与性别意识，真正体现新时代女性的积极向上与独立自主精神的话语较为稀少。因此女性网络红人在表达话语时陷入一种困境，女性在这一过程中被逐出主流话语系统，甚至成为失去主体意识的存在，被边缘化。女性网络红人的层出不穷并不意味着她们获得了与男性相同的权力，她们在媒介的隐蔽运作下，仍旧没有改变女性的从属地位，处于失语状态。"由于她们在媒介的从属地位、在新闻报道领域的低层次专业特征以及在媒体内部的弱势地位，造成资源掌握的匮乏，因此虽然掌握了发布话语的权力，却仍然'失语'。"①

第三节 中国当代女性网络红人的媒介建构与受众性别解读

女性网络红人的出现与走红离不开网络媒介的建构以及受众的主动参与。麦克卢汉对媒介进行了解释："所谓媒介即是讯息，只不过是说：任何媒介（即人的任何延伸）对个人和社会的任何影响，都是由于新的尺度产生的；我们的任何一种延伸（或曰任何一种新的技术），都要在我们的事务中引进一种新的尺度"，"因为对人的组合与行动的尺度和形态，媒介正是发挥着塑造和控制的作用。"②媒介作为载体有一种重要的文化功能，构建了我们的性别意识。网络媒介所呈现出的女性形象具有一种矛盾性。一方面，它展示出的

---

① 刘利群：《媒体职业女性的困境》，《妇女研究论丛》2003 年第 3 期。

② ［加］埃里克·麦克卢汉、［加］弗兰克·秦格龙：《麦克卢汉精粹》，何道宽译，南京大学出版社 2000 年版，第 226—227 页。

女性形象其实是一种无意识的两性刻板印象的再现；另一方面，在消费逻辑的推进下，它又是有意识地在建构着女性形象。网络媒介将女性网络红人作为符码向大众传达内容，生产意义，在这种意义背后隐含着两性权力关系。女性网络红人成为性别权力的载体，受众会把男权文化孕育的性别期待经由媒介传达进行内化，最终影响甚至控制受众对女性形象的客观认知与性别期待。

一　女性网络红人的媒介建构

（一）意识形态的建构

"传播学者将讯息分为三个层次来解析意义的内涵：（1）表面意涵——讯息的表面意义，通常不会受社会文化差异的影响；（2）社会迷思（myth）——社会文化所赋予的符号意义；（3）意识形态——隐藏在每个迷思后面的权力结构。"① 首先意识形态以一种抽象的姿态指导着事物秩序，是建构"正当"与"不正当"行为界限间重要的手段与策略。"意识形态中的二元对立植根于某种不平等的力量所构成的敌对体系中，使拥有较为强大势力的特权和统治合法化。意识形态中的'规范'通常是白人的、男性的和上层阶级的，它用来诋毁和统治有色人种、女性和工人阶级中的个人等。"② 阶级、种族、性别等不同意识形态使得这种结构与关系变得合理化。阶级意识形态赞美上层阶级而歧视工人阶级，这种种族意识形态加大了白色人种与黑色人种的种族差距，而有关性别的意识形态再现了对女性的贬低，这使得人处在满足于不平等的统治关系中。那么现代社会中的大众为什么无法抵抗这种意识形态的牵引作用？阿尔都塞试图找出答案。"人们在意识形态中所表达的，不是他们与生存环境之间的关系，而是他们实践他们与其生存环境之间的关系。这

---

① 张锦华、柯永辉：《媒体的女人》，台湾硕人出版有限公司1995年版，第14页。
② ［美］道格拉斯·凯尔纳：《媒体文化：介于现代与后现代之间的文化研究、认同性与政治》，丁宁译，商务印书馆2004年版，第106页。

就意味着有两种关系：一种是现实关系，另一种是'假想的''生存'关系。意识形态……是人与其'外部世界'之间关系的体现，即，它体现了人与其现实生存环境之间的现实和假象关系（多元决定的）统一性。"①

　　意识形态不仅是一种思想体系，而且是一种物质实践以及通过媒介、教育、政治、宗教等实践形式体现出的思维方式。虽然个体认为自己是作为主体存在，但个体的意识是被架构的思想体系与思维方式所限定的，这种主体性只是一种想象结果的体现，它操控着我们每天的活动，这种主体性是虚假的存在。意识形态以一种隐蔽的方式将某种强加的角色视为个体与生俱来的角色。女性网络红人"体现"着这样的角色：女性依靠身体、美貌取得男性关注。这看似是女性自身选择的方式，但男权文化就是依靠媒介的权力把女性置于弱势地位，社会性别就在这样的意识形态中建构起来。"女性形象的建构始终受到男权文化惯习的需求和制约，它是男人的理想，而不是女性自我的言说，它带有极大的抚慰男性、安抚女性的功能——抚慰男性，以缓解其在社会、经济方面所遭遇的压力；安抚女性，使她们安于现状、安于被言说、被规定的地位。"② 意识形态利用个体与想象性之间的关系发挥着作用。

　　网络受众对网络红人形象的迷恋与追求，正是基于爱美的心理与社会的需求，她们把自己不可能实现的愿望、欲望投射到这些女性身上，构成一种想象关系。这种认知揭示出意识形态发挥的巨大作用，它并不是通过强制性的国家机器影响个体，而是通过独立的大众传媒这种意识形态国家机器发挥作用，使其认同主流意识形态。这一认同与拉康的"误识"不谋而合。在这一"误识"过程中，网

---

　　① ［英］约翰·斯道雷：《文化理论与通俗文化导论》，杨竹山、郭发勇、周辉译，南京大学出版社2001年版，第160页。

　　② 李琦：《传媒与性别——女性媒介的传播社会学阐释》，湖南师范大学出版社2008年版，第227页。

络受众通过美女"镜像"对自我产生梦幻的完美感受，形成自我，它所体验的"镜像"比真实的自我更加生动、完善。它以更加隐蔽的方式，让受众认同这种美女形象，在认同的同时又会对这些毫无瑕疵的形象产生落差感，进而过度关注自身的外在以及身材。网络媒介对网络大众的心理非常了解，以天仙妹妹为例，当芙蓉姐姐、凤姐丑态百出的时候，天仙妹妹清新脱俗的形象强化了女性与生俱来应具备的气质，满足了大众对纯洁美的追求，实现了大众对难以达到标准的一种想象性满足。在对人物的选择上，网络媒介也会选择有争议的人物，在这种争议下再现女性的角色。"媒体文化的产物并非天真无邪的娱乐而已，而是与政治、斗争、议事日程以及政策等联系在一起的彻头彻尾的意识形态的产物。"①

（二）议程设置

现代社会，网络成为人们了解外部世界的重要媒介，它以一种更加隐蔽的方式发挥话语权，对受众产生一种潜移默化且广泛的影响。网络媒介自带"议程设置"功能，"虽然不能直接决定人们怎样思考，但它可以为人们确定哪些问题是最重要的。这种'主观之上的客观信息'代表的是媒体的立场，它虽然相对较少地影响到受众'怎么想'，却能够极大限度地替受众决定'想什么'"②。

早期的网络红人看似无意的走红其实是网络推手精心制作与策划的结果。网络推手选取受众感同身受或者有争议性的人物推出奇闻异事来引爆舆论热点。如芙蓉姐姐、凤姐、天仙妹妹等，都是经过陈默、浪兄等著名网络推手包装所为。网络推手在网络传播过程中起着"意见领袖"的角色。"对选民影响最大的信息并不是大众媒介直接传递的，而是选民群体中较有威望的人，这些人一般知识

---

① ［美］道格拉斯·凯尔纳：《媒体文化：介于现代与后现代之间的文化研究、认同性与政治》，丁宁译，商务印书馆 2004 年版，第 159 页。

② 李琦：《传媒与性别——女性媒介的传播社会学阐释》，湖南师范大学出版社 2008 年版，第 125 页。

面广、阅历深、交际能力强等，后来被称为'意见领袖'。"① 网络推手一般为博客、网站编辑、论坛版主的意见领袖，直接影响着网民的舆论导向。

随着电商经济的发展与需求，出现了网红孵化器这种新的网红培养方式。网红孵化器与网络红人之间建立一种"你负责貌美如花，我负责赚钱养家"的流水线模式，在整个运营过程中，女性不过是吸引粉丝实现经济效益的花瓶。她们如同商品一样被网红孵化公司批量生产，著名孵化公司涵意电商造就了张大奕、赵大喜、雪梨、卧蚕阿姨、管阿姨等网络红人，而且与电商类网红相关的都是"网红脸"这种扭曲化的呈现，成为网络受众娱乐与吐槽的对象，这在一定程度上加深了对女性的成见。男性作为网络红人的推送者，自然是按照男性的性别意识来描述或者展现女性。虽然与以往相比，现代社会给予女性较多的公平权力，但网络媒介作为一种社会文化，性别的传统成见一直存在，男权观念通过网络媒介在更广范围得以传扬。"文化的变迁往往遵循由表及里的程序，在文化的制度层和观念层之间有时存在较大差距。在文化的制度层面，社会主义制度恢复了女性作为社会主体的资格，但是作为一种深层的社会观念和文化心理，男尊女卑、男主女从的男权意识仍然沉淀在社会文化心理深处，不仅掣肘着女性的主体行为，也制约着社会对女性的角色期待和价值评价。"② 在男性霸权社会，媒介话语表现为菲勒斯中心话语，它再现女性媒介形象时不可避免受到根深蒂固的社会文化辐射，使女性真正的角色不被呈现，或者被定型化。网络看似是一个"真空社会"，每个个体都可以摆脱性别差异进行自由展示，但是男女有别的文化土壤还是会让展示的内容带上性别烙印，从这个角度看，网络媒介并不是规避性别差异，而是对现实的一种虚拟投射，带有

---

① ［美］沃纳·赛佛林、［美］小詹姆斯·坦卡德：《传播理论——起源、方法和应用》，郭镇之等译，华夏出版社2001年版，第228页。

② 姜红：《大众传媒与社会性别》，《新闻与传播研究》2000年第3期。

对女性的性别歧视。

"性别歧视有三种表现形式：显性歧视、隐性歧视和反向歧视。"① 显性歧视，就是我们可以直观地看到两性的性别差异与不平等，把女性看作低于男性的"第二性"。法国女性主义理论家西蒙·德·波伏娃在《第二性》中提到，男性在人类漫长的文化与历史中是作为主体而存在的，而女性与男性的主体地位与处境相比，处于"他者"的角色，是被边缘化的，其地位是低于男性的。网络红人雪梨、周扬青等女性因为相关男性的光环进入大众视野，大众认为她们没有男性优秀，是男性的附属物。在网页输入这类女性网络红人姓名，出现的标题都是某某女友，她们作为"第二性"存在，角色已经被边缘化了，但她们一直存在的淘宝店主的号召力，已经证明女性开始走向职场展示着个人的魅力，但媒介强调的是她们的女友身份，认为她们只是依靠美貌别无其他，甚至将她们看作依附于男性的被支配者。

隐性歧视是指对两性标准统一，但是这个标准是以男性为标准的。"其形式和要求而言，看起来都属于人的一般性范畴，但实际上其历史形态完全是男性的，如果我们干脆称这些以绝对面目出现的概念为客观的，人类的历史生活中的如下公式就是有效的：客观 ＝ 男性。"② 我国台湾著名学者林芳玫认为女性局限于某些领域以及形象的僵化是在资本主义的商品逻辑、精英文化、专业文化共谋作用下形成的以男性为中心的阳性文化。首先，市场利益最大化将女性安置在具有商品符号意义的位置。其次，大众文化对市场的占有使得精英文化的主体地位被削弱，但是精英文化不愿将其市场标准降低或者多元化，将离国家严肃话题很远的女性放逐在大众文化市场。

① 沈奕斐：《被建构的女性——当代社会性别理论》，上海人民出版社 2005 年版，第 48 页。

② ［德］西美尔：《金钱、性别、现代生活风格》，顾仁明译，学林出版社 2000 年版，第 172 页。

最后，专业主义重视硬新闻，轻视软新闻，将女性的身体消费、时装、娱乐、闲聊、家庭等内容矮化在软新闻中。新闻按照传播内容的性质可以分为硬新闻与软新闻。硬新闻一般是关于政治、科技、经济、军事等较严肃的具有重要意义的新闻。软新闻是指在时尚、消费等领域供受众娱乐等延缓性新闻。男性主要集中在硬新闻领域范围，而女性主要集中在软新闻领域，与硬新闻隔离开来，作为娱乐而存在。媒介赋予女性权力，但是这些权力集中在娱乐、时尚、消费等场所，这样的权力我们不得不质疑，网络媒介利用女性获得受众关注，同时又将女性边缘化。

反向歧视是指通过赞美女性的某个特质或者作用从而限制女性的发展，把其局限在特定领域，这是一种很隐秘的歧视。女性网络红人以完美形象出现在大众面前，或者清纯靓丽，或者性感妩媚，大众媒介利用受众已经接纳的男性优势来对女性的角色进行建构，从而对现实生活中的女性形成一种规约力。大众媒介传递给女性的假设就是长相出众的女性可以获得更多的成功机会。我们看到在影视剧或者广告中的女性都是拥有突出的外在、苗条的身材，很少会看到一个肥胖且普通的女主角，媒介通过这种"象征暴力"来统一审美标准。这种"象征暴力"使得现实中的女性以此为模板，进行身体的塑造与管理。表面上看是让女性变得更美，但这种更美背后的内容却成为女性的一种负担。"媒介之所以塑造带有性别歧视的女性形象，是因为在社会生活、传统文化、人们的潜意识中积淀了对女性的偏见，媒介在市场化、商业化的环境中必然要使其产品得到广大受众的认同，因而必然制作与受众认同一致的产品，而受众的认同心理即来自传统文化。"[①]

二　对不同性别受众产生的影响

女性网络红人的发展成为一种现象级产业，与受众的参与有着

---

① 刘人锋：《女性与传媒研究在中国》，《学术界》2006 年第 2 期。

极为紧密的关系。第一,女性网络红人发布的照片、文字、幽默段子、视频直播等内容,可以为受众提供一个放松的娱乐渠道,而且传播内容呈现出一种碎片化的短小精悍的特点,可以填补受众零碎化的时间,让其完成一种快速消遣的目的。第二,对于普通受众来说,女性网络红人不再遥不可及,具有亲民性。其出身的草根性,无形之中就拉近了与受众的距离,受众与女性网络红人形成一种"微仰角"的关系,在对女性网络红人关注的时候出现对自身的一种投射力。受众对自身的预期期待在各式各样的网络红人中得以实现,形成一种实现自我的安慰。第三,女性网络红人的走红也离不开受众的从众心理。从众一般有两种情况,一是无法判断自身所处的情境;二是当个体渴望被认同时会出现与群体相同的选择。在这个信息爆炸的时代,女性网络红人成功地制造了话题与热点,处于舆论的前端,其出现与消失的速度之快让受众难以判断所处的境况,进而效仿潮流,保持与社会热点的同步,完成受众的集体狂欢。

受众在参与的同时,女性网络红人成为被观赏的聚焦点,这种聚焦点也对受众产生一种反作用力,产生多方面的影响,这种影响是通过"看"完成的。男性"看"女性是因为性别差异带来的异性恋要求,女性"看"女性是什么样的心理需求?精神分析学者认为,女人通过观看可产生一种愉悦感,这源于在前俄狄浦斯阶段对母亲的依恋而产生的同性恋倾向。在女性主义者看来,男性在男权中心文化统治下审视女性,而女性在男性目光中审视自身,这就决定了两性间的关系,同时也决定了女性与其自身的关系。女性"看"女性是通过男性的眼光来审视女性,而女性审视女性产生愉悦感是她们运用男性眼光审视符合男性审美的女性产生的认可所造成的。

(一)"赏心悦目"的女性

女性附属性别观强调的是女性的美貌优势是依赖男性的条件,这表明了女性在两性关系中的弱势被动地位。中国自古以来就是一个父权制社会,男权文化把男性塑造为社会的主体力量,而女性在历史的叙事中只是充当着工具或者附庸的角色。随着时代的进步与观念的改变，新时代的女性形象也有了改变，但依旧无法从根本上改变女性在家庭角色、职业角色方面的地位。在男权文化与大众媒介的共谋下，产生了一系列美女视觉形象：以奶茶妹妹为代表的青春少女系列，再到以电商张大奕、赵大喜为代表的时尚美女系列，她们拥有飘逸的秀发、精致的五官、红润的嘴唇、修长的大腿、白嫩的肌肤等，这样的形象成为大众的理想追求，但我们不得不承认这样的女性是以超越现实的完美标准出现的，现实中的女性难以望其项背。女性长期处在男性的窥视下很难逃离男性权威，并逐渐将男性标准内化，其自身都没意识到这种无法克服的性别归属。她们会以此为模板或者参照标准审视自己，形成一种符合这种审美的行为规范与价值视角，对她们产生一种认同感。女性受众在审视媒介所展示的客观世界时，同时这些内容会进入她们的意识中转化为对自身与客观世界的认知，即女性受众会根据自身认识来理解媒介所传递的内容，同时也会根据这些内容来认识自身，对所看到的美女形象产生一种迷恋。女性网络红人告诉女性怎样搭配、怎么成为更得体的女性，这看似一切合理，没有任何歧视，但我们进一步思考就会发现，女性注重的是身体的自然属性，这对女性产生一种只对时尚装扮感兴趣、对社会问题不感兴趣的刻板印象，女性固守在传统的性别角色里。女性最终成为"红粉佳人"的符号，成为美丽"她世界"的追逐者。女性越来越关注自身的表象，她把注意力集中在外在的感官感受上，而忽略对事物的内在品质的感受，满足于外在的审美与判断，形成一种封闭的向心性。女性自身既作为审美者，也作为审美对象，在这一过程中必须注重男性的审美趣味。女性在"美"的暴政下追求着她们关于"美丽"的理想，于是整容、减肥、追求时尚，成为她们的手段。

　　"'购物'是一种完完全全的性别活动。这种'性别'活动又被普遍认为是与一种而非两种性别有关——尤其是与女性角色紧密相关，所以，购物本身被视为某种程度的'女性'活动。"① 当下网红店铺创造的网红经济足以证明当代女性对于购物的痴迷。网红店铺的受众是以年轻女性为主，让自己变得更加美丽、时尚是她们关注的焦点。她们可以在网络店铺浏览各类商品，在商品评价中分享自己的穿衣感受以及交流其他买者的经验，或者上传自己的服装照片，分享自己的购物经验。如果买到的商品不满意，还可以在评论区发泄自己不满的情绪。女性受众在接受这些景观信息时，会发生传播学理论的两种现象：一是睡眠效应，二是沉默的螺旋。"睡眠效应，是指信源可信性影响下的传播效果，会随时间的推移而发生改变的现象。即传播结束一段时间后，高可信性信源带来的正效果在下降，而低可信性信源带来的负效果却向正效果转化。"② 这就是说受众随着时间的延长降低对信息来源的关注，而强化信息内容。这表现在女性受众在看网络红人店铺中的商品时，尤其是长时间浏览网络红人时尚店主的服装搭配时，在潜移默化中接受其所呈现出的女性形象与搭配，并且逐渐认同它，将其内化为自己的标准，并无限制地趋向于这个标准，逐渐将外表美的追求扩大。这其实是媒介传播信息，而非真正的女性标准。在这样的主导标准下，持不同观念与审美的受众只能沉默，这就是"沉默的螺旋"。这样的沉默使这种主导标准的优势更加明显，同时也使持不同声音的受众进入沉默的阵营当中。在这样的循环中，女性受众在男性的审美标准中形成"她"世界。

（二）"看"的主体

鲍德里亚说："身体是最美的消费品。"③ 这说明在消费社会，身体是畅销的商品。在女性网络红人中，依靠身体与性博人眼球的女

---

① 罗钢、王中忱：《消费文化读本》，中国社会科学出版社 2003 年版，第 211 页。

② 360 百科"睡眠效应"：http://baike.so.com/doc/5845989-6058826.html。

③ ［法］让·鲍德里亚：《消费社会》，刘成富、全志钢译，南京大学出版社 2001 年版，第 139 页。

性层出不穷。身体与性依旧是女性逃脱不了的手段，成为女性网络红人特有的出名方式。在父权制社会，女性是作为"被看"而存在的，男性是"看"的主体。劳拉·穆尔维的电影理论认为女性形象是一种影像化的表达，男性处于"看"的主导地位。她在《视觉快感与叙事电影》中分析了"看"者对"被看"者看时产生的快感。这种快感是"看"者对欲望对象产生的刺激感受而获得的满足；另外"看"者对所看到的完美形象形成认同感，她的这种理论深化了"看"的动作内蕴。在商业化社会的推进中，女性成为制造消费与享乐不可或缺的方式，这种理念渗透到媒介领域，身体成为人的视觉对象、欲望对象，"被看"的女性成为满足欲望、享乐、快感的消费。在网络文化中，女性身体与形象成为一种欲望对象，满足了大众的"消费情节"，形成商品景观。在这种消费过程中，女性成为欲望的客体的同时，也通过这种方式进行了自我指认。这种指认来源于拉康的"镜像理论"，人的自我意识确立于发现镜中之像并排除非同一体时，"我的影像"是最初的"镜像"，但随后"他人的目光"与行为成为这个镜像的反射镜像，那么"他人的目光"与行为就充当了镜子这一角色。

　　女性身体消费成为一个很普遍的现象，这与男性欲望密切相关。在以男性为中心的社会中，"用于描绘女性的那些象征并非是由女性自身制定的。由于原始社会和文明社会都是男权制的社会，因此，形成女性文化的思想观念，也是由男性设计制定的"①。木子美、流氓燕、二月丫头的性爱描写与衣不遮体，芙蓉姐姐的 S 造型，天仙妹妹、奶茶妹妹的清纯形象，干露露的浴室征婚视频，张大奕、赵大喜的时尚身体，这都在刺激着男性"看"女性身体的欲望。女性的身体成为获取注意力的最有效工具，女性被"凝视"。凝视"通

---

① ［美］凯特·米利特：《性政治》，宋文伟译，江苏人民出版社 2000 年版，第55 页。

常是视觉中心主义的产物，观者被权力赋予'看'的特权，通过'看'确立自己的主体位置，被观看者在沦为'看'的对象的同时，体会到观者眼光带来的权力压力，通过内化观者的价值判断进行自我物化"[①]。

　　以芙蓉姐姐为代表的丑角形象以及以张大奕为代表的美女形象都是在男性"看"的审美视觉下评定的，女性是作为欲望载体与视觉符号而存在，"'美'与'不美'在女性身体'看'与'被看'的过程中判断"[②]。男性在"看"的过程中确证了自己作为"看"的欣赏者与评定者，女性网络红人只有符合男权文化的社会性别才能得到认同。得到男性认同的女性形象，一方面是网络呈现出的外在效果，另一方面这种形象也暗示了女性的弱小。这类气质的女性可以引起男性的保护欲，让男性感受到自身的力量与优越感。从她们的走红我们可以看出男性主宰的话语特征：女性角色的表达停留在传统的性别角色定位上，忽略了女性的社会角色，她们只是拥有漂亮外表的空壳，她们的其他价值已经人为地被阉割不可见，女性存在的价值只是对外在的极致追求，这其实是对女性的一种误解。

---

　　① 　赵一凡、张中载、李德恩主编：《西方文论关键词》，外语教学与研究出版社 2006 年版，第 349 页。

　　② 　陶冶：《电视时尚节目对女性身体形象的建构》，硕士学位论文，上海师范大学，2012 年，第 29 页。

参考文献

包兆会：《我动我晕眩——流行音乐》，云南人民出版社 2004 年版。

边静：《胶片密语：华语电影中的同性恋话语》，中国传媒大学出版社 2007 年版。

卜卫：《媒介与性别》，江苏人民出版社 2001 年版。

赤潮主编：《流火：1979—2005 最有价值乐评》，敦煌文艺出版社 2006 年版。

方刚：《第三性男人：男人的处境及其解放》，中国书籍出版社 2006 年版。

高宣扬：《流行文化社会学》，中国人民大学出版社 2006 年版。

贺来：《边界意识与人的解放》，上海人民出版社 2007 年版。

华梅：《服饰心理学》，中国纺织出版社 2004 年版。

李幼穗：《儿童社会性发展及其培养》，华东师范大学出版社 2004 年版。

刘鸿主编：《女性服装史话》，百花文艺出版社 2005 年版。

罗钢、刘象愚主编：《文化研究读本》，中国社会科学出版社 2000 年版。

潘绥铭：《中国性革命纵论》，高雄万有出版社 2006 年版。

汪民安：《身体的文化政治学》，河南大学出版社 2004 年版。

汪民安、陈永国编：《后身体：文化、权力和生命政治学》，吉林人民出版社 2003 年版。

王逢振编译：《"怪异"理论》，天津社会科学院出版社 2000 年版。

王泉根：《现代中国儿童文学主潮》，重庆出版社 2000 年版。

王受之：《世界服装史》，中国青年出版社 2002 年版。

吴其南：《20 世纪中国儿童文学的文化阐释》，中国社会科学出版社 2012 年版。

杨洁：《酷儿理论与批评实践》，中国社会科学出版社 2011 年版。

尹小玲：《消费时代女性身体形象的建构》，黑龙江人民出版社 2011 年版。

曾红主编：《服装设计基础》，：东南大学出版社 2006 年版。

张晓梅：《2005 中国美容经济年度报告》，四川科学技术出版社 2005 年版。

周维远：《西方服装图史》，河北美术出版社 2005 年版。

周小仪：《唯美主义与消费文化》，北京大学出版社 2002 年版。

《中国大百科全书（音乐·舞蹈卷）》，中国大百科全书出版社 1992 年版。

［澳大利亚］薇尔·普鲁姆德：《女性主义与对自然的主宰》，马天杰、李丽丽译，重庆出版社 2007 年版。

［德］西美尔：《金钱、性别、现代生活风格》，顾仁明译，学林出版社 2000 年版。

［法］米歇尔·福柯：《临床医学的诞生》，刘兆成译，译林出版社 2001 年版。

［美］R. W. 康奈尔：《男性气质》，柳莉等译，社会科学文献出版社 2003 年版。

［美］埃里克·H. 埃里克森：《同一性：青少年与危机》，孙名之译，浙江教育出版社 1998 年版。

［美］劳拉·E. 伯克：《伯克毕生发展心理学》，陈会昌等译，中国人民大学出版社 2013 年版。

［美］佩吉·麦克拉肯主编：《女权主义理论读本》，广西师范大学出

版社 2007 年版。

［美］斯皮瓦克：《从解构到全球化批判：斯皮瓦克读本》，陈永国、
赖立里、郭英剑主编，北京大学出版社 2007 年版。

［美］苏珊·布朗米勒：《女性特质》，徐鹰等译，江苏人民出版社
2006 年版。

［美］伊芙·科索夫斯基·塞吉维克：《男人之间：英国文学与男性
同性社会性欲望》，郭劼译，上海三联书店 2011 年版。

［美］朱迪斯·巴特勒：《消解性别》，郭劼译，上海三联书店 2009
年版。

［日］松居直：《我的图画书论》，季颖译，湖南少年儿童出版社
1997 年版。

［英］布莱恩·特纳：《身体与社会》，马海良、赵国新译，沈阳春风
文艺出版社 2000 年版。

［英］弗兰克·莫特：《消费文化：20 世纪后期英国男性气质和社会
空间》，余宁平译，南京大学出版社 2001 年版。

［英］理查德·豪厄尔斯：《视觉文化》，葛红兵等译，广西师范大学
出版社 2007 年版。

［英］娜（Nunn. J.）：《服饰时尚 800 年：1200—2000》，贺彤译，广
西师范大学出版社 2004 年版。

［英］西莉亚·卢瑞：《消费文化》，张萍译，南京大学出版社 2003
年版。

［英］约翰·斯道雷：《文化理论与通俗文化导论》，杨竹山等译，南
京大学出版社 2001 年版。

蔡骐、毛娜：《影像中的女色、权力及消费——电视选美节目与电视
整容节目解析》，《湖南师范大学社会科学学报》2008 年第 4 期。

常洪卫：《"她阅读"时代女性出版物的品牌定位研究》，《大众文
艺》2012 年第 16 期。

陈惠芬：《空间、性别与认同——女性写作的"地理学"转向》，《社

会科学》2007 年第 10 期。

晨枫：《冷眼观潮看"辉煌"》，《诗探索》2002 年第 2 期。

程晓萱：《现代性视角下女性形象的媒介产生和意义建构——以女性
整容真人秀节目为例》，《探索与争鸣》2008 年第 10 期。

郭海文：《20 世纪中国女性美演变的文化阐释》，《中华女子学院学
报》2008 年第 1 期。

何平、吴风：《"超级女声"与性别政治——西方马克思主义女性主
义视角》，《南开学报》（哲学社会科学版）2005 年第 5 期。

黄东英、吕波：《中国流行歌曲中的女性形象研究》，《新闻界》2008
年第 4 期。

黄芹：《洛文塔尔的消费偶像观》，《国外社会科学》1998 年第 1 期。

李静：《想象的狂欢——"加油！好男儿"中的女性话语权分析》，
《现代企业教育》（学术理论版）2007 年第 6 期。

李幼穗：《儿童社会化与非智力因素》，《天津师范大学学报》（社会
科学版）1997 年第 6 期。

李子云：《谁决定了时代美女？——关于百年中国女性形象之变迁》，
《中国文化研究》2001 年第 3 期。

刘伯红、卜卫、陈新欣：《试析我国电视广告中的男女角色定型》，
《妇女研究论丛》1997 年第 2 期。

刘伯宏、卜卫：《我国电视广告中女性形象的研究报告》，《新闻与传
播研究》1997 年第 1 期。

刘承纪：《身体美学的一个当代案例》，《中州学刊》2005 年第 3 期。

龙鸿祥、刘嘉：《人造美女的文化反思》，《南通大学学报》2006 年
第 6 期。

宋美娅：《对女性期刊的女性主义批判》，《观察与思考》2005 年第
16 期。

汤亚汀：《社会性别与音乐》，《交响：西安音乐学院学报》2003 年
第 2 期。

温洋：《反主流文化的亚文化群：嬉皮士》，《美国研究》1988 年第
　　4 期。

文华：《整形美容手术的两难与焦虑的女性身体》，《妇女研究论丛》
　　2010 年第 1 期。

吴其南：《大众传媒和儿童文学存在论上的危机》，《淮阴师范大学学
　　报》2011 年第 4 期。

吴璇：《"职场小说热"现象原因探究》，《作家杂志》2011 年第
　　10 期。

谢煜斓：《终结与启始——80 年代歌词创作的历史审视》，《当代文
　　艺评论》2004 年第 6 期。

薛宝根、符红霞、苏芩、辛夷坞、一草：《女性图书出版与阅读小
　　辑》，《出版广角》2009 年第 11 期。

闫寒英：《职场小说与女性主义意识形态》，《文艺评论》2015 年第
　　1 期。

张宏：《女性审美标准的演变和时代特征》，《大连大学学报》1999
　　年第 5 期。

张颐武：《职场文化与都市白领的文学想象——关于职场小说的笔
　　谈》，《艺术评论》2010 年第 1 期。

郑碧强：《城市女性白领整容时尚消费的社会学解读》，《安徽农业大
　　学学报》（社会科学版）2009 年第 9 期。

朱亦萱：《重构的迷失——从电影中的女性整容看当代女性身份认同
　　危机》，《社科纵横》2008 年第 12 期。

朱自强：《对中国儿童文学理论研究方法论的思考》，《东北师范大学
　　学报》（哲学社会科学版）2006 年第 1 期。

邹桂香：《图书馆服务中的女性阅读研究》，《图书与情报》2010 年
　　第 2 期。

陈美丝：《香港流行曲歌词中的女性形象（1985—2000）》，硕士学位
　　论文，暨南大学，2001 年。

邓辉:《女性网络红人现象的文化解读》,硕士学位论文,湘潭大学,
  2012 年。

管雪:《女性网络红人媒介形象分析》,硕士学位论文,安徽大学,
  2012 年。

李宇婧:《女性网络红人研究》,硕士学位论文,湖南师范大学,
  2011 年。

廖述务:《身体:美学的与实践的——大众文化视野中"身体美学"
  的反思与重构》,博士学位论文,福建师范大学,2015 年。

刘暄:《青少年儿童性别刻板印象的结构及其发展》,华中师范大学,
  2007 年。

刘杨:《时尚网络红人现象研究》,硕士学位论文,华中师范大学,
  2012 年。

彭玮:《女性主义视角下的网络红人曝丑现象》,硕士学位论文,华
  中师范大学,2013 年。

王颖:《儿童文学与儿童教育——论儿童文学的无用之处》,硕士学
  位论文,上海师范大学,2012 年。

张纯静:《中国大陆流行歌曲中的女性形象研究(1996—2006)》,硕
  士学位论文,西南大学,2008 年。

张子娟:《消费主义视角下的网络红人现象研究》,硕士学位论文,
  暨南大学,2011 年。

朱学蕊:《狂欢理论视域下的网络红人现象研究》,硕士学位论文,
  兰州大学,2010 年。

方刚:《"都市玉男"构建"第三性"》,《国际先驱导报》2003 年 8
  月 8 日。

《2007 中国美容行业市场调研》,2007. 2. http:∥mf08. com。

Judith Butler, *Gender Trouble*:*Feminism and the Subversion of Identity*,
  London:Routledge,1999.

Judith Butler, *Bodies That Matter*:*On the Discursive Limits of "Sex"*,

London: Routledge, 1993.

Andrew Parker, Eve Kosofsky Sedgwick, *Performativity and Performance*, London: Routledge, 1995.

Alan Sinfield, *Cultural politics - queer reading*, London: Routledge, 2005.

William Safire, *Political Dictionary*, New York: Random House, 1978.

P. Bourdieu, *Homo Academicus*, Cambridge: Polity Press, 1988.

Facing tough job market, students seek an edge by going under the knife [N] China Daily. August26, 2006.